벼랑 끝의 대통령기록

초판 1쇄 발행 2023년 11월 6일

저자 **조영삼**
편집 **조연우**
교정교열·내지디자인 **조연우**
표지디자인·삽화 **변채원**

펴낸이 **김중배**
펴낸곳 **도서출판 뉴스타파**
출판등록 2020년 8월 24일 제2020-000128호
주소 (04625) 서울시 중구 퇴계로 212-13 4층
전화 02-6956-3665
이메일 withnewstapa@newstapa.org

인쇄 (주)아트가인쇄

ISBN 979 11 974123 8 7 03300

벼랑 끝의
대통령 기록

대통령기록이 벼랑 끝에 있다

1.

우리 국가기록관리는 1999년 공공기록물법을 제정하고 그다음 해에 시행함으로써 시작되었다. 그 이전의 기록관리는 문서 행정에 그쳤다. 기록을 남김으로써 국민에게 설명책임을 다하고자 하는 국가기록관리의 본령은 2007년 대통령기록물법을 제정함으로써 겨우 착상되었다. 정부 수립 이후 50여 년 만에야 국가기록관리제도를 마련했고, 수년이 지나 대통령기록관리제도를 만들었다. 이게 모두 민주주의의 성과였다. 민주주의는 투명성과 설명책임성의 수준에 따라 결정되는데 그것을 실현하는 도구는 기록이다. 기록이 부실하면 투명하지도 않고, 설명책임도 부실하다. 소통이 제한적이고 국민의 눈을 가린다.

대통령제를 채택하고 있는 우리에게는 국가기록 중에서도 대통령기록이 특별하다. 정부 정책의 입안과 집행의 정수가 대통령기록에 있다. 여기에 대통령기록관리를 특별하게 수행할 이유가 있다.

"이래서야 누가 대통령기록을 남기겠는가?" 이 말은 2008년 '대통령기록 유출 논란'이 한창일 때 개탄하며 한 얘기이다. 전직 대통령의 열람권을 제약하고, 사본을 복제해서 유출했다며 비서관 등 10명을 고발했을 때 많은 사람이 대통령기록관리가 뒤로 간다고 생각했다. 십수 년이 지난 지금은 조금이라도 나아졌을까? 진전이 전혀 없는 것은 아니다. 임기를 마친 대통령들은 천만여 건이 넘는 기록을 남겼다. 대통령기록관이 새로 건립되었고, 대통령기록관은 국가기록원에서 분리되어 행정안전부 소속으로 위상이 강화되었다. 그러나 여전히 "이래서야 누가 대통령기록을 남기겠는가?" 라는 탄식을 아니 할 수 없다. 대통령기록이 벼랑 끝에 있다. 아래로 떨어지기 직전이다.

대통령기록은 항상 정치적 논란의 중심에 있었다. 제16대 대통령기록 유출 논란, 쌀직불금 지정기록 공개, 10·4 남북정상회담 대화록 사건, 이명박 회고록과 송민순 회고록 사건, 청와대 문서 유출 사건('정윤회 사건'), 대통령권한대행의 지정기록 지정 논란, 캐비닛 문건과 영포빌딩 대통령기록 유출 사건, 세월호 참사나 서해 공무원 피살 사건과 관련한 지정기록 접근·열람 논쟁 등등 무엇 하나 큰 사건이 아닌 것이 없다. 이 과정에서 대통령기록은 정쟁의 도구가 되었고, 그만큼 상처받고 후퇴했다.

이런 사건이 일어날 때마다 미디어에서는 대통령기록관리제도를 공격했다. 대통령기록의 누락 없는 이관과 소실 없는 관리를 위해 도입한 대통령기록 보호(대통령 지정기록) 제도를 흔들었다. 또 보다 많은 기록을 남기도록 유도하고, 국민의 알 권리를 위해 부여한 전직 대통령의 열람권은 한 번도 제대로 실현되지 못했다.

대통령기록을 향한 공격은 윤석열 정부에 이르러 더 기승이다. 지금은 특히 검찰이 거의 제한 없는 무소불위로 대통령기록에 접근한다. 검찰은 고등법원장의 영장을 발부받아 대통령기록관을 수시로 압수수색하고 있다. 대통령기록관리의 목적이 대통령기록의 소실 없는 획득과 안전한 보존이고, 이것을 위한 제도적 뒷받침이 대통령기록 보호 제도라고 볼 때 검찰 접근은 최소한에 그쳐야 한다. 그런데 검찰은 사실, 마치 자신들의 자료실에 들어가는 것처럼 대통령기록관을 압수수색하여 보호대상인 지정기록에 접근한다. 어떤 미디어의 보도에 의하면 윤석열 정부 출범 이후 올 5월 초까지 무려 193일을 압수수색했다. 최근에도 전임 정부의 통계 조작 의혹을 수사한다며 또 대통령기록관의 지정기록 서고를 뒤졌다. 검찰의 이런 행위는 기록을 남기면 반드시 불이익으로 돌아온다는 신호를 준다. 이런 상황에서 누가 대통령기록을 남기겠는가?!

지난 8월 정부는 대통령기록물법 시행령을 개정했다. 전직 대통령의 열람권을 제한하는 내용이다. '평시 대리인'과 '유고 시 대리인'을 나누고, '유고 시 대리인' 지정을 최장 90일이나 걸리도록 했다. 또 '유고 시 대리인'의 경우 열람 가능 여부 통보도 최장 60일이나 걸리도록 했다. 이것은 법률에서 부여한 열람권을 시행령으로 제한하는 일이다. 열람권은 전직 대통령에게 부여하는 것이고, 사후에도 그대로 적용되어야 한다. 그래야 대통령기록물법 도입 취지에 부합한다. 그런데 정부는 사후에 가족이 추천하는 열람대리인의 격을 낮추어 열람권을 제한하고 있다.

대통령기록인 풍산개 문제 역시 대통령기록관리제도를 흔드는 것이다. 풍산개는 남북정상회담에서 북한에게 선물받은 것이니 대통령기록이다. 즉 국가 재산이다. 전직 대통령이 키우려면 국가 예산을 투입하여야 하는 것은 당연한데, 정부는 관련 조항을 시행령에 반영하겠다고 하더니 지금까지도 감감무소식이다.

우리 정치는 무엇 하나 대통령기록과 분리된 것이 없다. 그런데 대통령기록 관리는 위기가 지속되고 있다. 지금 정부는 대통령기록을 어떻게 생산하는지 알려진 것도 없고, 대통령기록서비스도 부실하다. 정부는 이승만기념관을 추진하고 있다. 박정희대통령기념관을 반면교사로 삼는다면 쉽게 추진할 수 없는 일인데, 임기 중 건립하겠다는 의지를 내보인다. 기념관과 기록관 그리고 도서관의 개념과 정의를 혼동케 하고, 기록관을 기념관으로 바꿔서 정치 공격의 소재로 삼는 지금의 상황으로 볼 때 이승만기념관 추진은 대통령기록관리의 위기를 보여주는 또 다른 모습이다.

2.

대통령기록의 개념과 정의, 대통령기록관리를 둘러싼 여러 사건에 대한 정리, 그리고 대통령기록을 제대로 관리하려면 대통령기록관을 어떻게 설치하고 운영해야 하는지에 대한 제안 등을 글로 정리하기 시작한 것은 지난해(2022년) 초 서울기록원장의 일을 마치고 나오면서였다. 서울기록원 건립 추진과 초기 운영을 위한 지역기록관리에 진력하면서도 대통령기록관리에 관심을 놓치지 않았다. 노무현 정부 때 청와대 기록관리비서관실에서 일하면서 대통령기록 생산과 관리, 대통령기록관리제도 수립 등에 참여한 이후 대통령기록관리에 관심과 고민을 끊은 적이 없다.

대통령기록관리에 대한 글을 대중에게 보이겠다는 생각을 한 결정적인 계기는 2019년 문재인 대통령기록관 추진과 관련한 논란이었다. 당시 청와대와 대통령기록관의 문재인 대통령기록관 설치 추진을 보수언론에서는 임기 중 기념관 건립이라고 왜곡해서 공격했다. 기록 보존과 서비스를 위해 정부에서 추진하는 국가기관임에도 불구하고 개인 기념관을 짓는다고 힐난하는 것을 보고 안타까웠다. 도대체 언론은 왜 기록관을 기념관이라고 지칭하면서 대통령기록관리를 틀어서 보도할까? 문제의 시작이 제16대 대통령기록 유출 논란이라는 생각이 들었다. 많은 국민이 아직도 노무현 전 대통령이 대통령기록을 사적으로 유출한 것으로 알고 있다는 생각에 미쳐 어떻게든 이를 바로잡고 싶었다. 어느 매체에서 문재인 전 대통령의 대통령기록관 추진을 두고 "이제는 합법적으로 대통령기록을 유출하려고 하나"라고 말하는 것을 보고 대통령기록과 기록관리 전반에 대한 얘기를 정리해서 알려야겠다고 다짐했다.

기록과 기록관리는 모두 다 아는 얘기 같지만 정확하게 이것이라고 말하는 사람은 많지 않다. 전문적인 학습과 연구를 하는 사람을 제외하고는 아직도 문서관리나 문서보존으로 생각한다. 이런 인식에서 반드시 기록관리에 대한 쉬운 접근 도구가 필요하다. 그러나 안타깝게도 전문서적 말고 그 도구가 많지 않다. 전문성에 기반한 쉬운 글을 쓴다는 것은 너무도 어려운 일이었다. 어떻게든 쉽게 쓰자고 다짐했지만, 이 책을 마무리해놓고 보니 목표를 실현하지는 못한 것 같다. 이 책은 누구나 잡아서 뒤적이면 금방 이해하는, 쉽게 읽히는 책은 아니다. 그러나 기록과 정치의 연관에 궁금증을 가진 사람이라면 그것을 풀어주는 역할은 충분히 할 것으로 기대한다.

3.

이 책을 준비하면서 많은 사람의 응원과 도움을 받았다. 코흘리개 시절부터 지켜보며 지도해주신 학부 선생님들께는 어떤 감사의 인사도 부족하다. 기록 커뮤니티 선생님들의 연구도 많은 도움이 되었다. 특히 이상민 박사님의 대통령기록에 대한 선구적인 연구는 고민의 기반을 닦는 데 기초 재료가 되었다. 책 제목을 정해주신 설문원 교수님과 일찍부터 학문적·실천적 지도를 해주신 김익한 교수님께도 감사를 전한다. 진척이 없을 때 나도 모르게 분출되는 짜증을 그대로 받아주며 응원한 김영경과 연우, 벼리의 응원이 큰 힘이 되었다. 무엇보다 기록관리를 위해 현장에서 고군분투하는 선배, 동료 기록관리 전문가들에게 고마운 인사를 전한다. 특히 노심초사하며 힘들게 일하는 국가기록원과 대통령기록관의 동료들에게 무한한 감사를 드리며, 이 책이 조금이라도 도움이 되길 바란다. 또 부족한 원고를 출판하는 데 응해주시고 꼼꼼하게 읽고 지적해 주신 뉴스타파 김용진 대표님과 조연우 국장님께 감사드린다.

그리고 불멸의 기록대통령께 이 책으로 인사를 드린다.

2023년 10월

조영삼

기록이 있는 나라를 향해

2006년 가을 KBS 탐사보도팀에서 일하던 시절, IMF 구제금융 사태 10년을 맞아 특집 프로그램을 준비했다. 1997년 외환위기 원인과 한국 정부의 대응 실태 등을 재조명하는 게 기획의도였다. 한국전쟁과 더불어 단군 이래 최대 국난이라고 불린 'IMF 사태'의 실체가 10년이 지나도록 제대로 규명되지 않았기 때문이다.

먼저 관련 기록을 최대한 수집하기로 했다. 하지만 초반부터 난관에 봉착했다. 남아있는 기록이 거의 없었다. 외환위기와 관련해 김영삼 청와대에서 생산한 문서를 찾았으나 국가기록원에는 외환보유고 대통령 재가 문서 등이 몇 장 있을 뿐이었다(본문에 나오지만 재가 문서는 대통령기록이 아니다). 수소문해보니 김영삼 대통령 퇴임 시 자료를 폐기하거나 비서실 직원들이 보따리에 싸서 가져갔다는 말이 들렸다. 지금의 기재부 격인 재정경제원에도 관련 자료가 별로 없었다. 국난과 관련한 공공기록마저 이렇게 남아있지 않다니.

어쩔 수 없이 눈을 밖으로 돌렸다. 미국 재무부, 국무부, 의회, CIA 등의 문을 두드렸다. 엄청난 자료가 쏟아졌다. 예를 들면 외환위기 당시 우리 재정경제원 장관 강경식과 미 재무장관 루빈 사이의 전화 통화 한 건을 위해 미 재무부는 수십 페이지의 기록을 생산했고, 그것을 온전히 보존하고 있었다. 다른 나라 기록으로 우리 국난을 재조명해야 하는 상황, '기록이 없는 나라' 국민의 서러움을 느낄 수밖에 없었다.

우리나라는 2007년 노무현 정부가 들어서고 나서야 비로소 대통령기록물법을 제정했다. 매우 늦었지만 그래도 그 덕분에 노무현 대통령 친필 메모 수백 건을 볼 수 있고(뉴스타파 2019년 보도), 이명박 대통령 기록물에서 이동관의 언론장악 지휘 문건(뉴스타파 2022년 보도)도 확인할 수 있게 됐다.

이 책 『벼랑 끝의 대통령기록』은 시민이 알아야 할 우리나라 대통령기록의 모든 것을 집대성했다. 대통령기록이 무엇인지, 생산과 이관 및 보존은 어떤 과정을 거치는지, 어떻게 열람할 수 있는지, 그리고 대통령기록이 정쟁의 소용돌이에 어떻게 휘말렸는지 등도 생생한 사례로 보여준다. 그리고 조금씩 정착되던 시스템이 윤석열 정부 들어 후퇴하는 부분도 놓치지 않았다.

대통령 재가 문서는 왜 대통령기록이 아닌지, 그렇다면 대통령이 남긴 수첩과 메모, 대통령실 이메일, 녹취, 휘호와 표지석, 선물(풍산개 등), 인사 파일과 첩보 기록 등은 대통령기록이 맞는지, 궁금증을 풀어나가는 과정도 매우 흥미롭게 읽힌다.

이 책은 재미와 교양, 전문성을 모두 담아냈다. 비결이 뭘까? 이 책의 저자인 조영삼 전 서울기록원장의 이력과 기록에 대한 열정을 알게 되면 고개가 끄덕여진다. 조영삼 전 원장은 국회, 청와대, 정부부처, 지자체, 대학 등에서 기록 및 정보공개 실무 책임과 연구를 병행한 기록 행정가이자 연구자다. 투명사회를 위한 정보공개센터 설립에도 참여한 정보공개 활동가이기도 하다. 그의 다양한 경험과 폭넓은 시각이 『벼랑 끝의 대통령기록』에 녹아들었다. 한국에서 대통령 기록을 본격적으로 다룬 유일한 책이라고 말할 수 있다. 그만큼 소중한 성과물 이기도 하다.

흔히 "기록이 서야 나라가 선다"라는 말을 한다. 이 책은 이 상투적인 말을 더 이상 상투적으로 들리지 않게 하는 힘이 있다.

한국탐사저널리즘센터–뉴스타파 대표

김용진

목차

책머리에 대통령기록이 벼랑 끝에 있다 4

추천사 기록이 있는 나라를 향해 10

제1장 기록이 없는 나라

제1절 대통령기록이 없다 18
어두운 시절 / 숫자 너머의 진실 / 민주주의의 조각 / 대통령기록의 시작

제2절 대통령기록이란 무엇인가 36
무엇이 대통령기록인가 / 대통령기록에 대한 사실과 오해
대통령의 사생활 / 대통령 회고록

제2장 기록의 생애

제1절 생산에서 폐기까지 76
기록관리의 시작 / 기록관의 조건 / 기록 이관과 정권 교체
인계인수 부실 논란 / 버릴 것은 버리자 / 국정농단과 대통령기록

제2절 보호와 지정 100
비공개는 없다 / 지정기록 바로알기 / 대통령기록으로 살아남기 / 지정기록 지정하기
15년의 봉인 / 권한의 무게 / 지정기록에 접근하는 사람들 /
세월호와 지정기록 / 지정의 효력은 임기 끝난 뒤부터 / 지정 해제

제3장 기록을 둘러싼 사건들

제1절 대통령기록 유출 논란의 전말　　　148
논란의 발단 / 청와대의 개입 / 봉하에 간 사본, 불법 유출인가
미완결 / 노무현은 왜 기록을 복사했을까 / 전직 대통령 열람권

제2절 남북정상회담 회의록 실종사건　　　176
사건의 시작 / 회의록 작성의 전말 / 누구의 기록인가
생산하지 않으면 폐기할 수 없다 / 남은 의문

제4장 벼랑 끝의 대통령기록

제1절 기록이 사는 곳　　　196
기억의 이름 / 박정희와 대통령기념관 / 미국의 대통령기록관

제2절 대통령기록관　　　222
노무현의 혁신 / 기록관장 수난사 / 통합 VS 개별
문재인의 시도 / 기록의 미래

제1장
기록이 없는 나라

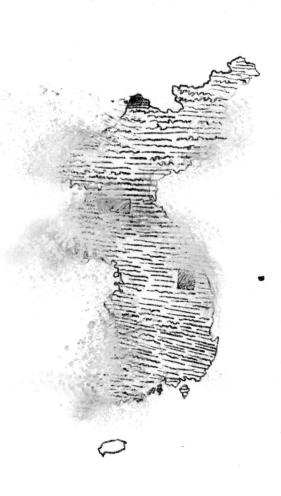

제1절 대통령기록이 없다

어두운 시절

"대통령기록이 없다." 2007년 「대통령기록물 관리에 관한 법률」(이하 '대통령기록물법')을 제정하고 다음 해 노무현 정부 대통령기록이 이관되기 전까지 우리 대통령기록의 현실을 표현한 말이다. 역사적으로 중요한 시기의 대통령기록이 없는 것은 안타깝고 슬프고 황망한 일이다. 이런 현실을 두고 어떤 언론사는 '기록이 없는 나라'라고 했다. 박정희 대통령과 존슨 미국 대통령의 공동성명서(1967년), 최규하 대통령 취임사(1979년), 노태우 대통령의 '6·29 선언문(1987년)', 노태우–고르바초프 정상회담 선언문(1990년), 김영삼 대통령의 '쌀 개방 대국민 사과문'(1993년) 등이 남아있지 않다는 사실에 참담함마저 든다.[1]

대통령기록이 없다는 것은 국가기록관리가 없다는 말과 다름없다. 관련 제도가 없었으니 당연히 기록과 기록관리에 대한 인식도 없었기 때문에 일어난 일이다. 대통령기록관리제도가 만들어지기 전 상황을 짚어보자.

김대중 정부 대통령비서실 통치사료비서관실은 임기 만료 직전인 2002년 1월, 재임 중 기록 이관을 위해 정리를 하다가 이승만 대통령 때부터 최규하 대통령 시절까지의 대통령기록 1,302건을 찾았다. 청와대 도서관 창고에 방치된

---

1   <국가기록이 없다>(세계일보, 2004.5.31.)

기록을 '그때야' 발견한 것이다. 이처럼 대통령기록은 아무렇게나 방치된 상태로 수십 년이 지나도록 관심 밖이었다. '기록이 없는 나라'라고 지적받아 마땅하다.

우리 현대사 최초로 정권교체를 이뤄 김대중 정권이 들어섰을 때 청와대에는 대통령기록이랄 게 없었다. 노태우·김영삼 대통령 통치사료집을 각각 82권, 111권 도서관에 비치할 뿐이었다. 전두환 전 대통령은 자신의 업적을 기록해야 한다며 통치사료비서관을 두고 술 마시는 자리까지 배석시키며 1년에 통상 30권 분량을 기록했다지만 그 기록은 어디 있는지 모른다. 전두환 대통령은 퇴임할 때 이삿짐에 트럭 서너 대 분량 기록을 모두 챙겨서 사저로 가져갔고, 정부기록보존소[2]에는 대통령 재가 문서만 넘겨줬다. 사저로 가져간 기록에는 경호실에서 비밀 녹음한 독대 내용은 물론이고 청와대의 각종 회의록, 보고서, 초고, 메모, 각서 등까지 있다고 한다. 이 기록들은 세월이 지나면서 상당수 분실하거나 폐기했다고 알려졌다.[3]

다른 대통령기록은 어떤가? 이승만 대통령기록은 양자인 이인수가 보관하다가 1997년 연세대에 기증했고, 현재 연세대 학술정보원에서 15만 8천여 쪽을 보관하고 있다. 그중 1948년 이후의 대통령기록이라고 할 만한 공문서류가 13만여 쪽이다. 이승만 대통령이 재임 중 체결한 한미상호방위조약 관련 문서, 재외공관 보고서 등을 포함한다.

박정희 대통령기록도 부실하긴 마찬가지이다. 재임 기간 18년 동안 남긴 기록은 약 4만여 건에 불과하다. 국가재건최고회의 회의록이 없고, 3선개헌과 10월 유신 단행 배경을 적은 기록도 없다. 베트남전쟁 파병 관련 기록도 거의 남아있지 않다. 그래도 다른 대통령에 비해 박정희 정권 시기 대통령비서실 생산

---

2 정부기록보존소는 2004년 국가기록원이 되었다. 이 글에서는 2004년 이전 상황과 실태는 정부기록보존소, 이후는 국가기록원으로 표현하였다.

3 <청와대 사료의 행방을 묻다>(조선일보, 2002.11.25.)

기록이 많이 남아있어 가치를 인정받는데, 이것은 박정희 정권이 대통령 유고로 마무리되어 기록을 '처분'하지 못했기 때문이다. 박정희 대통령기록은 유품이라는 틀 안에 곳곳에 흩어져 있다고 짐작한다. 대통령기념관 건립을 추진한 구미시가 6천 점 가까이 유품을 소장하고 있다. 대부분 대통령기록 범주 밖이겠지만 그 시절의 대통령기록이 경매시장에도 등장하는 것을 보면 개인이 보관 중인 기록이 있다고 예상한다.

최규하 대통령 재임 때 기록은 2,200여 건이다. 이 중 909건이 문서다. 그마저도 대부분 법률 및 인사 발령을 대통령이 결재한 재가 문서이고 역사적 진실 규명을 위한 기록은 거의 없다. 5·18 관련 기록은 피해 및 복구 상황을 보고한 문서가 대부분이며, 12·12와 직접 관련한 기록은 아예 없다. 최규하 전 대통령 유족은 2012년 7월 관리하던 문서류 2,268건, 사진류 18,078건, 선물 등 1,241점을 국가기록원에 기증했다.

앞에서 잠깐 언급한 노태우·김영삼 전 대통령은 어떤가? 노태우 전 대통령은 보존된 기록이 거의 없다. 러시아 수교와 남북합의서 교환 등 공식 문서는 더러 있으나 정책보고서는 드물다. 심지어 1990년 미국 샌프란시스코에서 있었던 미하일 고르바초프(Mikhail Gorbachev) 소련 대통령과의 정상회담 관련 기록조차 남기지 않았다.

김영삼 전 대통령은 주로 구두 보고를 받았고, 보고서를 만들어도 파기한 것이 많았다고 한다. 통치사료비서관은 공개된 공식 자료만 모았고, 국무회의 발언 내용도 기록하지 않았다고 한다. 기록을 남기면 국무위원들이 소신껏 발언하지 못하기 때문이라고 했다.

대통령기록은 다 어디로 갔을까? 대통령기록을 아예 만들지 않았을 리 없으니, 많은 기록을 없애버렸거나 개인적으로 보관하고 있다고 생각할 수밖에 없다. 기록하지 않고, 관리하지 않으며, 공개하지 않았고, 많은 기록을 사적(私的)으로 보관한다. 이런 실태는 기록관리에 대한 인식과 실천 부족 때문이지만 제도가 없었던 것도 큰 이유이다.

「대통령기록물법」을 제정하기 전에는 대통령기록이 없었다. 1949년에 만든 「정부처무규정」에 "특류(特類)인 대통령 결재 문서는 총무처 문서과를 거쳐 접수하고, 총무처에 인계"하도록 정해놓았다거나, 1963년에 개정한 「정부공문서규정」에서 "대통령 등과의 사이에서 왕복하는 문서를 수발할 때는 내각사무처를 경유"하라는 정도였다. 1987년에 개정한 「정부공문서규정」에 "대통령에게 보고된 문서를 포함한 결재 문서는 정부기록보존소에 이관하여 보관하라"는 규정이, 1999년 「공공기관의 기록물 관리에 관한 법률」(이하 '공공기록물법') 제정 이전 대통령기록관리라 할 만한 전부이다. 대통령비서실에서 생산한 기록은 관리 대상도 아니었다. 「공공기록물법」을 제정하기 전까지 정부기록보존소에 보존하던 대통령기록이 총 13만 3천여 건이고, 대통령비서실에서 생산한 기록은 2만 5천여 건에 불과했다는 게 당시 현실을 적나라하게 말해준다.

「공공기록물법」을 시행하기 이전 정부기록보존소에서 소장한 역대 대통령기록은 대체로 법령 공포 원본, 임용·서훈 기록, 각급 행정기관 보고 기록 등이다. 특히 대통령비서실에서 생산한 기록은 인사 등 일반 행정 관련 기록, '각하 지시철' 등 대통령의 정책 지시 관련 기록, 각 부처 보고서 등으로 구성된다. 역대 대통령기록은 공식적, 공개적 행사를 통해 생산한 기록 중심으로 남아있고, 대부분 의사결정이 이루어진 후의 기록인 결재, 보고 문서뿐이었다. 이런 기록은 생산 맥락을 전혀 알 수 없다는 큰 문제가 있다.[4]

1999년 제정한 「공공기록물법」에 '대통령 관련 기록' 관리를 규정한 이후부

---

4   곽건홍, 『한국국가기록관리의 이론과 실제』 (역사비평사, 2003.) 124~125쪽.

터 그나마 대통령기록관리에 진전을 이룬다. 이 법에서 대통령보좌기관이 대통령 직무와 관련해서 생산·접수한 기록을 정부기록보존소나 차기 정부에 인계한다거나, 무단 폐기·훼손·반출을 금지하고, 대통령기록관을 설치할 수 있도록 했다.

「공공기록물법」에 따라 김대중 대통령이 공식적인 절차를 거쳐 대통령기록을 최초 이관하였다. 당시 정부기록보존소에 이관한 기록은 △일일 일정 및 행사계획표 1만 35건 △국정노트, 연설 초고 등 친필자료 89건 △대통령 재가 문서 및 지시사항 시달 366건 △대통령 주재 회의자료 4,939건 △대통령 행사 중 말씀 내용 1,291건 등 총 15만 8천여 건이다. 그중 8만 2천여 건은 접수한 민원자료로서 「대통령기록물법」에서는 대통령기록에서 제외하는 기록이다.

이관한 김대중 대통령기록은 50여 년간 누적된 역대 정부 대통령기록(당시 12만 1천여 건)보다 많았다. 그러나 이관 작업을 평탄하게 마무리하지는 못했다. 당시에는 새 대통령 취임 전에 이관 대상 대통령기록 목록을 정부기록보존소에 제출하도록 했는데, 비밀 및 대외비 기록 목록을 제외했다. 이에 불리한 기록의 은닉·파기 의혹이 제기되었고, 나중에 퇴임하면서 2만 3천여 건의 기록을 정부기록보존소에 이관하지 않았다는 게 밝혀졌다.

정부기록보존소가 손 놓고 있던 건 아니었다. 2003년에 역대 대통령기록 발굴 수집 계획을 세우고 전직 비서관, 장·차관 등 1,050명에게 협조 서한을 발송했고, 전직 대통령·가족·전직 비서관 등을 통해 4천여 건의 기록을 수집했다. 이 발굴 수집 사업은 원래 기대한 성과를 내지 못했는데, 가장 큰 이유는 이런 대규모 사업을 수행하기에는 정부기록보존소의 역량이 부족했기 때문이다. 당시 정부기록보존소가 파악한 관련자만 1천 명이 넘을 만큼 큰 프로젝트였지만 담당자는 고작 한 명뿐이었다.

또 정부기록보존소에 대한 신뢰가 부족했다는 문제도 있다. 어떤 전직 대통령은 "정부 차원에서 관리한다면 적극 협조하겠다"라고 말했다고 한다. 정부기관인 정부기록보존소가 하는 일임에도 이런 발언을 했다니 국가기록관리가 얼마나 신뢰받지 못했는지 짐작케 한다.

숫자 너머의 진실

대통령기록관이 소장한 대통령기록은 2022년 말 현재 총 38,691,532건(점)[5]이다. 대부분 「대통령기록물법」이 제정되어 본격적인 대통령기록관리 체계를 갖춘 후 이관받은 기록이다. 법을 시행하기 이전 역대 대통령기록은 약 33만여 건이었다. 「대통령기록물법」을 최초로 적용한 노무현 정부 소장량 7,875,389건(이관 수량 825만여 건) 이후 이명박 정부 9,492,797건(이관 수량 10,879,864건), 박근혜 정부 8,314,746건(이관 수량 11,229,088건), 문재인 정부 11,163,115건 등 전체 숫자로 보면 적지 않은 기록이다.

각 정부의 대통령기록 소장량은 임기 만료 즈음에 이관한 수량과는 많은 차이가 있다. 노무현 정부 이후 각 정부 이관량과 소장량 차이가 적게는 37만여 건에서 많게는 3백만여 건에 이른다. 문재인 정부 기록 수량도 변화가 있을 것이다. 이것은 통계 오류를 정정한 결과이기도 하지만, 이관 수량의 허수가 그만큼 많다는 뜻이기도 하다. 숫자는 중요하지만 기록관리 현황을 보는 절대적인 지표는 아니다. 숫자 이면의 사실을 봐야 한다. 그래야 각 정부의 기록과 기록관리 수준을 가늠할 수 있다.

---

5 대통령기록관 대통령기록물 소장 현황 https://www.pa.go.kr/portal/info/report/recordReport.do

노무현 정부의 대통령기록 이관은 「대통령기록물법」을 적용한 최초 이관이라는 의의에 덧붙여 몇 가지 특징이 있다. 첫째, 최대한 많은 기록을 이관했다. 지금이야 숫자 감각이 무뎌졌지만 당시 역대 대통령기록이 33만여 건, 김대중 정부 기록을 제외하면 15만여 건에 불과했으니 노무현 정부 때 얼마나 많은 기록을 이관했는지 알 수 있다. 이것이 간단히 나온 수량은 아니다. 노무현 정부 청와대는 단 한 건의 기록이라도 더 획득해서 이관하기 위해 최선을 다했다. 2007년 임기 종료가 얼마 남지 않았을 때, 임기 초반기의 행사 일정 기록만 있고 관련 보고 자료 등이 없으면 그것을 찾아서 e지원시스템에 등록하도록 했다. 담당 비서관실에 없으면 부처로 돌아간 전임 행정관에게 연락하여 관련 기록이 있는지 확인했다. 그렇게 추가 등록한 기록만 6만여 건이다.

둘째, 대통령비서실 문서를 체계적으로 관리하다 이관했다. 노무현 정부 이전에는 대통령비서실에서 생산한 대통령기록이 많지 않았다. 당시 총 33만여 건의 기록 중 문서류 기록은 몇 건 되지 않았다. 대통령비서실 기록이 거의 없다는 것은 정책 조정과 결정 기록이 없다는 의미다.

마지막으로 전자기록 이관을 본격적으로 시작했다. 업무관리시스템(e지원시스템)으로 생산한 각종 보고서와 지시 사항, 회의 기록, 일정과 일지, 행정정보시스템의 데이터와 홈페이지 기록을 획득하여 이관했다. 그리고 '국정브리핑' 웹 기록 350여만 건을 같이 이관했다. 국정브리핑은 대통령기록이 아니지만 이관 '전통'이 되어 이후 매 정부마다 대통령기록관에 이관했다. 이명박 정부의 '공감코리아' 367만여 건, 박근혜 정부의 '정책브리핑'이 279만여 건, 문재인 정부의 '정책브리핑' 225만여 건 등이다. 대통령기록 이관 통계를 볼 때는 이러한 국정 홍보 웹페이지 기록 1220여만 건을 제외해야 한다.

이명박 정부는 전자기록 1043만 건, 비전자기록 45만 건 등 1088만여 건의 대통령기록을 이관했다. 노무현 정부보다 330만여 건 이상 늘었지만 '숫자 뺑튀기' 의심을 받았다. 전체 이관 기록의 53%가 개별 업무시스템 데이터였는데, 그중에는 노무현 정부에서는 포함하지 않은 식수 관리(직원식당 사용 내역) 107만여 건, 초과근무 관리 31만 4천여 건, 물품 관리 6만 8천여 건 등이 있다.

이명박 정부의 기록 이관은 비밀기록이 아예 없다는 문제도 있다. 비밀기록을 이관하지 않은 것은 기록 분류 체계가 제대로 작동하지 않았다는 뜻이다. 이를 지적하자 대통령 지정기록(이하 '지정기록')으로 지정했다고 말했는데, 이것은 외교·안보 측면에서 국정 운영 연속성을 해치는 행동이다. 지정기록은 15년 동안 봉인되므로 외교·안보 사항의 보호대상 지정은 신중해야 한다. 차기 정부가 반드시 활용해야 할 것은 지정하지 말고 인계해야 한다.

문서류 기록은 숫자만 보면 지적할 게 없어 보인다. 그런데 대통령실 업무와 관련해 이관한 문서 48만여 건 중 24만여 건의 종이 기록은 각 부서 의사결정이나 보고 자료가 아니다. 민원 업무만 담당한 사회통합수석실에서 생산했으니 대부분 민원 문서일 가능성이 크다.

박근혜 정부의 기록 이관 현황을 따져보면 이명박 정부보다 더 심각하다. 기록 생산량을 이명박 수준으로 맞춰달라는 내부 지침 때문인지 곳곳에 '뺑튀기'한 정황이 보인다. 전자기록 934만 건과 비전자기록 172만 건 등 총 1106만 건을 이관했는데, 전자기록 중 행정정보시스템 수량에 허수가 있다. 행정정보시스템에는 15대부터 17대까지의 데이터가 들어있는데 이를 따로 구분하지 않고 전체 수량에 포함했다. 이 시기 처음으로 이관한 청와대 출입관리시스템이나 자문회의 통합관리시스템 데이터가 각각 90여만 건이 넘는다. 이 중 박근혜 정부 시기 데이터는 일부에 불과하다.

중요한 데이터는 오히려 누락했다. 노무현 정부는 행정 데이터로 '대통령 일정 관리' 기록 9,707건을 이관했고, 이명박 정부도 'VIP 일정'이란 이름으로 일정 관리에 쓴 시스템을 통째로 넘겼다. 그러나 박근혜 정부는 대통령 일정 데이터가 없다. 각종 회의 기록 등 주요 내용이 있을 것으로 추정되는 종이 문서 기록은 12만 6천여 건으로 전체 이관 자료의 1%에 불과하다.

이렇듯 이명박, 박근혜 정부가 이관한 기록이 각각 천만여 건을 넘지만 허수가 많다. 그래서 도대체 질적으로 높은 수준의 기록이 있겠느냐는 의심을 많이 받았다. 나중에 검찰이 영포빌딩 압수수색 중에 발견한 기록이 알맹이라는 말이 있을 정도이다. 문재인 정부는 전자기록 888만여 건, 비전자기록 221만 3천건 등 총 1116만 3천여 건 정도의 기록을 이관했다. 시청각 기록이 212만여 건이라는 게 눈에 띈다. 대통령기록이 이관된 이래 가장 많은 수량이다. 이명박, 박근혜 두 정부가 140~150만여 건이었으니 차이가 적지 않다.

대통령기록 이관을 숫자로만 접근해서는 역대 대통령기록의 역사성과 특성을 충분히 알 수 없다. 예를 들어 노무현 정부의 행정정보데이터는 다른 정부와 사뭇 다르다. 평가시스템, 국정과제시스템, 회의시스템, 말씀록 DB, 인사프로그램 등은 다른 정부에는 없는 데이터이다. 다른 정부도 분명 유사한 업무를했을 텐데 말이다. 또 문재인 정부가 처음 이관한 사진관리시스템도 다른 정부에서는 없는 데이터이다. 이명박, 박근혜 정부는 유독 데이터 기록이 많다. 노무현 정부 때는 9%에 불과했던 게 이명박 정부에서는 30%, 박근혜 정부에서는 50%였다. 변화하는 행정 환경에 맞춰 데이터가 늘었다고 이해할 수도 있다. 그러나 문재인 정부 들어서 다시 30% 남짓한 데이터를 이관한 것을 보면 전체 기록의 50%는 과도한 측면이 있다.

앞에서 잠깐 얘기했듯 '정책브리핑' 등 국정 홍보 웹기록은 대통령기록이 아니다. 웹기록은 각 정부 대통령의 국정철학과 정부 성격을 표현해 주기도 하고 꾸준히 기록으로 획득하여 전통이 되었으므로 나름대로 의미가 있다. 그러나 직원식당 사용 내역, 민원 ARS, 초과근무, 전산 소모품 관리, 우편 관리 등의 데이터 영구보존이 과연 적절한지는 깊은 고민이 필요하다.

민주주의의 조각

대통령기록을 어떻게 만들고, 관리하며, 공개·활용하는지를 보면 각 정권의 '설명책임'과 '투명성'의 차이가 보인다. '설명책임'은 국가가 하는 일은 무엇이든 국민에게 설명할 책임이 있다는 말이다. 무엇으로 설명책임을 실현할까? 바로 기록이다. 기록은 역사가 된다는 점에서 기록과 기록관리에 대한 관점과 인식, 기록관리 정책과 집행은 정권의 정체성에 닿아있다.

'민주주의가 시작되는 곳(Democracy Starts Here)', 미국 국가기록관리처(National Archives and Records Administration, NARA) 모토이다. 기록관리가 민주 정체(政體)를 유지하는 데 얼마나 중요한지 말해주는 상징적인 문장이다.

우리는 어떠한가? 「공공기록물법」을 만들어서 시행하기 전에는 공공기록 관리에 대한 법률조차 없었다. 정부 수립 50년이 지난 1999년에야 법을 만들었다. 기록관리제도가 없다는 것은 투명성과 책임성이 아주 미약했다는 말이다. 우리는 그때를 '어두운 시절'이라고 한다.

우리 공공기록의 정수는 대통령기록이다. 대통령기록 생산과 이관, 보존관리와 기록정보서비스 수준이 민주주의 수준의 바로미터이다. 대통령이 기록을 어떻게 생각하고 접근하는지가 당대 정권의 기록관리정책에 그대로 반영된다.

각 정권의 정체성을 확인하는 지표 중 하나가 되기도 한다.

노무현 전 대통령은 시스템에 따라 국정 운영을 추진하고 e지원시스템 문서관리카드 개발에 직접 나섰다. 취임 직후 "한 장의 메모지가 과제로 발전하는 과정을 쭉 따라가게 하라. 정부 어느 부처에서 추진하는 일이든 카드 하나로 추적할 수 있게 하는 것이다. 혁명 같은 일이 될 것이다"[6]라는 말을 했다고 한다. e지원시스템 문서관리카드 고안과 국가기록관리 혁신이 어느 날 갑자기 이루어진 일은 아니다. 노무현 정부 청와대에서 대변인을 한 윤태영은 대통령을 쫓아다니며 심지어 밥 먹을 때도 모든 말을 기록했다고 한다. 그 기록이 800여 개의 수첩과 1,400여 개의 파일로 남아있다며, 노 전 대통령이 후임 대통령에게 대통령 생활을 기록물로 남기고 싶어했다고 말했다.[7]

대통령기록관 홈페이지 '기록컬렉션'에는 지시사항을 따로 모아둔 페이지가 있다. 이승만 전 대통령 때부터 이명박 전 대통령 때까지 17,243건의 역대 대통령 지시사항이 있다. 이 중 기록관리와 관련한 지시사항이 총 40개인데, 30개가 노무현 대통령 지시이다. 기록과 기록관리를 향한 노무현 대통령의 관심과 혁신 의지가 어느 정도였는지 짐작할 수 있다. 이런 관심과 의지가 대통령기록관리제도를 만드는 큰 동력이 되었다.

이명박 정부는 출범하자마자 청와대에서 사용하던 e지원시스템의 주요 기능을 없애고 위민시스템으로 이름을 바꿨다. 그러나 주요 정책 관련 기록을 생산·유통하지 않는 등 노무현 정부에서 자리 잡은 대통령기록 생산체계를 승계하지 않았다. 이명박 전 대통령은 퇴임하면서 영포빌딩으로 17박스의 기록을 유출했다. e지원시스템 복제를 대통령기록 유출이라며 정치 쟁점으로 만들어 수개월간 노무현 전 대통령을 공격했는데, 본인은 대통령기록 원본을 이삿짐에

---

6 <대통령기록관리, 노무현 정부가 시초 ... 이전에 가져가거나 폐기>(경향신문, 2013.07.19.)
7 <윤태영 전 대변인, "노무현은 솔직했다"> (제주의소리, 2014.08.26.)

섞어 불법 유출했다. 기록에 대한 이해와 인식 수준을 그대로 드러내는 행동이었다.

박근혜 전 대통령은 수첩이 일의 스타일을 상징한다. 수첩에 미리 지시사항을 적어뒀다가 불러주고, 듣는 사람이 받아 적는지 확인하는 등 수첩으로 일을 했다고 한다. 반면 청와대 기록 생산과 관리는 철저하지 못했다. "서면으로만 보고하고 논란이 될 소지가 있는 보고서는 아예 시스템에 등록을 하지 않았다"라거나 "시스템에는 보고서 최종본만 등록하고 초안이나 수정본은 등록하지 않는 경우도 많다"라면서 "용량이 큰 동영상이나 PPT자료는 수시로 삭제"했다고 한다.[8] 이런 상태는 세월호 참사 진상 요구 대응에서 그대로 드러났다. 참사 기록 공개 요구 때 청와대는 "대통령에게 구두로 보고하고 구두로 지시받기 때문에 기록이 없다"라고 했다. "대통령이 평소 사용하는 업무 전화기를 통하여 참모진에게 지시하거나 보고받는 경우, 그리고 면전에서 구두로 지시하거나 보고받는 경우에 그 통화나 구두 내용은 별도로 녹음하거나 녹취하지 않는 것이 업무의 관행이나 형태"[9]라고 말했다니 도대체 일을 어떻게 했나 싶다.

기록에 대한 인식과 행동이 해당 정권의 전부를 말해주지는 않는다. 그러나 정책 개발과 집행 책임, 그것을 국민에게 설명하고 역사에 남긴다는 의지로 국정을 운영하는 자세는 분명 민주주의의 한 조각이다.

공공기록, 특히 대통령기록을 어떻게 생각하는지는 각 정권의 대통령 보좌기관[10] 담당 부서를 보면 알 수 있다. 현재 윤석열 정부 대통령실에서 대통령기록을 담당하는 부서는 국정메시지비서관실이다. 부서명만 보면 대통령 메시지를 관리하는 부서이지 기록을 담당하는 부서라고 생각하기는 어렵다.

대통령 보좌기관에 대통령기록을 관리하는 부서를 둔 것은 언제부터일까? 좁게 생각하면 최초로 「공공기록물법」을 적용한 김대중 정권부터이다. 그러나 유사한 일을 하는 부서로 넓히면 전두환 전 대통령이 '통치사료비서관'을 둔 때가 최초이다. 전두환 전 대통령은 자신의 말이 온전히 남겨지길 바라서 술자리 같은 사적인 자리까지 '통치사료비서관'을 불렀다고 하는데, 연설문집 외에는 남긴 게 거의 없다. 오히려 퇴임하면서 사저에 트럭 서너 대 분량의 기록을 가져갔다고 한다. 그 기록은 아직도 국가가 관리하지 못하고 있다. '통치사료'는 지금과 같은 대통령기록은 아니고 이른바 '말씀록'이라고 생각하면 된다. 대통령이 한 말을 기록으로 남기는 정도였는데, 이후 대통령 보좌기관의 기록 관리 담당 부서가 하는 가장 큰 일 중 하나가 되었다.

'통치사료비서관'은 노태우, 김영삼 전 대통령을 거쳐 김대중 전 대통령까지 이어졌다. '통치사료'가 국가기록으로 공식 이관된 것은 김대중 정부가 최초이다. 1999년에 제정한 「공공기록물법」에 의해서 임기 종료 즈음 정부기록보존소로 이관했다. 그러나 20만 건도 되지 않았고, 이 중 8만 8천여 건은 국민이 제기한 민원 관련 자료여서 대통령기록이라 하기 어려웠다.

'통치사료비서관실'이 '국정기록비서관실'로 바뀐 건 노무현 정부 때이다. 권위적이라는 이유로 '통치'라는 표현을 지웠다. 그뿐만 아니라 그동안 '대통령 말씀' 중심이던 기록을 국정 운영 중심으로 전환했다. 2004년 하반기부터 국가 기록관리 혁신을 추진하면서는 다시 '기록관리비서관실'로 바꿨다. 국가기록 전반의 혁신을 추진하는 조직적 동력이 되어야 한다는 의미다. 2007년 「대통령기록물법」을 제정했다. 드디어 '통치사료'가 '대통령기록'이라는 정명(正名)을 얻었다.

이명박 정부 들어서 기록관리는 '연설기록'으로 축소되었다. 기록이 연설의 하위로 자리했고, 담당 비서관은 국가기록이나 청와대 등의 대통령기록보다는 대통령 메시지 관리를 위해 연설에 집중했다. 그 시절 대통령기록관리가 어땠는지는 나중에 밝혀졌다. 이명박 대통령은 영포빌딩에 핵심 대통령기록을 유출했고, 박근혜 정부는 기록을 대통령기록관으로 이관하지 않고 캐비닛에 방치했다. 이 두 정부는 대통령기록 이관 숫자에만 집착했다. 박근혜 정부가 이관한 1100만여 건의 대통령기록 중 상당수가 '식당 식수 관리'나 '초과근무 관리' 등 보존할 가치가 없는 데이터였다.

문재인 정부는 기록관리와 정보공개를 국정과제로 삼아 특별히 관리하고자 하는 의지를 담아 이명박 정부와 박근혜 정부에서 축소한 기록관리를 '국정기록비서관실'이라는 이름으로 다시 살려냈다. 이어 국가기록원장과 대통령기록관장을 민간에 개방했다. 튀는 정책을 내놓거나 추진하진 않았지만 대표적인 기록관리 기관 두 곳을 민간에 개방한 것은 가장 강력한 국가기록관리 혁신 의지였다고 평가할 만하다.

윤석열 정부는 문재인 정부에서 힘겹게 복구한 국정기록관리체계를 다시 뒤로 돌렸다. 이명박·박근혜 정부처럼 '국정기록비서관실'을 '연설기록비서관실'로 변경해 기록관리 기능을 연설의 하위로 축소하더니, 2022년 9월 중순에는 '국정메시지비서관실'로 바꿔 비서관실 이름에서 '기록'이라는 표현을 없앴다. '국정메시지비서관실'에서 기록관리 업무 비중이 어느 정도일지는 깊게 생각하지 않아도 금방 알 수 있다. 더욱이 윤석열 정권 대통령실은 이명박·박근혜 정부에서 기록을 담당했던 행정관을 다시 불러들였다. 그가 국가기록관리 퇴행에 전부 개입했다고 할 수는 없다. 그러나 이명박 정부의 영포빌딩 기록 유출 사건이나 박근혜 정부의 캐비닛 문건 사태를 볼 때, 당연히 수행해야 할 역할에 충실하지 않았음은 분명하다.

대통령 보좌기관의 기록관리 부서 이름을 바꾸고 역할을 조정하는 것은 그 정부가 대통령기록과 기록관리를 어떻게 생각하는지 알 수 있는 잣대이다. '연설기록비서관'이던 이명박·박근혜 정권 때 국가기록관리는 퇴행을 거듭했다.

대통령기록의 시작

1998년 4월 참여연대가 청원한 「대통령기록보존법안」이 「대통령기록물법」 추진의 시작이다. 대통령기록관리에 관한 최초의 법률 대안 제시였다.

청원은 경청할 만한 내용이 많았다. △대통령기록 정의에 보좌기관은 물론 자문기관까지 포함 △개인기록 따로 정의 △대통령기록보관소 설치 △대통령기록 국가 소유 및 통제 △대통령기록 공개 및 공개 제한 △전임 대통령에게 기록 인계 요구 △벌칙 등의 내용은 당시 「공공기록물법」이 제정되기 전임을 감안하면 매우 획기적이었다. 이 청원은 다음 해 제정한 「공공기록물법」에 대통령 관련 기록관리 내용을 포함하면서 부의되지 않았다. 아쉽게도 대통령기록보존소 의무 설치, 대통령기록 공개 제한과 같은 규정은 「공공기록물법」에 반영되지 않았다.

「공공기록물법」 제정 이후에도 대통령기록 제도 개선 요구는 계속됐다. 특히 박정희기념관 추진을 두고 시민사회와 학계의 반발은 대통령기록관리에 대한 근원적 해결 요구로 연결되었다. 특히 대통령기록의 독립적·전문적 관리를 위한 '통합 대통령기록관' 설립 주장은 대통령기록관리제도 마련에 중요한 전환

점이 되었다.

이후 2005년 2월까지 진행한 감사원의 국가기록관리 실태 감사에서 대통령기록의 체계적 관리를 위해 대통령기록관을 조속히 설치하도록 권고하였다. 또 정부혁신지방분권위원회 기록관리혁신전문위원회는 2005년 10월 국무회의에서 채택한 <국가기록관리혁신로드맵>에서 △대통령기록관리 대상 범위 구체화 △임기 종료 즉시 대통령기록을 국가기록원에 이관 △대통령기록 공개 △대통령기록관 설치 등 대통령기록관리 법제 정비 내용을 제시하였다. 「공공기록물법」에 대통령기록관리 내용을 보완할 것인지, 따로 「대통령기록물법」을 제정할 것인지가 문제였다.

국가기록원은 별도 입법을 하면 정치적 부담이 생길뿐더러 공공기록관리 일원화가 곤란하고, 대통령기록이 적어 대통령기록관 설치는 시기상조라며 반대했다. 학계와 청와대는 따로 입법해야 한다는 입장이었다. "대통령기록은 대통령이라는 직분의 특수성으로 인해 당대 공공기록 중 가장 중요한 가치를 가지므로 국정 운영에 대한 대국민 설명책임을 강화하고 당대의 역사를 후대에 온전히 전승하기 위해서는 새로운 대통령기록관리 체계가 필요하다"라고 했다. 대통령기록은 생산부처 등록, 공개, 이관 및 보존과 활용에 이르는 전 과정이 각 부처의 일반 행정기록과 명확히 다르므로 특별한 제도와 관리 절차를 마련할 필요가 있었다.

특히 노무현 대통령의 강력한 기록관리 혁신 의지가 입법을 추진하는 동력이 되었다. 2005년 10월 9일 노무현 대통령은 "대통령 관련 입법은 정부혁신위와 충분히 논의하여 방향과 내용을 결정하되, 국가기록원 확대 보완, 대통령기념관(대통령기록관)을 두는 방안 등을 연구 검토하라"는 지시를 내렸다. 이에 정부혁신지방분권위원회 기록관리혁신전문위원회·국가기록원·대통령비서실 기록관리비서관실이 '대통령기록관리혁신T/F'를 구성하여 「대통령기록물법」 제정, 대통령기록관 설치와 위상 등을 논의하기 시작하였다.

2005년 11월 야당인 한나라당 정문헌 의원 등이 주축이 되어 「예문춘추관법안」 제정을 발의한 것이 또 하나의 동력이 되었다. 「예문춘추관법안」은 △대통령기록관리기구로 대통령·국회·대법원장이 추천한 9명의 위원으로 구성하는 독립위원회 '예문춘추관'을 설치하고 △대통령 직무 관련 기록 제작·보존, 대통령기록을 '예문춘추관'으로 이관 △대통령이 특별 지정하는 기록은 퇴임 후 최대 50년까지 공개·열람·제출 요구 불가 △대통령기록관 설치·운영 △국사편찬위원회를 예문춘추관 소속으로 편입 등의 내용을 담았다.

이 법안은 「대통령기록물법」을 추진하던 정부 입장에서는 너무 반가운 일이었다. 당시는 '대통령'이라는 표현이 들어가는 법률안을 내는 것마저 정쟁의 계기가 될 우려가 있어서 살얼음판 걷는 심정으로 입법을 추진하던 상황이다. 더욱이 50년간 공개를 유예하고 자료 제출 요구 불가 등의 내용이 들어간 것은 놀라운 제안이었다. 「국회에서의 증언·감정 등에 관한 법률」(이하 '국회증언감정법')에 보장된 자료 제출 요구권을 제한하는 조항이기 때문이다.

미국 등 해외 사례를 연구하고, '대통령기록관리혁신T/F'에서 수차례 논의를 거쳐 2006년 7월 18일 「대통령기록물법안」을 국회에 제출하였다. 국회에서는 정문헌 의원이 대표 발의한 「예문춘추관법안」과 정부에서 제출한 법안을 병합하여 2007년 4월 2일 국회 본회의에서 의결하고, 4월 27일 공포됐다.

법률안을 제출하고 9개월이 지나서야 의결된 점은 매우 아쉽다. 법률안 제출 직후에 심사·심의를 하지 못하고 그해 12월 4일에 소관 상임위원회인 행정자치위원회에 회부했다. 또 법제사법위원회의 법안심사소위원회에 회부도 늦어졌다. 이렇게 입법 차질이 빚어진 이유는 당시 정치 상황 때문이었다. 국회가 공전하여 회의가 이루어지지 않은 날이 많았다. 그나마 「대통령기록물법」을 두고 정치적 공방이 일어나지는 않은 게 천만다행이다. 야당에서 먼저 「예문춘추관법안」을 제안하고, 그 법안을 대표 발의한 정문헌 의원이 적극적으로 나섰기 때문이라 추측한다.

법률 제정이 늦어지면서 대통령기록관리가 영향을 받았다. 보통 입법을 하면 6개월이나 1년 뒤부터 시행하는데 「대통령기록물법」은 3개월 뒤 시행하도록 정했어도 그 시기가 2007년 7월 말이었으니 임기 종료 몇 달을 남겨놓지 않은 촌각을 다투는 시간이었다. 기록을 분류하거나 이관 준비 시간이 부족한 문제도 있지만, 더 큰 문제는 대통령기록관 설립이나 대통령기록 차후 활용 체계 구축을 위한 예산 편성이었다. 대통령기록관은 원래 추진한 규모보다 많이 축소된 규모로 출발했고, 예산은 이관 분야로만 겨우 편성할 수 있었다.

대통령기록관리에 충분한 예산을 확보하지 못함으로써 대통령기록보존시스템(PAMS; Presidential Archive Management System)[11]에 퇴임 후 대통령이 접근 열람할 수 있는 기능을 구현하지 못하고, 대통령기록 이관 관련 기능만 반영했다. 전직 대통령이 퇴임 후 빠른 시간에 대통령기록에 전자적 접근을 할 수가 없게 됐다. 이것이 이후 노무현 전 대통령이 e지원시스템을 복제하는 방식으로 사본을 제작해서 사저로 가져간 원인, 즉 '대통령기록 유출 논란'(3장 1절)의 불씨가 되었다.

---

11 대통령기록관은 PAMS를 대통령기록관리시스템으로 부른다. 이 글에서는 대통령실 등에서 사용하는 기록관리시스템을 대통령기록관리시스템(PRMS)으로 불러, 서로 구분하기 위해 대통령기록보존시스템이라 한다.

제2절 대통령기록이란 무엇인가

무엇이 대통령기록인가

「대통령기록물법」을 만들기 전에는 대통령기록관리제도가 없었기 때문에 대통령기록 개념과 범위도 정하지 않았다. 지금은 모두 대통령기록이라고 말하지만 이전에는 '통치사료'라고 불렀다. 언제부터 '통치사료'라고 불렸는지는 명확하지 않다. 전두환 대통령이 통치사료 비서관을 둔 이후일 것이라고 짐작할 뿐이다.

'통치'라는 말은 '다스린다'는 뜻이다. 단어가 지닌 의미가 매우 권위적이다. '통치사료'라는 말은 '다스린 사료'라는 말이 된다. 권위주의 정권에서 나온 표현이다. 국정 철학과 국정 운영 전반이 아니라 대통령 한 사람에게 집중한 단어로, '제왕적 대통령'을 연상한 결과다. '통치사료'는 대통령기록을 부르는 적절한 표현이 아니다.

대통령기록을 정의하려는 시도는 「공공기록물법」에 '대통령 관련 기록'이라는 개념을 담으면서 시작했다. '대통령 관련 기록'은 △대통령이 결재하거나 보고받은 기록 △대통령과 그 보좌기관이 생산 또는 접수한 기록 △공공기관이 대통령 또는 그 보좌기관에 제출한 기록의 원본 △대통령 또는 차관급 이상의 대통령 보좌기관이 참석하는 정책조정을 위한 각종 회의록 △대통령 업무와 관련한 메모, 일정표, 방문객 명단 및 대화록, 연설문 원본 등 사료 가치가 높은 기록 △대통령의 영상 또는 육성이 수록된 시청각 기록 △대통령 가족의 공적 업무 활동과 관련한 기록 △기타 정부기록보존소장이 대통령 관련 기록으로 지정한 기록 등[12]이다.

이렇게 나열한 '대통령 관련 기록'은 '통치사료' 보다 진전된 개념이었다. 이전에는 "대통령에게 보고한 문서를 포함하여 대통령 결재를 받은 문서를 정부기록보존소에 이관하여 보관한다"라고 「사무관리규정」으로 정할 뿐이었다. 특히 대통령 보좌기관에서 생산·접수한 기록이나 정책 조정 회의록 등을 포함한 것은 의미 있는 발전이었다. 그러나 대통령이 결재한 재가 문서를 포함한 것은 여전히 개념이 잘 정리되지는 못했다는 말이다. 대통령 재가 문서는 대통령이 최종 단계에서 결재라는 행위를 했을 뿐 엄밀히 말하면 그 기록을 생산한 부처의 기록이다.

2007년 「대통령기록물법」을 제정함으로써 대통령기록 개념과 범주를 정의했다. 비로소 '대통령기록'이라는 정명(正名)이 탄생했다. 「대통령기록물법」에 의하면 대통령기록은 "대통령(대통령권한대행과 대통령 당선인 포함)의 직무수행과 관련하여 대통령, 대통령의 보좌기관·자문기관 및 경호업무를 수행하는 기관, 대통령직 인수기관이 생산·접수한 기록물 및 물품"을 말한다.

기록물과 물품이 무엇인지도 구체적으로 정해놓았는데, △「공공기록물법」에서 정한 기록 △국가적 보존가치가 있는 대통령 상징물(대통령을 상징하는 문양을 새긴 물품 및 행정박물 등) △대통령의 직무수행과 관련하여 국민(국내 단체 포함)으로부터 받은 선물로서 국가적 보존 가치가 있는 선물 및 외국 정부로부터 받은 미국 화폐 100달러 이상이거나 국내 시가로 10만 원 이상인 선물 등을 말한다.

대통령이 외국 정부에게 받은 선물은 외교의 상징이다. 상대국에서 외교 메

---

12 「공공기록물법 시행령」 제65조(2007.07.17. 시행 법령, 지금은 관련 조항 없음)

시지를 선물에 담기도 한다. 헌법상 우리 국토 안에 있지만 유엔 동시 가입 이후 명백한 외교 대상인 북한과도 여러 차례 정상회담을 하며 선물을 주고받았다. 고정되지 않아 관리가 어렵거나 동식물같이 생명이 있는 선물이 특히 많았다. 노무현 정부 때 받은 송이버섯이나 문재인 정부 때 받은 풍산개가 그런 종류이다. 이런 선물은 누가 어떻게 관리할지가 문제다. 문재인 대통령은 퇴임하면서 선물로 받은 풍산개를 누가 키우느냐로 논란이 되기도 했다. 간단한 문제 같지만 따져야 할 일이 한두 개가 아니다.

대통령을 상징하는 문양은 봉황문양이다. 1967년 박정희 대통령 시절 「대통령표장에 관한 공고」로 정한 이후부터 대통령실 표장으로 사용해왔다. 좌우에 봉황, 중앙에 무궁화 문양인 이 표장은 대통령 집무실, 대통령이 참석하는 장소, 대통령이 탑승하는 항공기·자동차·기차·함선 등에 사용할 수 있고, 대통령을 상징하는 문서는 물론 기념품에도 사용한다.

행정박물이란 「공공기록물법」에서 "공공기관이 업무수행과 관련하여 생산·활용한 형상기록물로서 행정·역사·문화·예술 가치가 높은 기록"이라고 말한다. 「공공기록물법시행령」에서는 행정박물 관리 대상을 관인류, 견본류, 상징류, 기념류, 상장·상패류, 사무집기류 등으로 구분한다.

「공공기록물법」에서 말하는 기록이란 "공공기관이 업무와 관련하여 생산하거나 접수한 문서·도서·대장·카드·도면·시청각물·전자문서 등 모든 형태의 기록정보자료와 행정박물(行政博物)"이다. "정보처리능력을 가진 장치에 의하여 전자 형태로 작성하여 송신·수신 또는 저장되는 전자문서, 웹기록물 및 행정정보 데이터세트 등의 기록정보자료"를 '전자기록물'이라고 따로 정해놓았다. 나아가 '웹기록물'은 "공공기관에서 운영·활용하는 웹사이트·블로그·소셜네트워크서비스(SNS) 등 웹을 기반으로 생산한 기록정보자료와 웹사이트 운영 및 구축과 관련된 관리정보"를 말한다.

이렇듯 「공공기록물법」에 기록의 유형을 열거해놓고 여기에 속해야만 기록으로 인정한다. 나열되지 않은 것을 포함하거나, 새로운 방식에 의한 기록을 관리하려면 먼저 법령에 반영해야 한다. 예를 들어 e메일은 유형에 나열되지 않아 공공기록이 아니다. 따라서 대통령기록도 아니다. 대통령기록이 정명을 찾긴 했지만 여전히 기록이냐 아니냐로 쟁점이 된다. 때로는 정쟁의 발화가 되기도 하고, 사법 판단 대상이 되기도 한다.

국가수반 기록을 따로 정의하고 관리하는 국가는 몇몇에 불과하다. 대부분의 나라에서는 국가수반 기록을 따로 정의하지 않는다.[13] 국가 또는 공공기록의 일부일 뿐이다. 대통령기록을 따로 정의하는 나라는 미국이 대표적이다. 미국 대통령기록 정의는 우리에게 큰 영향을 줬다. 미국은 대통령기록을 "대통령, 대통령 직속 직원 또는 대통령 자문·보좌 기능을 수행하는 대통령 소속 행정기구의 소속기관과 직원이 대통령의 헌법상·법률상 직무, 그 밖의 기록자료 중 적합하게 분리된 부분"으로 정의했다. 또 대통령기록 생산 주체를 대통령, 대통령 직속 직원, 또는 대통령 자문·보좌 기능을 수행하는 대통령 소속 행정기구의 소속기관과 직원 그리고 부통령으로 정했다. 부통령의 기록이 대통령기록 범주 안에 들어간다는 것을 기억해 둘 필요가 있다. 기록의 개념과 정의를 규정하는 데 생산 주체는 매우 중요한 기준이다. 우리도 「대통령기록물법」에 대통령기록 생산기관을 따로 정했다.

---

13 카자흐스탄이나 인도네시아가 대통령기록을 따로 분리해서 관리하려는 움직임이 있다. 카자흐스탄은 문화체육부 기록문서국에서 국가기록관리를 총괄하며 국립중앙문서보관소와 국립영상보관소도 관장하고 있으나, 대통령기록보존소는 대통령 직속기관이다.
인도네시아는 대통령기록 별도 관리를 위한 법령 제정, 관리 등 한국 시스템을 벤치마킹했다. 2021년 우리 국가기록원과 대통령기록관이 대통령기록관리 경험을 온라인으로 전수한 바 있다. <한국, 인도네시아에 대통령기록물 관리 경험 전수한다>(행정안전부 보도자료, 2021.10.26.)

미국은 대통령 경호 관련 기록을 대통령기록으로 관리한다. 국토방위부(The Department of Homeland Security) 산하 비밀국(Secret Service)과 백악관 집무실(The White House Office)의 백악관 군사고문실(White House Military Office)에서 대통령 경호 업무 역할을 분담한다. 1865년 워싱턴의 위조지폐 유통 단속 업무를 담당하기 위해 조직한 비밀국은 1901년 맥킨리(William McKinley) 대통령 암살 사건 이후 대통령 경호 업무도 담당하게 되었으며, 백악관 군사고문실은 Air Force One, Camp David, Marine One 등 대통령 전용 비행기, 별장, 잠수함, 차량 경호 등의 업무를 담당한다. 2002년 재무부 산하에서 국토방위국 산하가 되었다. 비밀국의 대통령 경호 관련 기록만 대통령기록이고 나머지 영구보존 대상 기록은 국가기록관리처(NARA)로 이관한다.

우리는 「대통령기록물법」에 '대통령 보좌·자문·경호기관'과 '대통령직 인수기관'을 대통령기록 생산기관으로 정했다. 대통령 보좌기관은 대통령비서실(또는 대통령실)이나 국가안보실 등이고 대통령 경호기관은 대통령 경호처이다. 대통령 보좌기관은 임기가 시작되면 구성하고 만료되면 사실상 폐기하는 대통령 임기와 같이 존속하는 기관이라는 특징이 있고, 경호기관은 임기와 관계없는 기관이다. 대통령 보좌기관은 대통령기록 생산기관으로서 해당 정권의 특성을 그대로 반영하는 기록을 생산하는 기관인데 반해, 경호기관은 임기 중 경호 기록이라는 것 외에는 특수성이 크게 도드라지진 않는다.

대통령직 인수기관은 대통령선거 후 구성부터 임기 시작 후 30일 이내 종료까지의 존속기간 동안 인수위원회에서 생산·접수한 기록을 수집하여 대통령 보좌기관이 가져가고 나중에 재임 중 기록과 함께 대통령기록관에 이관한다. 인수위원회는 새 정부 정책 기조를 정립하고, 정부 조직 개편을 구상하며, 국무총리와 국무위원 등의 인사 검증을 하는 기관이기 때문에 해당 정권의 특성을 드러내는 중요한 기록을 많이 생산한다. 문재인 정부는 인수위원회 없이 출범했으므로 해당 기록이 없고, 제20대 윤석열 정부 인수위원회 기록은 대통령실에서 보관 중이다.

대통령 자문기관은 헌법에 규정한 기관과 법령에 따라 조직한 기관으로 나뉜다. 헌법에서 정한 기관은 국가안전보장회의, 국민경제자문회의, 국가과학기술자문회의 그리고 민주평화통일자문회의 등인데, 민주평화통일자문회의만 사무처가 있다. 법령에 따라 조직한 자문기관은 다시 법률과 대통령령에 따른 것으로 나눈다. 예를 들어 윤석열 정부 들어 없어진 북방경제협력위원회, 4차산업혁명위원회, 정책기획위원회 등이다. 많은 위원회가 법률에 조직 근거를 두지만 대통령령에 설치와 기능을 규정하기도 한다. 대통령령으로 조직한 위원회는 대통령기록 관점에서는 당해 정권의 특성과 일을 더 반영한다고 봐야 한다. 입법 어려움 때문에 법률에 조직 근거를 두지 못하지만 해당 정권에서 추진하고자 하는 주요 국정과제를 뒷받침하기 위해 설치했기 때문이다.

윤석열 정부 대통령 자문기관으로서 대통령기록 생산기관은 총 18개다. 새로 조직한 위원회는 국민통합위원회, 디지털플랫폼정부위원회 등이다. 윤석열 정부는 정부위원회를 정비하겠다며 폐지하거나 소속 하향을 추진하고 있다. 북방경제협력위원회, 4차산업혁명위원회, 정책기획위원회, 국가인적자원위원회 등을 폐지 대상으로, 국가지식재산위원회, 국가물관리위원회, 국가건축정책위원회 등은 하향을 추진하고 있다. 폐지하거나 소속을 하향하는 위원회는 대통령기록 생산기관에서 제외된다.

대통령 직속 위원회에서 부처 소속 위원회로 조정되었다가 다시 대통령 소속으로 복귀하는 경우도 있다. 저출산고령사회위원회가 그렇다. 이명박 정부 출범 직후인 2008년 4월 보건복지부장관 소속으로 조정했으나, 2012년에 다시 대통령 소속으로 환원했다.

대통령 직속 모든 위원회가 대통령기록 생산기관은 아니다. 예컨대 개인정보보호위원회는 대통령 소속이지만 행정위원회이므로 대통령기록 생산기관이 아니다. 감사원이나 국민권익위원회 등도 정부 조직 체계상 대통령 직속이지만 대통령기록 생산기관은 아니다. 이들은 대통령 직속 중앙행정기관이다.

대통령기록에 대한 사실과 오해

대통령기록은 대통령의 국정 운영 철학과 스타일, 대통령 보좌기관의 기능과 역할 등에 따라 유형을 달리한다. 물론 기능과 역할 변화는 없지만 일하는 스타일에 따라 기록 생산과 획득 경로가 달라질 수 있다. 또 기록과 기록관리를 향한 인식 차이가 기록 유형의 세부적인 차이를 가져올 수도 있다. 그러나 대통령과 대통령 보좌기관의 역할 자체가 달라지지는 않으므로 어떤 유형의 기록이 만들어질지는 대략 짐작할 수 있다.[14]

대통령기록 생산기관인 대통령 보좌기관에서 관리해야 할 대통령기록은 대통령의 직무수행 기록, 대통령 상징 기록, 대통령 보좌기관 각 부서의 생산·접수 기록, 주요 직위자 기록, 대통령 영부인의 기록 등이다. 대통령 직무수행 기록은 아홉 가지로 나눌 수 있다.

① 대통령이 구상하여 직접 작성하거나 참모에게 지시한 기록. 대통령 친필 기록, 업무수행 중 작성한 메모, 대통령 구두 지시를 받아적은 참모의 기

---

14 이하 대통령기록 유형에 대해서는 조영삼, 『한국의 대통령기록관리제도연구』(명지대 박사학위논문, 2011.)를 주로 참고하였다.

록 등

② 대통령 연설문 및 메시지. 대통령이 참석한 행사 연설문이나 메시지, 대통령이 축하나 조의를 표하는 메시지 등 직접 참석하지 않았지만 전달한 기록

③ 대통령이 국가안보를 위해 수행한 직무 기록

④ 대통령 외교 기록. 정상회담, 주요 인사 접견, 국제회의 참석 등 대통령이 대한민국을 대표하여 수행한 외교 직무 관련 기록

⑤ 대통령과 헌법기관, 정부기관, 지방자치단체 및 여타 공공기관 등이 직무수행을 위해 주고받은 기록. 대통령이 보좌진 및 정부 각 부처로부터 보고받은 기록, 대통령이 주재하는 관련 회의에 관한 기록, 여타 국가기관 등이 제출(또는 회신)한 기록 등

⑥ 대통령이 헌법 및 법률에 의거하여 고위공직자 임면 등을 한 인사기록

⑦ 대통령이 주재하거나 참석하는 행사 기록

⑧ 대통령이 보고받은 보고서나 민간이 제출한 건의서

⑨ 대통령 직무수행 일정에 관한 기록

더 세세하게 나눌 수 있겠지만 이 정도가 어느 정권에서나 공통적인 대통령 직무수행 기록 범위가 아닐까 한다. 대통령 직무수행 기록을 구체적으로 더 들어가면 정권별 특징이 드러날 수 있다. 기능과 역할에 따라 어느 정권에서는 기록으로 관리하던 것을 다른 정권에서는 만들지 않거나 만들어도 기록으로 관리하지 않을 수 있다. 위에 나열한 대통령 직무수행 기록 중 대통령이 주재하거나 참석하는 행사 기록에는 어떤 것들이 있는지 자세히 들여다 보자.

㉠ 행사 이전에 보고받은 기록(말씀 참고자료 등)

㉡ 행사 진행 기록(행사 일정표, 시나리오, 좌석표, 식사 차림표 등)

㉢ 연설문

㉣ 보고서(의제 자료 등)

㉤ 현장 기록

㉥ 시청각 기록

㉦ 행사장(회의실)의 대통령 친필 메모

㉧ 주요 행사에서 대통령이 행사 진행을 위해 사용하여 역사적 가치가 있다
　고 판단하는 행사 물품

㉨ 기타 행사 중 대통령과 직접 연관된 물품 중 역사적 가치가 있는 물품

　대통령이 참석하는 행사에서 일반적으로 만들 수 있는 기록의 범위이다. 대통령 직무수행 기록 중 행사 기록만 해도 이렇게 다양하고 복잡하다. 그런데 위에 나열한 일반적인 범위를 벗어나면 어떻게 기록을 획득할까? 예를 들어 대통령이 보고받는 행사를 하지 않고 독대 형식을 취하고 몇 사람만 배석한다면 어떻게 하나? 이때는 기록 누락을 피할 수 없다. 이것을 국정 운영 방식 차이라고 말할 수도 있지만, 사실은 정책 형성과 집행 책임을 벗어나는 행동의 결과로, 기록도 만들어지지 않는다. 투명하고 책임 있는 정권일수록 행사를 정상적으로 치르고 기록을 생산하며 그것을 보존, 관리, 공개한다.

　다음으로 대통령 보좌기관의 기록을 들여다보자. 대통령 보좌기관은 일반 부처나 공공기관과 다른 유형의 기록을 많이 생산한다. 보고받은 사항을 종합하여 정책 수립과 집행에 반영하는 기능과 역할 특수성 때문이다. 보좌기관 기

록에는 각 부서에서 직무수행을 위해 자체 생산하거나 접수한 문서, 연구보고서, 간행물, 시청각 기록, 행정박물 등이 있다. 각 부서 생산기록은 대통령에게 보고한 온·오프라인 기록, 비서관이나 수석 등 부서장에게 보고한 온·오프라인 기록, 보좌기관 내 협업 및 회의체계의 온·오프라인 보고서, 회의록 등 업무 추진 과정에서 발생한 기록이 일상적이다. 또 대통령 보좌기관은 업무와 관련하여 정부 부처 등에서 보고받은 기록이 있다. 이것은 공식 문서 유통 경로로 접수하기도 하지만, e메일 같은 비공식 통로도 수시로 이용한다. 회의 진행 중에 출력물로 제출하는 경우도 있다.

정권의 국정 운영 스타일과 기록에 대한 인식이 대통령 보좌기관 기록관리에 큰 차이를 가져온다. 예컨대 기록의 생산과 유통을 온라인에 전적으로 의존하는 정권은 더 많은 기록을 남기고 보존하지만, 온라인을 결재라는 형식적 의사결정 수단으로만 사용하고 중요한 정책 수립과 결정은 종이 출력물 같은 오프라인으로 한다면 기록이 사라질 가능성이 매우 높다. 그래서 각 정권의 기록 생산 수준을 가늠하려면 e지원시스템, 위민시스템, 온나라시스템 같은 업무관리시스템을 얼마나 적극적으로 활용하는지를 보면 된다. 기록과 기록관리는 '역사 앞의 자세 차이'를 드러낸다. "기록 없이 정부 없고, 기록 없이 역사 없다"라는 말이 그냥 나온 게 아니다.

대통령기록이 매우 다양한 유형으로 생산되는 만큼 "대통령기록이냐 아니냐"라는 물음에 직면할 때가 많다. 실무적인 질문이지만, 때로는 정치 문제로 비화하기도 한다. 몇 가지 사례를 들어 대통령기록 개념과 정의를 확인해 보자.

① 대통령 재가 문서

대통령 재가 문서 관리 연원을 따져보면 정부 수립 당시로 거슬러 올라간다. 정부 수립 이후 1949년 제정한 「정부처무규정」에서 대통령이나 총리가 결재한 문서를 특류(特類)로 정했다(제15조). 이후 1963년 개정한 「정부공문서규정」에서 '대통령 등과의 사이에 왕복하는 문서'를 수발할 때는 내각사무처를 경유하도록 하였다(제54조).

대통령 재가 문서를 따로 분리하여 관리한 것은 전두환 정부 이후이다. 1980년대 초 전두환 대통령이 "본인이 결재한 문서를 모두 제출하라"는 지시를 해 각 기관에서 생산한 기록 중 대통령이 재가한 문서를 분리하기 시작했다. 이것이 급기야 법령으로 정해졌는데, 1987년 개정한 「정부공문서규정」에 대통령에게 보고한 문서를 포함해 대통령 결재를 받은 문서는 정부기록보존소에 이관하여 보관하도록 했다(제39조). 이어 1991년 제정한 「사무관리규정」의 대통령 결재 문서 특례에도 그대로 반영했다. 제도로 굳어진 대통령 재가 문서 분리는 「공공기록물법」에 '대통령 관련 기록'으로 분류하여 관리하도록 함으로써 대통령기록의 범주로 관리하는 시초가 되었다.

그러나 대통령 재가 문서는 대통령기록이 아니다. 대통령이 결재한 문서이니 당연히 대통령기록이라고 생각하겠지만 그렇지 않다. 공공기록의 정체성을 따질 때 가장 먼저 확인해야 할 것은 생산 주체와 맥락이다. 이들이 기록의 성격을 규정한다. 대통령 권한으로 결재했지만 기록을 생산하고 유통하는 게 행정기관이고, 대통령이 마지막에 결재만 했다면 대통령기록이라고 볼 수 없다. 이 것은 「공공기록물법」을 제정하면서 공공기록 분류 편철 제도를 정립한 결과다.

「공공기록물법」 제정 이전 공공기록에 보존기간을 부여하는 단위는 각각의 기록 건(件)이었다. 그래서 어떤 사안의 기록묶음(보통 '기록철'이라고 한다)에 보존기간 1년짜리 문서와 영구 보존 문서가 같이 묶였다. 그 결과 보존기간이 짧은 문서는 차츰 없어지고 나중에는 영구 보존 문서만 남게 되었다. 어떤 사안을 결정하고 집행하는 데 시작과 경과 기록은 없어지고 최종 결정 문서만 남게 된 것이다. 최종 집행 결과만 남으면 일의 추진 맥락은 알 수 없게 된다. 따라서 기록을 통해 투명성과 책임성을 확보할 수 없게 되었다.

대통령 재가 문서 관리도 마찬가지이다. 대통령이 결재한 사실만이 중요한 게 아니라 어떻게 시작했고, 경과는 어떠했는지가 같이 묶여 있을 때 기록은 생명력을 갖는다. 그런 차원에서 대통령 재가 문서만을 따로 관리해서는 안 된다. 생산 주체와 맥락을 따져볼 때 명백하게 대통령기록이라고 볼 수 없는 이유가 이것이다.

「공공기록물법」을 제정하면서 기록 편철 제도를 전면 수정했다. 기록을 사안별로 묶고 보존기간을 부여했다. 그렇게 함으로써 일의 기획과 경과, 결과를 하나로 묶어 생산과 일의 추진 맥락을 그대로 유지하도록 했다. 「대통령기록물법」을 제정할 때 이에 따라 대통령기록 개념을 정립하며 대통령 재가 문서는 대통령기록에서 제외했다.

그러나 대통령 재가 문서는 아직도 대통령기록관에서 관리하고 있다. 그 수량이 약 35만여 건이다. 2007년 대통령기록관을 설치할 때 대통령 재가 문서 처리를 논의하였으나, 공공기록의 범주로 또다시 분리하는 것이 과연 옳으냐는 의견에 따라 대통령기록은 아니지만 대통령기록관에서 관리하게 되었다.

그런데 대통령 재가 문서에 대통령이 결재하지도, 또 대통령 보좌기관에서 보고하지도 않은 기록이 다수 포함되어 있다. 예컨대 총무처가 생산한 대통령 비서실 직원 인사와 관련한 기록이 대통령 재가 문서에 속해 관리된다. 요즘 같으면 인사혁신처에 있어야 하고, 인사 일반 기록이라 영구 보존 가치가 없는 기록임에도 대통령기록관이 보존하고 있다.

사실 대통령기록이 아니라고 처분하는 것이 쉽지는 않다. 맥락을 재구성하기 위해 국가기록원에서 관리하고 있는 공공기록으로 재편철하기도 어렵다. 그러나 실무적으로 어쩔 수 없는 상황이더라도 대통령기록으로 관리하는 것은 확실히 문제다. 관리 방법을 더 연구해야 한다.

② 수첩과 메모

2007년
수석보좌관 회의 중 메모발췌

2019년 5월 뉴스타파가 노무현 전 대통령 친필 메모 266건을 보도했다.[15] 노무현 대통령 재임 기간인 2003년 3월부터 2008년 2월까지의 기록이다. 정상회담, 정부 부처 업무 보고, 각종 위원회 회의, 수석보좌관 회의 도중 노무현 전 대통령이 메모지에 직접 쓴 글이다. 그동안 대통령 친필 메모를 대량으로 공개한 적이 없기 때문에 많은 관심을 받았다. 특정 사안을 두고 한 생각이 메모에

---

15 <썩어빠진 언론…노무현의 친필 메모 266건> (뉴스타파, 2019.5.20.)

고스란히 드러난 점은 놀라움마저 가져다줬다. 국정 현안이나 핵심 정책을 결정하는 과정에서의 고민과 심경이 그대로 담긴 매우 훌륭한 품질의 대통령기록이다. 물론 메모로 사안의 전모를 알 수는 없다. 당연한 말이지만 다른 기록과 같이 봐야 맥락을 온전히 재구성할 수 있다.

노무현 전 대통령 이후 대통령 메모가 얼마나 보존되고 있는지는 확인할 수 없다. 메모가 있다 해도 그것이 지정기록에 속해 지금은 전모를 알 수 없을 수도 있고, 대통령이 메모를 아예 적지 않았을 수도 있다. 가끔 이런저런 회고를 통해 전직 대통령들이 어떻게 메모를 했는지 내용의 조각이 알려지기도 한다. 예컨대 김대중 전 대통령이 연설문 초안을 깨알같이 수정했다는 얘기 같은 것이다. 하지만 대통령기록으로 남긴 메모는 현재로서 노무현 대통령 말고는 알 수가 없다.

이명박 대통령 취임 직후인 2008년 3월, 부처 업무 보고를 받으며 연필로 메모하는 장면을 실은 보도가 있었다. 사진 설명에는 "이명박 대통령이 회의 때 필기구로는 실용적 스타일의 한 단면으로 쉽게 지우고 쓸 수 있는 연필을 주로 사용한다"라고 적었다.[16] 쉽게 쓰고 지우는 것이 실용적일지는 모르겠으나 기록관리 측면에서 보면 최악의 습관이다. 실용적이라 자랑할 일이 아니라 기록소실 행위이다. 트럼프가 기록을 찢어서 화장실 변기에 버린 것에 못지않은 일이다.

박근혜 대통령은 평소 수첩을 몸에 지니며 수첩에 미리 지시사항을 적어뒀다가 불러주는 식으로 업무를 처리했고, 받아적고 있는지 확인하는 등 수첩 행정에 남다른 애정을 가졌다고 한다. 그 수첩들은 대통령기록물법상 기록에 해당하기 때문에 대통령기록관에 있어야 한다. 그런데 대통령기록으로 관리하고 있지 않은 상황이다.

16 <이 대통령 연필 애용도 실용주의>(연합뉴스, 2008.03.22.)

대통령 메모는 대통령기록이다. 「공공기록물법」에 공식 문서 외 중요 기록
의 등록과 관리 사항을 정해놓았는데, 첫 번째가 '대통령·국무총리 및 중앙행
정기관의 장, 지방자치단체장, 교육감 및 교육장 등 주요 직위자의 업무 관련
메모·일정표·방문객 명단 및 대화록'이다(시행령 제21조 제1항 제1호). 「대통령
기록물법」에서 정하지 않은 것은 「공공기록물법」을 따르도록 했으니 메모는 대
통령기록이다.

그렇다면 대통령이 아닌 대통령기록 생산기관 주요 직위자가 쓴 메모는 대
통령기록일까? 예컨대 언론에서 비망록이라고 한, 국정농단 수사에 증거로 채
택한 김영한 전 정무수석이나 안종범 전 정책조정수석의 수첩은 대통령기록일
까? 위 법령에 명백하게 적시되지 않았으므로 대통령기록이 아니다. 다만, 회
의록 작성과 관리에서 '주요 정책의 심의 또는 의견 조정을 목적으로 차관급
이상의 주요 직위자를 구성원으로 하여 운영하는 회의'는 반드시 회의록을 작
성하도록 했는데, 이때 차관급 이상을 주요 직위자로 표시한 데 주목할 필요
가 있다(시행령 제18조 제1항 제3호). 이를 준용한다면 대통령 보좌기관의 수
석비서관은 차관급이므로 법령상 주요 직위자에 해당하고, 그의 메모(수첩)는
획득해서 대통령기록으로 관리해야 한다고 해석할 수 있다. 이 관점으로 생각
하면 현재 검찰에서 보유하는 것으로 보이는 김영한과 안종범 수첩은 공소유
지 기간이 경과하였으므로 대통령기록으로 관리하도록 검토할 필요가 있다.

대부분의 공직자는 어떤 방식으로든 업무수첩을 사용하고 메모를 한다. 안
종범 전 수석처럼 업무의 거의 대부분을 수첩 63권에 빼곡히 적거나 김영한 전
수석처럼 수첩에 회의 내용을 꼼꼼하게 적는 사람이 있는 반면, 핵심 단어만
적는다든지 낙서에 가까워 알아볼 수 없는 내용을 적는 사람도 있다. 그래서
수첩이 공식 업무 결과물이 아니라 개인적인 메모라고 생각하는 경향이 있다.

법령에서도 공무와 개인적인 메모를 구분할 수 없고, 모든 공무원이 메모를 하는 것도 아니어서 관리 대상 공공기록 유형으로 정하지 않았다. 그러나 직무와 관련해서 업무수첩을 사용했다면 적극적으로 수집할 필요가 있다. 메모는 문서에서 빠진 부분을 보충해주기도 하고, 담당 공무원의 생각이 반영되어서 문서와는 다른 맥락과 내러티브를 구성하기도 하는 훌륭한 기록이다.

③ e메일

「공공기록물법」에는 기록 개념을 정의하고 유형을 나열하였다. 개념은 포괄적으로 정의하였으나, 법령에 나열한 유형에 속하지 않으면 공공기록이 아니다. 이런 나열 방식은 새로운 생산체계에서 새로운 기록 방식을 도입할 때, 그것을 관리 대상 기록 유형으로 법령에 반영하지 않는 한 기록에서 제외된다. 디지털기록 매체가 발전하고 소통의 도구가 다양해진 시대 흐름을 볼 때, 유형을 나열하는 지금의 방식은 다시 생각해봐야 한다.

나열한 기록 유형에 빠져 공공기록이 아닌 대표적인 것이 e메일이다. 공공기관이나 공무원이 업무와 관련해서 e메일을 사용했다면 그것을 획득해서 관리해야 할 것 같은데 공공기록이 아니라니 당황스럽다.

e메일이 기록이 아닌 이유는 무엇일까? 2012년 10월 국회 행정안전위원회 회의에서 임수경 의원이 e메일을 기록으로 관리할 필요성을 질의했다. 이에 당시 행정안전부장관(맹형규)이 "e메일은 공무원의 개인정보에 사용되기 때문에 철저한 검토가 필요합니다"라고 답했다. 공공 계정인데 개인적으로 사용하니 공공기록으로 관리할 수 없다는 말이다. 국가기록원도 입장이 크게 다르지 않다. 국가기록원은 e메일을 공공기록으로 포함하는 연구나 검토를 한 번도 하지 않았다. e메일이 공공기록이 아닌 것에 국가기록원은 큰 문제를 느끼지도, 획

득해서 관리할 필요를 갖지도 않는 듯 하다.

e메일은 업무 소통, 지시 등 광범위하게 사용하지만 공공기록으로 획득되지 않기 때문에 공식적으로 처리하지 못할 일을 하는 도구가 되기도 한다. 때로는 위법한 일을 하는 수단이 되기도 한다. 2008년 11월 신영철 전 대법관(당시 서울중앙지법원장)이 광우병 촛불집회 재판을 맡은 판사들에게 압박성 e메일을 보내 재판 개입 논란이 있던 일이나, 2009년 2월 청와대가 군포 연쇄살인사건을 활용해 용산참사로 악화된 여론을 덮으라는 e메일을 경찰청에 보낸 일이 대표 사례이다. 행정안전부가 e메일로 받은 윤석열 대통령 취임식 초청자 명단을 개인정보이기 때문에 폐기했다고 한 것도 e메일이 공공기록으로 관리되지 않는다는 것을 '활용'한 사례이다. 논란이 일어날 만한 일을 e메일로 주고받은 후 폐기해도 공공기록 불법 처분이 아니다. 이것이 현재 「공공기록물법」의 '함정'이다.

우리가 대통령기록제도를 도입할 때 가장 많이 참고한 미국은 어떨까. 미국에서 e메일은 사적인 내용이라고 해도 대통령기록이다. 전통적으로 미국 대통령은 외국 정보기관 등으로부터 해킹당할 우려가 있다는 이유로 e메일이나 휴대전화 같은 전자통신기기 사용을 피해왔다. 클린턴과 조지 W. 부시는 8년씩 집권했는데, 클린턴은 재임 중 단 두 차례만 (사적으로)e메일을 보냈고, 부시는 취임하자마자 e메일 사용을 중단했다. 휴대용 PDA '블랙베리' 매니아였던 오바마는 e메일을 기록으로 남기는 데 동의하고 나서야 이 기기를 사용할 수 있었다. 백악관 모든 기록은 자동기록관리시스템(Automated Records Management System, ARMS)에서 생산·유통한다. ARMS는 대통령 집무실과 보좌기관에서 생산·접수하는 모든 e메일을 저장, 보존한다. 클린턴은 약 1테라, 조지 W. 부시는 2억 개(약 20테라), 오바마는 4억 8천9백만여 개의 e메일을 남겼다.

e메일을 이렇게 철저히 관리하는 국가에서도 유력 대통령 후보였던 힐러리 클린턴이 개인 계정으로 공무를 수행하고 임의로 삭제한 뒤, 기밀은 포함되지 않았다고 거짓말한 사건이 있었다. 'e메일 스캔들'이라 불린 이 사건은 힐러리가 국무장관 재임 시절 사적 계정을 사용하고 이를 보관하지도 않아 '연방기록관리법(Federal Records Act)' 위반일 수 있다는 〈뉴욕타임스〉 보도로 시작했다. 이 보도에 따르면 힐러리는 4년간(2009년 1월 ~ 2013년 1월)의 국무장관 재임 기간 중 클린턴 재단 e메일 계정을 사용하면서 이를 보관하지 않았다. 힐러리는 6만여 건의 e메일 중 "업무 관련 메일은 국무부에 제출했지만 사적인 메일은 모두 폐기했다"라고 말했다.

이 사건은 소송으로 비화했는데, 법원 명령으로 제출한 e메일 중 2급 비밀이 65건이나 되고 심지어 1급 비밀까지 있다고 밝혀져 큰 충격을 줬다. 힐러리가 애초에 기밀은 없다고 했기 때문이다. 관련 보고서 작성을 위한 진상조사에도 응하지 않아 '부정직한(crooked) 힐러리'라고 비난받았다. 'e메일 스캔들' 이후 힐러리는 비호감도가 40%대가 되는 등 지지율이 폭락했다. 위법한 e메일 관리가 대통령선거에까지 강력한 영향을 끼쳤다.

e메일의 부적절한 관리가 큰 정치 문제가 되고, 대통령선거에도 영향을 미친다는 사실은 우리 대통령기록관리에 아무런 영향을 주지 못한다. 앞에서 누누이 말했듯이 우리는 e메일을 공적으로 관리하지 않기 때문이다. e메일은 반드시 관리해야 할 공공기록이다. 누구나 스마트폰을 사용하는데 공공 계정 메일을 사적으로 활용하게 허용한다는 것도 문제다.

그동안 대통령 보좌기관은 공식 기록을 남기지 않고 업무 연락과 지시를 하기 위해 e메일을 사용한 것이 아니냐는 의심을 받아왔고 몇 차례 사실로 드러나기도 했다. e메일이 설명책임의 싱크홀이 되어서는 안 된다. 적어도 대통령기록 생산기관만큼은 e메일을 기록관리 대상으로 선정하고 관리해야 한다. 대통령기록의 정의와 유형을 다시 검토해야 할 때다.

④ 녹취

대통령 발언은 어떻게 기록할까? 미디어 매체에 보도하는 경우에는 어떤 식으로든 내용이 보존된다. 그렇다면 일반 국민은 알 수 없는 여러 행사 중 대통령 발언은 어떻게 생산하고 보존할까?

미국은 비밀경호국이 녹음을 담당하는 녹음 기록 체계가 있다. 워터게이트 사건 상원 청문회 증언으로 이 사실이 알려졌다. 닉슨(Richard M. Nixon)이 두 번째 임기를 시작할 즈음 상원 청문회가 열렸는데, 여기에 출석한 알렉산더 버터필드(Alexander P. Butterfield) 전 대통령 부보좌관이 백악관 대통령 집무실에서는 모든 대화가 녹음되며, 닉슨이 사건 은폐 공작에 개입하는 내용도 있다고 증언했다. 당시 상원 특별위원회와 특별검사는 녹음테이프를 증거로 제출하라고 했으나 닉슨은 거부했다. 우여곡절 끝에 대법원 판결로 녹음테이프를 제출했는데, 'CIA 국장에게 직접 FBI 수사를 방해하라고 지시'하는 내용이었다. 그것으로 기존 발언이 거짓말임을 증명했다. 탄핵당할 처지에 몰린 닉슨은 결국 사임한다. 대통령 집무실 녹취프로그램이 역사를 바꾼 결정적인 도구가 됐다.

워터게이트 사건은 미국 대통령기록제도를 바꾸는 계기가 되었다. 이후 제정한 「대통령기록법(1978년)」에는 "대통령은 기록물관리 통제 및 그 밖의 필요한 조치를 시행하여 대통령의 헌법상, 법률상 직무 및 공무수행을 반영하는 활동, 심의, 결정 및 정책을 적절하게 기록화하고, 해당 기록물을 이 조 및 다른 법률의 요건에 따른 대통령기록물로 보존하는 데 필요한 조치를 취하여야 한다(제2203조 제(a)항)"라는 규정을 추가했다. 정책 협의와 결정에 관한 기록을 생산·관리해야 한다는 내용이다. 회의록과 녹취록 및 보고서를 생산하고 보존하라는 뜻으로, 녹음 기록 생산·관리를 제도로 정립했다.[17]

우리는 어떤가? 우리 대통령 집무실은 상시 녹음 체계가 없다. (지금 용산 대통령실이 어떻게 하는지는 알려지지 않았다. 어떤 기록을 어떻게 생산하는지 국민이 알지 못한다는 것은 큰 문제다) 다만 대통령 발언은 기록으로 획득해서 관리한다. 물론 대통령의 모든 발언을 기록하지는 않고 대통령이 참석하는 회의나 공식 행사 발언을 '말씀록'이라는 이름으로 생산하고 관리한다.

방법과 절차는 어떻게 될까? 모든 정권의 대통령실이 하나의 절차를 가지고 시행하지는 않고, 대통령실을 용산으로 이전하면서 현재 어떤 체계로 작성하는지는 알려져 있지 않다. 다만 기존에 생산하는 방식으로 짐작할 수는 있다. 예컨대 이런 식이다.

대통령 행사 장소에 기록을 위해서 속기사가 직접 배석하지는 않는다. 대통령 행사는 경호실에서 녹음 장비를 점검·운용하는데, 행사 중 녹음한 것을 국정기록실(현재는 국정메시지비서관)에서 넘겨받아 속기사가 그것을 녹취하여 발언록(말씀록)을 만든다. 또 대통령 발언 담당 비서관(또는 행정관)을 배석해 녹음과 별도로 기록하도록 한다. 녹음만으로는 당시 분위기, 발언자, 발언 내용을 완벽하게 녹취할 수 없는 것을 보완하기 위해서이기도 하고, 현장에서 바로 획득할 필요가 있는 기록, 예를 들어 대통령의 현장 메모, 미리 전달하지 않은 보고서나 관련 자료, 대통령에게 주어지는 선물이나 기념품 등을 획득하기 위해서이다. 이 방식은 김대중 전 대통령 때 정립했다. 김대중 전 대통령은 취임 직후부터 발언록을 공식 기록으로 만들기 위해 대부분의 대통령 행사에 통치사료비서관을 배석하게 했다. 이는 노무현 정부 때 안정적인 체계로 굳혔다.

---

17 한편, 버지니아대학 밀러센터가 만든 '대통령 녹취록 프로그램'이 있다. 홈페이지에 들어가면 지금도 1940년부터 1973년까지 재임한 미국 대통령 6명의 육성을 누구나 클릭 한 번으로 들을 수 있다. 백악관 회의와 전화통화 내용도 포함한다.

말씀록을 기록하기 시작한 때는 전두환 전 대통령이 통치사료비서관실을 만들면서부터다. 전두환은 술자리와 같은 사적인 자리도 통치사료비서관을 불러 자신의 발언을 기록하게 했다고 한다. 그러나 기록을 모두 대통령기록으로 관리하고 있지는 않다. 전두환 전 대통령은 많은 기록을 연희동 사저로 가져갔고, 여전히 반환하지 않고 있다.

통치사료비서관을 두지 않던 때는 대통령 발언을 어떻게 기록했을까? 박정희 전 대통령 시기에는 '회담각서', '회의각서'라는 기록명으로 대통령 발언을 기록했다. '말씀록'은 '통치사료기록서'라는 이름으로 관리했다. '통치사료기록서'에는 대통령 참석 일시, 참석자, 발언 내용을 기록했다. 2000년 5월 청와대는 관내 도서관을 정리하는 과정에서 5·16 국가재건최고회의 일지 등과 함께 노태우, 김영삼 전 대통령의 '통치사료기록서' 82권과 111권을 발견했다.

우리는 역대 대통령 말씀록을 누락없이 관리하고 있지 못하다. 퇴임하면서 사적으로 가져가거나, 고의로 없애거나, 소재를 찾을 수 없는 경우도 많다. 현재는 공식 행사 발언만 기록하는데, 빠짐없이 기록하는지 확인할 수도 없다. 우리도 미국처럼 집무실에 대통령 발언을 상시 녹음하는 체계를 갖출지 고민해봐야 한다. 이때 대통령 집무실은 회의하는 곳, 면담하는 곳 등 대통령이 공식적인 일을 하는 모든 곳이어야 한다.

2021년 10월 문재인 대통령과 이재명 당시 민주당 대통령 후보가 청와대 경내인 상춘재에서 면담을 했는데, 홍준표 국민의힘 의원이 녹음이 안 되는 곳이라며 부적절한 만남이라고 힐난한 적이 있다. 정치적 노림수가 있어서 한 발언이겠지만 대통령 직무의 투명성, 누락 없는 기록 생산과 획득이라는 측면에서 충분히 귀 기울일 만한 지적이다.

⑤ 휘호와 표지석

휘호와 표지석, 방명록은 대통령기록일까? 대통령이 적었으니 당연히 대통령기록이라고 생각할 수 있지만 아닐 가능성이 더 크다. 대통령기록인지 따지려면 생산 맥락을 차근차근 봐야 한다.

먼저 공공기록 유형으로 본다면 행정박물 범주에 들어갈 수 있다. 「공공기록물법」에 의하면 행정박물은 "업무수행과 관련하여 생산·활용한 형상기록물로서 행정적·역사적·문화적·예술적 가치가 높은 기록물(제24조)"을 말한다. 이정의에 따르면 휘호, 표지석은 업무수행 관련 형상기록이 아니므로 행정박물이 아니다. 즉 공공기록이 아니고, 따라서 대통령기록도 아니다.

다만 휘호, 표지석, 방명록이 업무와 관련해서 생산됐다면 대통령기록 또는 공공기록으로 수집해서 관리해야 한다. 대통령이 국가 또는 기타 공공기관이 주최한 행사 등에 참석해서 방명록을 적었다면 공공기록이 된다. 이것은 행사를 주최한 기관의 기록으로 대통령기록은 아니다. 대통령 재가 문서에서 설명한 것처럼 기록은 생산한 기관을 중심으로 정체성을 정하기 때문이다.

윤석열 대통령이 녹사평에 설치된 이태원 참사 분향소에 조문하면서 적은 방명록을 대통령실에서 가져갔다가 반환한 일이 있다. 이 방명록은 명백하게 용산구청의 기록이고, 당연히 대통령기록이 아니다. 그럼에도 가져간 이유는 대통령기록이라고 생각해서였다고 짐작한다. 생산한 기관의 기록이라는 인식이 없어 일어난 해프닝이다.

대부분 휘호나 표지석은 대통령 이름으로 적었어도 업무상 결과물이라고 보기는 어렵다. 그러나 행정적으로 사용했다면 행정박물로 관리해야 한다.

대표 사례가 서울 남산 애니메이션센터에 있던 '국토통일(國土統一)' 휘호판이다. 박정희 전 대통령은 곳곳에 자신의 글씨를 남겼다. 재임한 18년 동안 전국

각지에 친필 1,200여 점을 남겼다고 한다. 그중 하나가 '국토통일' 휘호판이다. 박정희 휘호판은 KBS가 1957년부터 중앙방송국으로 사용하다가 1976년 여의도청사로 이전한 후, 국토통일원(현 통일부)이 이를 인수하여 그해 11월 하순부터 보수공사를 추진하면서 '화강석에 새긴 글자판'으로 제작, 설치했다. 당시 국토통일원 차관으로 임명받은 동훈(董勳)이 박정희 대통령에게 '국토통일' 휘호를 하사받았다. 동훈은 이 휘호를 "남산을 오르내리는 국민이 한눈에 보고 통일에 대한 염원을 많은 사람의 가슴에 새기게 하기 위해" 청사 바깥벽에 설치했다.[18] 당시 사진을 보면 이 휘호판은 청사 입구 정면에 붙어 현판 역할을 했다. 또, 1970년대 중반 유신정권의 통일을 향한 이데올로기적 상징까지 가지고 있으니 행정박물로 볼 수 있다. 그러나 대통령기록이라고 할 수는 없다. 박정희 대통령 휘호이니 대통령기록이라고 생각할 수도 있다. 당시 서울시의 문의에 문화재청이 "문화재에 해당하지 않는데, 다만 '대통령 관련 기록유산'으로 분류할 수 있다"라는 답변을 보냈다. 대통령기록 아니겠냐는 의미의 답변이다. 이렇듯 기록은 생산 맥락과 업무 활용 여부 등을 따져서 공공기록인지, 대통령기록으로 분류할 수 있는지 판단한다.

몇 가지 사례를 더 들어보자. 이명박 정부 G20 정상회의 때 쓰인 물품을 지금도 대통령기록관에 보존하고 있다. 국가기록원은 G20 회의 참가국 정상이 앉은 원형 테이블과 명패, 국기, 펜, 독서대, 기념주화 등 행정박물류 11종 83점과 G20 회의 준비위원회가 생산한 기록 일체를 수집했다. 당시 국가기록원은 G20 회의 개최를 기념하고 성과를 기록 유산으로 남겨 후대에 연구 자료로 쓰이게 한다며 보존을 결정했다. 그런데 이것이 공공기록인지, 혹은 대통령기록인지 판단이 필요하다.

공공기록이라면 행정박물이라는 말인데, G20 회의에서 사용했으니 업무상

---

18 <'국토통일' 친필 휘호판 제막, 통일원 청사에서>(경향신문, 1977.02.01.)

활용한 것은 맞다. 역사적·문화적·예술적 가치를 따지기는 애매하지만 외교적으로 큰 행사에 사용한 집기들이니 가치가 없다고 할 수는 없다. 굳이 따지자면 행정박물이라고 할 수도 있다. 그러나 대통령기록으로 분류한 것에는 동의하기 어렵다. 대통령이나 대통령기록 생산기관이 아니라 G20을 주관한 부처가 관리해야 할 행정박물이어야 한다.

그러나 어찌된 이유인지 대통령기록으로 관리하고 있다. 국가기록원이 수집했다고 하지만 사실은 떠맡은 게 아닐까? 대통령기록관 행정박물 서고는 이 '집기들'이 많은 공간을 차지하고 있고 곧 만고가 된다. 대통령기록관리전문위원회에서는 G20 관련 집기가 대통령기록이라 보기 어렵다고 판단해 처분을 의결했다. G20 관련 행정박물을 폐기하되 「물품관리법」에 따라 공매 등 적법한 절차에 따라 처리하자는 게 당시 대통령기록관리전문위원회 결의였다. 그런데 결국 처분하지 못했다. 「대통령기록물법」은 물리적으로 복구 불가능한 폐기만 규정하고 있기 때문에 「물품관리법」에 의한 관리 전환, 매각, 양여 등을 할 수 없다는 이유 때문이었다. 그래서 대통령기록관리전문위원회에서 처분 의결을 했음에도 여전히 대통령기록관 서고에 보존하고 있다.

박근혜 전 대통령 탄핵 후 청와대 관저에서 대통령이 사용했다는 침대 3개가 발견되었다. 당시 새누리당 소속 박찬우 의원이 이 침대가 대통령기록이라며 보존해야 한다고 주장했다.[19] 대통령이 사용했다고 대통령기록은 아니다. 침대가 행정 활용을 마친 박물도 아닐뿐더러 문화적·예술적·역사적 가치를 가졌다고 할 수도 없기 때문이다.

휘호나 현판석, 또는 대통령이 사적으로 사용한 물건은 대통령기록으로 관리하지 않을 뿐이지 기념물로서 의미가 없는 것은 아니다. 기념관이나 박물관에서 기념물 또는 박물로 관리할 수 있다.

---

19 <박찬우 "메모·박근혜 침대도 대통령 기록, 함부로 취급하면 안돼">(YTN, 2017.07.18.)

⑥ 풍산개

대통령은 재임 기간 동안 외교를 위해 해외를 순방하기도 하고 손님을 맞기도 한다. 이때 주고받는 선물은 국제 관계에 관한 중요한 정보를 준다. 언제, 어떤 국가와 무슨 선물을 주고받았는지 따져보면 당시 외교의 이면을 짐작할 수 있다. 그냥 예쁘고 마음에 드는 선물을 주는 것이 아니고 많은 고려 사항을 검토한 후 정교한 준비를 거쳐 결정한다.[20]

몇 가지 사례를 들면, 2000년 10월 당시 미국 국무장관이던 매들린 올브라이트가 북한을 방문했을 때 마이클 조던 사인볼을 선물했다. 다른 북한 간부들은 그까짓 공 하나 주냐며 이해 못하겠다는 반응이었지만 농구광인 김정일은 매우 만족했다고 한다.

2017년 문재인 대통령은 러시아를 방문했는데, 이때 푸틴은 1800년대에 제작된 조선의 검을 선물했다. 문재인 대통령은 전통공예 낚싯대와 러시아 상트페테르부르크 야경을 촬영한 사진 액자를 선물로 줬다. 푸틴이 스포츠맨이고 고향이 상트페테르부르크라는 점을 고려한 선물이다.

2021년 8월 카자흐스탄 토카예프 대통령은 홍범도 장군 봉환에 맞춰, 홍범도 장군이 말년에 고려극장 수위장으로 근무하다가 사임하면서 제출한 사임서와 서거 당시 사망진단서를 선물했다. 문서류 기록을 대통령 선물로 전달한 흔치 않은 사례이다.

2022년 5월 방한한 조 바이든 미국 대통령에게 윤석열 대통령은 나비국화 당초 서안(書案)을 선물했고, 바이든은 '모든 책임은 내가 진다'는 뜻의 'The Buck Stops Here'라는 문구가 새겨진 명패를 선물했다. 서안은 손님과 소통할 때 사용하는 조그마한 책상인데 양국 정상의 소통이 원활하게 이루어지길 바라는 의미가 있다고 한다.

---

20 탁현민, 『미스터프레지던트-국가기념식과 대통령행사이야기』(메디치, 2023.) 20~21쪽

선물은 상대국에 대한 인식을 보여주기도 하지만, 자국 정체성을 전달하는 도구이기도 하다. 외교 활동 중에 받은 선물은 대부분의 국가에서 박물관이나 아카이브에 영구 보존하기 때문이다.

대통령이 주고받은 선물은 국가 소유이며 대통령기록이다. 「대통령기록물법」에 의하면 '대통령의 직무수행과 관련하여 국민(국내 단체 포함)으로부터 받은 선물로서 국가적 보존가치가 있는 선물 및 공직자윤리법에 따른 선물'은 대통령기록이다(제2조 1의 제2호 다목). 「공직자윤리법」에 의하면 외국 정부 등에게 받은 (미국 화폐 100달러 이상이거나 국내 시가로 10만원 이상인) 선물은 신고하고 인도해야 한다(제15조). 대통령이 받은 선물이니 국가 귀속 재산이고, 대통령기록이다.

「대통령기록물법」 제정에 따라 대통령기록이 된 선물은 민속박물관 수장고에 있다가 대통령기록관으로 이관했다. 현재 대통령기록관에서 보유·관리하는 대통령 선물은 2022년 말 기준으로 총10,351개이며, 묶음 단위로는 4,884묶음이다.

대통령기록관 대통령 선물 보유 현황[21]

2022.12.31. 현재

합계	박정희	최규하	전두환	노태우	김영삼	김대중	노무현	이명박	박근혜	문재인
4884철*	275	29	217	141	707	640	615	836	603	821
10351개**	443	50	485	246	1905	1433	1136	1474	1271	1908

* **대통령기록관에서 대통령 선물을 관리하는 단위는 철과 개다. 선물 묶음을 '철'

---

21 대통령기록관에 정보공개청구를 해 받은 답변(청구번호 10189320)을 표로 재구성했다.

단위로 센다. 예컨대 찻잔 세트라면 하나의 철(綴)로 헤아린다. 행정박물류의 수량 단위를 '철'로 한 것은 매우 당황스러운 일이다. 철은 '꿰매다'라는 의미로 보통 문서를 묶은 단위이기 때문이다. 국가기록원과 대통령기록관은 전자기록도 여전히 건과 철로 세는데, 시대에 뒤떨어지는 건 물론 합리적이지도 않다.

「대통령기록물법」을 제정할 때 대통령이 외교 활동 중 받은 선물을 대통령기록으로 관리하고 국민에게 공개해야 한다는 데 별다른 이견이 없었다. 이 법령에 따라 노무현 대통령부터 대통령기록관으로 이관했다. 그런데 법을 제정할 당시에는 고려하지 못한 문제가 드러났다.

첫 번째 문제가 국민(국내 단체 등)에게 받은 선물은 어떻게 관리할 것이냐이다. 대통령은 직무상 여러 기관이나 단체, 개인에게 선물을 받을 수 있다. 대통령 직무수행 중 받았기 때문에 당연히 국가재산이 되어야 한다. 그러나 「대통령기록물법」을 제정할 때는 이를 고려하지 않았다. 그래서 2020년 12월 '대통령의 직무수행과 관련하여 국민(국내 단체 포함)으로부터 받은 선물로서 국가적 보존 가치가 있는 선물'도 대통령기록이 되도록 조문을 보완하였다(제2조 제1의2호 다목).

두 번째 문제는 동식물을 선물로 받았을 때는 어떻게 할 것이냐는 문제다. 실제 동물은 외교 현장에서 '특사'로 빈번하게 등장한다. 오죽하면 '동물외교'라는 말이 있을 정도다. 대표적인 동물외교는 판다로, 1972년 중국이 닉슨 대통령에게 선물한 이후 중국 동물외교의 상징이 되어 '판다외교'라고 부르기도 했다. 1958년 11월 베트남을 방문한 김일성은 호치민에게 코끼리를 선물받았고, 호주는 2015년 싱가포르 독립 50주년을 축하한다며 네 마리의 코알라를 보냈다. 2017년 투르크메니스탄은 러시아에게 자국의 국가문화유산인 알라바이 견종의 강아지를 선물했다.

동물외교는 우리나라도 빠지지 않는다. 1995년 4월 미국에 조랑말을 보냈으며, 러시아에게는 2010년 9월과 2011년 2월 시베리아호랑이와 북극곰을 받았다. 또 중국에게 시베리아호랑이(1994년 3월, 2005년 11월), 따오기(2008년 5월, 2013년 6월) 등을 받았다.

동물외교는 남북 정상 간에도 이루어졌다. 2000년 6월 김대중 대통령과 김정일 위원장의 역사적인 회담에서 진돗개와 풍산개를 선물로 주고받았고, 이후 문재인 전 대통령도 김정은 위원장에게 풍산개를 선물로 받았다. 동식물은 생명이 있어 다른 박물형의 선물과는 다른 특성을 가지므로 관리도 특별해야 한다. 그러나 법령에는 특별한 규정이 없었다. 그래서 2022년 3월 "대통령 선물이 동물 또는 식물 등이어서 다른 기관에서 더욱 효율적으로 관리할 수 있다고 인정되는 경우에는 다른 기관의 장에게 이관하여 관리하게 할 수 있다"라고 관련 규정을 보완했다(대통령기록물법 시행령, 제6조의3 제2항).

2022년 11월 문재인 전 대통령이 선물로 받아 키우던 풍산개를 반환한다고 해서 논란이 되었다. 제도가 마련되지 않아 국가 재산이자 대통령기록인 풍산개를 키울 수 없어 반환하게 됐는데 언론에서는 이를 '파양'했다며 힐난했다. 재임 중에는 청와대에서 길렀지만 퇴임하면 국가 재산을 가져갈 수 없으므로 동물 관리가 가능한 곳에 이관해서 관리할 수 있다. 대통령기록이지만 전문 사육사나 관리 시설과 공간이 없는 대통령기록관에서 기를 수는 없기 때문이다. 재임 중 키우던 것이니 퇴임 이후에도 계속 키우는 것이 동물권 차원에서도 좋은 방향이기에 전직 대통령에게 사육을 위탁할 수 있어야 한다. 위탁한다면 당연히 사육 관리비를 지원해야 한다. 그러나 자연인인 전직 대통령에게 위탁할 때 비용을 어떻게 할지에 대한 규정이 없었다.

행정안전부는 이 문제를 해결하기 위해 2022년 6월 "대통령기록관이 대통령 선물 중 동·식물을 기관 또는 개인에게 위탁하고 관리에 필요한 물품·비용을 지원할 수 있도록 하는" 「대통령기록물법시행령」 개정안을 입법예고 했다. 대통령 선물 중 동식물의 위탁 가능 조항만 있고, 소요 비용 규정이 없어서 이를 명백하게 하기 위한 보완 조치 추진이었다. 그런데 대통령실은 무엇이 불편했는지 시행령 개정을 중단했다.

결국 제도 도입에 실패하고 문재인 전 대통령은 풍산개를 반환했다. 이 문제가 왜 불거졌는지는 차근차근 되짚어보겠지만, 무슨 큰 문제가 있어 제도 보완을 제지했는지 알 수가 없다. 개정한다던 법령은 2023년 10월 현재까지도 아무 변화가 없다.

⑦ 인사 파일과 첩보 기록

대통령기록 중 가장 민감한 영역 중 하나가 인사 기록과 첩보 기록이다. 인사 기록은 노무현 정부가 정부 수립 후 최초로 임기 종료 전 2만 5천여 명의 인사 파일을 국가기록원(대통령기록관)에 이관함으로써 관리 대상 대통령기록이 되었다. 그 이전에는 대통령기록인지 따지지도 못했고, 관련 기록이 없어도 당연하게 생각하기도 했다. 인사 관련 기록은 개인의 민감한 내용이어서 기록으로 관리하기 어렵다는 '공감'이 있었다.

대통령 인사기록이 중요하다는 말에는 반론 여지가 없다. 정부 고위직 인사가 어떤 절차와 방법으로 이루어졌는지는 정부의 설명책임 핵심 사안이기 때문이다. 국민이 생각하기에 인사 투명성은 공정을 지탱하는 버팀목이다. 그래서 인사기록을 남기고 누락 없이 이관하는 것으로 해당 정권의 투명성을 가늠해볼 수 있다. 그런 차원에서 노무현 정부가 인사기록 이관에 첫걸음을 뗀 일은 칭찬받아 마땅하다.

인사기록은 노무현 전 대통령을 향한 공격 수단이 되기도 했다. 나중에 가짜뉴스로 밝혀졌지만 대통령기록 유출 논란 당시 언론은 유출 기록 중 40여만 명의 인사 관련 기록이 포함되어 있다고 보도했다.[22] 이 중에는 언론인 750명 등 민간인 35만 명과 공직자 5만 명이 있고, 공직자 중에는 정무직 공무원 1만 5천여 명 인사 검증 파일과 고위공직자 4천2백여 명 인물 데이터베이스도 포함되었다고 보도했다.

이 숫자들은 도대체 어디에서 나왔을까? 민간인 35만여 명 인사 관련 기록이라면 노무현 정부가 불법으로 민간이 사찰이라도 했다는 것일까? 이 보도는 나중에 오보로 밝혀졌는데, 당시 대통령기록 유출 논란이 사회적 문제가 되며 노무현 대통령을 향한 부정적 인식이 퍼지는 데 자못 큰 역할을 했다.

이 보도에서 주목할 것은 '존안(存案)파일'이라고 부르는 인사 검증 파일이다. 원래 존안파일은 비밀해제 또는 일반기록으로 재분류한 비밀기록 중 정보 자료로 활용하기 위하여 파기하지 않고 보존하는 기록을 말한다. 이것이 인사 검증 자료를 부르는 용도이기도 했나 보다. 국가정보원, 인사혁신처, 경찰, 검찰, 감사원, 국세청, 금융감독원 등 다수 기관에서 수집한 자료('인사 로데이터'라고 하기도 한다)와 신변에 대한 다양한 인사 첩보 자료 등을 망라해 지금까지는 대통령비서실의 민정수석실이 관리했다(이 자료는 5·16쿠데타 직후 육군방첩부대가 만든 것에서 유래했다고 하는데 수집과 활용 범위는 짐작만 할 뿐이다).

인사기록은 '존안자료' 외에 인사 검증 기록과 인사 결정 관련 기록이 있다. 노무현 정부는 대통령비서실에서 인사수석실을 만들고, 인사 결정 과정을 시스템화하면서 관리하기 시작했다. 대통령 보좌기관의 인사기록은 대부분 지정기록으로 지정되어 30년 동안 접근을 제한한다.

---

22 <40만 명 인사자료 봉하마을로 유출> (조선일보, 2008.06.16.)

윤석열 정부는 법무부에 인사정보관리단을 두고 공직 후보자 정보 수집과 관리를 한다. 인사기록을 대통령기록이 아니라 공공기록으로 관리한다는 말이다. 대통령기록에서 제외함으로써 수집과 관리, 특히 개인정보보호 부문에서 결함이 생길 우려가 있다. 지정기록이라면 30년간 접근을 제한해 프라이버시와 관련한 정보를 보호하는데, 공공기록이라면 이 과정을 생략하기 때문이다.

사정(查定, assessment)이나 경찰 상황 보고 등 첩보 정보의 대통령기록관리도 업무와 기록이 갖는 특성 때문에 논의가 더 필요한 분야이다. 물론 사안이 민감하다고 해서 대통령기록 관리 대상에서 벗어나지는 않는다. 그러나 직무 특성상 완결된 기록이 아닌데도 유통되는 확인되지 않는 사정이나 첩보와 관련한 민감성이 큰 것들이 있다. 「대통령기록물법」 시행 이후에도 대통령비서실 사정 담당 부서 기록의 전모는 밝혀진 바 없다. 직무와 관련해 생산한 기록이어서 반드시 관리 범위 안에 있어야 한다는 사실은 분명하다.

경찰의 상황(동향) 보고 등 첩보 정보는 대통령기록일까? 논리적으로는 대통령기록이지만 직무와 정보 특성상 대통령기록으로 관리하기 어려운 측면이 있다. 경찰의 상황 보고는 수시로 빚어지는 여러 사회 현상, 시민단체나 개인 동향 등 첩보 정보인데, 사실로 확인되지 않은 것도 포함한 정보이기에 기록으로 획득해서 관리하는 데 부담이 있다. 대통령 보좌기관이 접수한 기록 정보가 확실하지만 그것을 관리 대상 기록으로 확정하기는 어렵다. 기록으로 획득해서 관리한다면 그것을 부담스럽게 생각해서 오히려 필요한 보고를 제때 수행하지 않으려 할 수도 있다. 실제 경찰은 대통령비서실이 상황 보고를 기록으로 획득한다면 언론 보도 스크랩만 제출할 수밖에 없다고 한 적도 있다니 만만치 않은 문제이긴 하다. 기록으로 관리한다는 당위가 직무 방해 요소가 될 수도 있으므로 무엇을 기록관리 대상으로 할 것인지 신중한 판단이 필요하다.

그러나 이런 고민이 경찰에서 보고하는 모든 정보를 관리하지 말자는 것으로 확산되어서는 안 된다. "민정수석실이 생산한 문건은 대통령기록으로 취급하지 않는 게 관행"이라는 내용을 언론이 보도한 적이 있는데,[23] 모든 상황 보고를 관리 대상에서 제외해야 하는 것은 아니다. 반드시 어떤 직무, 어떤 성격 정보인지 분류해서 불가피한 것은 제외하더라도 많은 기록을 관리해야 한다.[24]

대통령의 사생활

대통령기록이냐 아니냐를 따질 때 대통령 개인기록 여부가 쟁점이 될 수 있다. 「대통령기록물법」에서는 대통령 개인기록을 "대통령의 사적인 일기·일지 또는 개인의 정치 활동과 관련된 기록 등으로서 대통령 직무와 관련되지 아니하거나 그 수행에 직접적인 영향을 미치지 아니하는 대통령의 사적인 기록을 말한다"라고 정해놓았다(제2조 제3호).

이 규정만으로는 대통령기록과 개인기록 구분이 명확하지 않다. 대통령의 정치 활동 중 직무와 관련 없는 것을 엄밀하게 구분할 수 있느냐는 의문을 가질 만하다. 5년 단임제인 우리나라는 대통령의 정치 활동을 인정하지 않는다. 그러나 대통령은 현실 정치에 관여하고, 대통령 집무실이나 관저, 영빈관 등 정치 행사를 공개 또는 비공개로 진행한다. 정치 행사에서 발생하는 기록을 대통령기록과 개인기록으로 구분하기는 쉽지 않다. 따라서 대통령 개인기록의 범위

---

23 <"민정수석실 내부문건 대통령기록물로 볼 수 없어">(세계일보, 2015.06.09.)

24 첩보·정보 보고는 등록 대상 기록에서 제외하고 열람 뒤 파기할 수 있다는 경찰청 훈령이 있다고 한다. 이 훈령은 비공개라 필자가 그 내용을 전부 파악할 수는 없는데, 기록으로 볼 것인지 등 정체성 규정이 필요하다. 모든 첩보·정보 보고라고 포괄적으로 규정했다면 더 세밀히 분류해서 적용해야 한다.

를 상세하고 엄밀하게 정해야 한다. 그러나 안타깝게도 법률 조항 이외에는 어떻게 분류하고 관리하는지 알려진 것이 없다. 대통령의 사생활에서 나온 기록이 개인기록이라는 데는 이견이 없겠지만, 대통령의 정치 행동에 따른 기록을 공공기록인 대통령기록으로 볼 것이냐는 의견이 갈릴 수 있다. 보통 공공기록 (public records)은 공공기관의 기록을 말한다. 즉 대통령기록은 대통령 직무와 관련해서 생산한 기록이다. 따라서 대통령의 정치 행동은 개인적 정치 행동으로 봐 개인기록으로 보는 것이 타당하다. 물론 대통령의 정치적 행동이 직무 수행과 어떤 관계가 있는지 판단 여부에 따라 개인기록의 범위가 달라질 수 있다. 이 문제는 법규적 합의가 필요하고, 대통령 보좌기관의 기록관에서 세밀한 부분까지 적용하도록 기준을 세워야 한다.

미국은 대통령의 정치 활동에서 비롯한 기록은 모두 개인기록으로 본다. 미국 「대통령기록법」에는 "대통령의 헌법적, 법률적 직무 혹은 공식적, 의전적 직무 수행과 관련되지 않거나 그 수행에 직접적인 영향을 끼치지 않으며 사적인 정치조직과 관련된 기록"은 개인기록이라고 규정했다. 정당 관련 대통령 활동에서 발생한 기록은 개인기록이다. 미국 대통령은 연임이 가능하기 때문에 선거와 관련한 것도 개인기록으로 분류한다. "대통령 자신의 선거에 관한 기록과, 대통령의 헌법적 법률적 직무 혹은 공식적, 의전적 직무 수행과 관련하지 않거나 그 수행에 직접적인 영향을 끼치지 않는 연방정부 주정부 지방정부직에 출마한 특정 개인의 선거와 직접 관련이 있는 기록"은 개인기록이라고 규정한다. 선거에 개입하는 발언조차도 정치적 중립 위반으로 보는 우리 정치 현실과는 매우 다르다.

개인기록으로 보는 정치적 행동을 어떻게 분류할 것이냐는 생각보다 간단하지 않다. 우리는 개인기록에 대한 법률 규정만 있지 그것을 어떻게 분류하며 처리하고 관리하는지는 완전히 개인이 알아서 하는 영역이다. 대통령 개인기록에 해당하는 것을 열거하여 법령에 반영하고, 생산 시점부터 따로 분류하고 묶어 관리하도록 정할 필요가 있다. 대통령기록과 개인기록 분류 주체가 누구인지도 중요한 문제다. 만약 일방적으로 대통령이나 참모에 의해서만 분류가 이루어진다면 직무 관련 대통령기록을 개인기록으로 분류할 가능성이 있다. 따라서 대통령기록과 개인기록 분류에 반드시 대통령실 기록관이나 대통령기록관이 참여하게 해야 한다.

하나의 기록에 직무 관련 사항과 개인 사항이 중첩될 경우 어떻게 분류할지도 검토할 문제이다. 이때는 일단 대통령기록 범주에 포함하고 사생활 관련 지정기록으로 관리하는 방법을 활용할 수도 있다.

미국이 재임 중에 분류하고 관리하는 제도와 절차를 확립한 것은 개별 대통령기록관 체계를 갖추고 있기 때문이다. 미국은 대통령기록과 개인기록을 구분하면서도 개별 대통령기록관에서 관리하므로 사적으로 관리하거나 방치될 우려는 없다. 이 점이 우리와 근본적인 차이다. 우리가 개별 대통령기록관을 설치하고 운영해야 할 또 하나의 이유이다.

우리 대통령기록관도 대통령 개인기록을 관리한다. 심지어 대통령 유품을 적극적으로 수집하기도 한다. 1984년 박근혜 등 유족은 박정희 전 대통령의 선물과 친필 휘호, 생활 유품 487점을 국가에 기증했는데 현재 대통령기록관에서 관리하고 있다. 최규하 전 대통령이 기증한 유품도 대통령기록으로 관리한다.[25] 박정희 전 대통령의 유품과 기록은 그것이 전부가 아니다. 한때 박정희 대통령기념관을 추진했던 구미시는 구미시청 선산출장소에 6천여 점의 유품을 관리하고 있다. 또 박정희기념관에서 보관하는 유품도 많다. 박근혜와 유족이

---

25 2010년 5월 국가기록원은 최규하 대통령 사저 등에 있던 문서·사진류 194상자와 선물·유품류 660점, 가구·집기류 25점 등을 수집하였다.

기증해서 대통령기록관에 보존하는 것 중 일부 대통령기록도 있을 테니 박정
희 전 대통령의 유품이 모두 개인기록인지도 확실하지 않다. 심지어 박정희 대
통령기록은 경매에 등장하기까지 하는데 국가 관리 체계 밖에 있는 기록이 어
느 정도인지 확인하지 못하고 있다.

　대통령 개인기록은 유품이라는 이름으로 여러 곳에 흩어져 있다. 특히 기념
관을 추진하거나 이미 운영 중인 전직 대통령 측에게도 유품은 중요한 기념물
이다. 이런 전직 대통령 유품을 국가가 관리할 현실적인 방법은 개별 대통령기
록관을 설립해서 운영하는 것뿐이다.

대통령 회고록

　우리 법에서 직무 관련성을 대통령기록의 '조건'으로 정해놓았기 때문에 대
통령 회고록은 대통령기록이 아니다. 따라서 회고록은 대통령기록 여부로 다
룰 문제는 아니지만 대통령기록관리에서 중요한 부분이다.

　대통령 회고록 발간은 대통령의 삶과 국정 철학 그리고 정권의 일을 밝히는
중요한 정치 이벤트이다. 또 회고록과 자서전은 허술한 기록 생산 시스템을 메
꾸는 중요한 방법이기도 하다. 회고록은 기록을 남기는 유력한 도구이자 기록
에 접근하는 매개이다.

　대통령 회고록으로 가장 많이 알려진 처칠(Winston L. S. Churchill) 회고록은 각
종 기록과 역사적 사실을 엮어 2차대전을 서술해 노벨문학상까지 받았다. 세계
적으로 국가수반을 역임한 많은 사람이 회고록을 출간한다. 우리도 전두환 이
후에 재임한 대통령들이 회고록을 출간했다.

회고록 출간은 일방적인 자화자찬으로 가득 차기도 하고, 책임을 회피하는 내용을 적기도 한다. 그동안 짐작만 했던 일이 공식적으로 알려지는 계기가 되거나, 새로운 정치 쟁점의 도화선이 되기도 한다. 노태우 전 대통령은 회고록에서 1992년 대선 당시 김영삼에게 3천억 원대의 대선 자금을 지원했다고 폭로했다. 김영삼 전 대통령 회고록에서는 군 개혁, 금융실명제 도입, 역사 바로 세우기 등 치적을 자랑하고 IMF에 대해서는 책임을 회피했다.

김대중, 노무현 전 대통령은 사후 얼마 지나지 않아 회고록이 나왔는데 비교적 대통령의 인생 역정과 국정 철학을 충실하게 담았다는 평가를 받았다. 김대중 전 대통령은 회고록에서 서자 고백을 해서 놀라움을 줬고, 노무현 전 대통령은 대통령선거 단일화와 남북 송금 특검 후일담을 담아 관심을 받았다. 노무현 회고록은 구술과 자료를 많이 참고하긴 했지만, 본인이 전혀 개입하지 못한 반쪽짜리였다. 『운명이다』, 『진보의 미래』, 『성공과 좌절』 등 사후 나온 자서전 세 권도 미완성이었다.

회고록과 관련해 가장 큰 논란거리는 출간 시점이다. 이명박 전 대통령이 퇴임 후 2년여 만에 회고록을 냈을 때 여러 비판을 받았는데, 그중 하나가 너무 이르지 않느냐는 것이었다. 회고록은 언제 내느냐가 중요한 포인트인데, 퇴임 직후라고 해서 못 내는 것은 아니다. 회고록 원조 격인 미국은 늦어도 퇴임 후 2~3년이 지나면 출간한다. 정치적 파장을 최소화하기 위해 퇴임 한참 후에나 회고록을 내야한다고 보는 우리 관점에서는 놀랄 일이다.

기본적으로 미국 역대 대통령 회고록들은 팩트(fact)에 충실하다. 회고록으로 정치적 후폭풍이 거세지지 않는 정치문화도 있다. 또 회고록인 만큼 자화자찬이나 변명을 어느 정도 포함해도 용인하는 문화도 있는 것 같다. 외교 무대에서도 전직 국가원수의 개인적인 회고에는 공식 대응하지 않는 게 관행이다.

우리는 회고록이 정치 국면에 큰 영향을 준다. 이명박, 전두환 전 대통령의 회고록은 큰 논란이 됐다. 이명박 전 대통령은 퇴임 2년 만에 『대통령의 시간』 이라는 회고록을 냈는데, '자화자찬', '남탓'이라는 비판을 받았다. 자원외교와 4대강 사업에 대한 변명이 그런 것들이다. 북측이 남북정상회담 대가로 100억 달러 등을 요구했다고 주장하는 등 외교·통일 관련 사항을 공개해 논란을 빚었 다. 이는 공직 재임 중 알게 된 비밀은 퇴임 후에도 말할 수 없도록 규정한 「국 가공무원법」 제60조와 「형법」 제127조 공무상 비밀누설에 해당한다. 이명박 회고록이 출판되었을 때 일각에서는 지정기록에 접근하고 이를 회고록에 쓴 것이 잘못이라는 지적이 있었으나 적절한 지적은 아니다. 전직 대통령이 지정기 록에 접근, 공개할 권한을 제대로 이해하지 못했기 때문에 나온 지적이다. 「대 통령기록물법」에 의하면 전직 대통령은 지정기록에 접근하여 그 내용을 출판 물이나 언론에 드러내는 방법으로 공개하도록 했다. 2020년 개정한 법률에서 는 아예 해제 권한을 명시적으로 보장한다(제18조의 2). 비밀 누설이 문제이지 지정기록 내용 공개는 문제가 아니다. 이명박 전 대통령이 회고록에서 누설한 비밀은 2009년 8월 김기남 북한노동당 비서와의 면담 내용, 2009년 10월 및 2011년 5월 중국 원자바오 총리와 대담 내용, 2010년 2월 당시 독일 대통령 쾰 러와 대화 내용, 2010년 11월 연평도 포격 당시 긴급 안보관계장관회의 내용 등 이다. 어느 하나 소홀히 할 수 없는 사안이다.

회고록에서 비밀을 누설해서 구설수에 오른 게 우리만의 일은 아니다. 처 칠은 제1차세계대전을 다룬 『세계의 위기』라는 책에서 자신이 해군장관이던 1914년 좌초한 독일 군함이 암호책 2권을 납덩이에 매달아 바다에 던진 사실 을 보고받고 잠수사를 동원해 건지게 했다고 밝혔다. 연합군은 이를 기반으로 정밀한 암호 해독 체계를 갖췄고 1차대전에서 승리했지만 2차대전 때 회고록을 보고 이를 인지한 독일이 암호 '에니그마'를 개발해 연합군에 큰 피해를 줬다. 프랑스의 프랑수아 올랑드(François Gérard Georges Nicolas Hollande) 대통령도 '르몽드'와의 회견에서 화학 무기로 민간인을 학살한 의혹을 받던 바샤르 알아사드(Bashar al-Assad) 시리아 대통령 암살을 지시했다는 내용을 누설해 탄핵안이 발의되고 수사를 받기도 했다.

전두환 전 대통령은 퇴임 29년 만에 『전두환 회고록』을 펴냈는데, 12·12군사반란과 5·18민주화운동 당시 민간인 학살 등 역사적 사실을 모두 부정했다. 그러면서 "나는 광주사태 치유를 위한 씻김굿의 제물", "발포 명령은 없었다"고 강변했다. 5·18기념재단 등에서 전두환을 명예훼손죄로 고발했다. 결국 1심에서 징역 8개월, 집행유예 2년이라는 유죄 판결을 받고 항소심 재판 중 사망하여 소송 종결되었다.

노태우 전 대통령은 회고록에서 "광주사태 진범은 유언비어였다고 생각한다"고 적으며 유혈 진압의 정당성을 주장했다. 또 불가피하게 무장에 나선 시민들을 '무기고 약탈'로 폄훼하고 계엄 확대를 정당화하는 내용을 담았다. 노태우 전 대통령 아들인 노재헌은 광주 문제를 두고는 수차례 사과했지만 노태우 회고록 내용을 사죄하라는 요구는 받아들이지 않아 사과의 진정성이 없다는 비판을 받았다.

『김대중 자서전』은 역사 가치가 높다고 평가받는다. 김대중 전 대통령이 1년 넘게 40여 차례 구술을 하고, 많은 토론을 거쳤으며, 구상에서 출간까지 무려 7년이나 걸린 대작이다. 김대중이라는 인물의 삶의 궤적, 정치 궤적에 대한 회한과 성찰, 국정 철학과 대통령직을 수행할 때의 공과 등 회고록이 갖춰야 할 요소를 제대로 담았다. 공적 활동을 했으면 기록으로 남기는 게 후세에 대한 예의라고 한 김대중 전 대통령의 철학이 그대로 녹아있는 역작이다.

제2장

기록의 생애

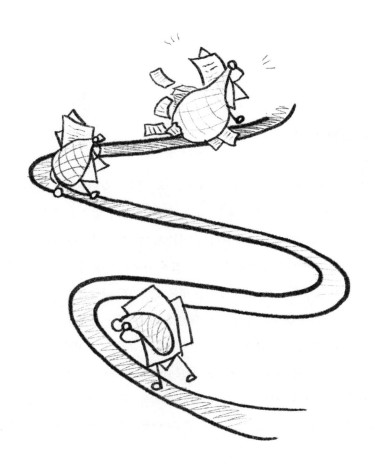

제1절 생산에서 폐기까지

기록관리의 시작

기록 생산 관리는 기록관리의 시작이다. 대통령기록을 안전하게 보존하기 위해서는 기록 생산 단계부터 체계적으로 관리해야 한다. 업무를 위해 운용하는 모든 시스템의 기록을 어떻게 관리하고 획득할 것인지가 대통령기록 전반에 영향을 미친다. 공공기록관리체계가 자리 잡기 전에는 기록 생산 관리를 체계적으로 하지 않았다. '문서 효율화'라는 명목으로 가장 낮은 보존기간을 책정하거나, 마이크로필름으로 제작한 후 원본을 폐기하기도 하였다. 의사결정과정 기록은 없어지고 최종 결재 문서만 남아 전후 맥락을 알 수 없었고, 정책 결정 과정을 담아야 할 회의 기록에 중요한 보고나 토론 내용은 누락된 채 결과만 남거나, 아예 회의 사실조차 기록으로 남지 않은 일도 많았다. 또 개인 PC 자료, e메일, 업무일지나 메모 등 기록으로 획득해야 할 대상을 명확히 정하지도 못했다.

「공공기록물법」 시행 전 각 공공기관의 기록관리는 처참한 수준이었다. '기록하지 않고, 관리하지 않으며, 공개하지 않는 것'이 당연한 관행이었다. 오직 최종 의사결정 문서만 남아 사안의 전모를 알 수도, 책임을 확인할 수도 없었다. 생산한 기록은 업무 처리 부서에서 임의로 처리하였고, 주요 기록은 제대로 분류하지 않고, 보존기간이 낮은 기록묶음(철/綴)에 묶어놓았다가 폐기했다.

「공공기록물법」을 제정할 때 이런 폐기 관행을 없애고, 주요 기록을 정부기록보존소 등 기록보존기관으로 누락없이 이관하는 것이 중요한 목표 중 하나였다. 그래서 도입한 제도가 '생산 현황 통보'이다. 각 공공기관이 매년 어떤 기록을 얼마나 생산했는지, 그중 보존 가치가 높은 기록은 무엇인지 최종적으로 국가기록원에 통보하는 제도이다. 대통령기록 생산기관은 대통령기록관에 생산 현황을 통보해야 한다. 「공공기록물법」 적용을 받는 공공기관이 기록 목록을 통보한다면, 대통령기록 생산기관은 "대통령기록 생산 부서, 생산 연도, 기능명, 기능별 생산 수량 등 정보를 적은 목록을 통보"해야 한다.

대통령기록 생산 현황 통보는 대통령기록 생산기관 업무 특성을 반영하여 기록 건(件)수만 통보하는 것으로 갈음하는 약식 통보다. 그럼에도 불구하고 어느 정권의 대통령 보좌기관도 법령에 정한 것마저 제대로 통보하지 않았다. 임기 종료 후 기록물 이관 통계를 보면 재임 중 기록 생산 현황 통보가 얼마나 형식적이었는지 확인할 수 있다. 재임 중에는 수만 건에 불과했던 기록 생산 현황이 퇴임 후 이관을 보면 수십만 건이고, 생산 현황이 전혀 없는 행정 데이터 수백만 건이 나타나기도 한다. 이런 식이라면 대통령기록관이 내세우는 "기록의 원활한 수집·이관과 기록 생산 규모를 파악하여 이관 준비와 보존시설 마련 등 기록관리 정책 수립에 활용한다"는 생산 현황 통보의 목표는 실현 불가능하다.

노무현 정부 때 e지원시스템과 문서관리카드를 확산하려 했던 노력을 다시 상기해보자. 국민에게 최소한의 정보를 주는 것이 형식적인 생산 현황 통보보다 훨씬 중요하다. 앞에서 언급했듯이 노무현 정부 대통령비서실은 기록을 어떻게 생산하고 유통하는지 몇 차례 밝혔고, 언론에 대대적으로 보도하기도 했다.[26] 따라서 대통령 보좌기관에서 기록을 어떻게 생산하고 유통하는지 우리가

---

26 <靑, 업무보고 디지털화…'혁신 앞으로'>(이데일리, 2005.02.23.), <'정부문서 기록관리 바꾼다' 회의메모-e메일까지 보존>(동아일보, 2005.03.02.) 등

그나마 알 수 있는 시기가 노무현 정부뿐이다. 이 시점에서 굳이 노무현 정부 e
지원시스템을 다시 살펴보는 이유는 당시에도 획기적인 업무관리시스템이었지
만 지금도 그 시스템이 지향한 가치를 어떤 체계로도 구현하지 못하고 있다고
생각하기 때문이다. 기록 생산 시스템으로서 e지원시스템과 문서관리카드를
구체적으로 짚어볼 필요가 있다.

e지원시스템은 참여정부 청와대에서 노무현 대통령이 참모들과 함께 개발한 업무관리시스템이다. 이 사진은 e지원시스템 매뉴얼의 문서관리카드 이미지이다. 문서관리카드는 의사결정 과정 전체를 하나의 카드로 볼 수 있도록 설계한 매우 획기적인 의사결정시스템이다. e지원시스템은 2006년 2월 노무현 대통령과 개발에 참여한 참모들 이름으로 특허를 받았다. 공무원 직무 보상에 관한 규정에 따라 진행한 국유 특허이기 때문에 누구나 무상으로 활용할 수 있다.

e지원시스템은 전자결재시스템과는 근본적으로 다르다. 문서 생산과 처리뿐만 아니라 지시사항, 회의 관리, 일정·일지 관리, 그리고 다양한 시스템과 연동 등을 포함한 업무관리시스템이다. e지원시스템은 결재를 위해 '문서'를 생산하는 시스템이 아니라 정책보고서를 생산하고 유통하며 의사결정하는 시스템이다.

대통령 보좌기관은 부처 등에서 여러 사안을 보고받고, 이를 기반으로 정책보고서를 만든다. 새로운 사안을 보고하기 위해 정책보고서를 만들기도 한다. 이런 기록은 의사결정을 위한 결재 문서가 아니어서 공식 결재 문서로 등록되지 않고 없어지는 경우가 많았다. 대통령기록관리제도 시행 이전 대통령기록이 최종 재가 문서 위주로 남은 이유가 이 때문이다.

e지원시스템은 다양한 경로로 생산한 전자기록을 모두 포괄하는 시스템이기 때문에 기록관리 차원에서 획기적 진전이었다. 기록관리는 물론 행정 업무 전 과정의 혁신을 이르게 했다. e지원시스템은 문서관리카드를 활용한 온라인 보고, 디지털 회의, 지시사항 관리, 업무 관리(과제관리)가 가능하도록 행정 업무 처리 전 과정을 표준화하고 시스템화했다. 특히 표준화된 부처별 업무를 연계하여 예산·법령·규제 등 각종 업무 관련 정보의 종합적인 활용과 체계적 관리가 가능하도록 했다.

대통령비서실에서 e지원시스템을 본격 사용한 때는 문서관리카드를 전면적으로 작성한 2004년 11월부터다. 노무현 정부 초기 '문서속성카드'라는 이름으로 한정적으로만 쓰다가 기록의 모든 처리 과정을 전자화했다. 2007년 이후부터 부처 표준 정부 업무관리시스템으로 확산해 현재는 '온나라2.0'이라는 이름으로 사용한다. 문서관리카드는 e지원시스템의 대표적인 기능이다. 기록 생산–유통–가공–결정 단계를 표준화하여 기록 작성 과정과 처리, 토론과 의사결

정 경로 등을 정의한, 기존 전자 결재 문서와는 다른 새로운 체계이다.[27]

e지원시스템 문서관리카드는 기록 작성(기안)-검토(협조)-의사결정(결재) 전 과정을 투명하게 드러낸다. 논의 과정에서 작성한 문서와 최종 문서를 함께 관리한다. 이에 반해 일반적인 전자문서(결재)시스템은 의사결정 경로 중 전자 서명으로 확정한 것만 드러낸다. 문서관리카드는 의사결정을 위한 보고서의 출처와 취지를 작성하도록 하며, 기안 후 수정한 보고서는 수정 전후 내용을 각각의 버전으로 관리하고, 경로 중 검토 및 협조자 의견을 적도록 하여 정책 결정 과정을 알 수 있도록 했다. 또, 관련 보고서 등을 모두 연결 정보로 등록할 수 있게 하여 보고서를 통한 의사결정과정과 전후 업무 관계를 충실히 반영했다.

기록이 진본성과 신뢰성을 유지하기 위해서는 행위의 전 과정을 기록에 온전히 표현하여야 한다. 예를 들어 의사결정과정에서 최초 기록을 수정하거나 보완할 경우 최초 내용과 수정 보완한 내용이 기록에 남아야 한다. 이는 메타데이터로만 해결할 수는 없고, 기록 서식을 과학적으로 설계해야 가능하다. 이런 차원에서 문서관리카드는 기록의 진본성과 신뢰성을 구현하는 현존하는 최적의 문서 서식이다. 의사결정자는 균형있고 투명하며 신속한 의사결정이 가능하고, 문서 작성자는 문서 이력을 체계적으로 관리해 업무 생산성이 증가하며, 행정 측면에서는 투명성 확보 및 책임행정 구현, 국가 측면에서는 후대 역사적 자료로서의 가치가 극대화된다.

e지원시스템은 온나라시스템이라는 이름으로 정부로 확산되었고, 정부 표준 업무관리시스템이 되었지만 노무현 정부 이후에는 대통령 보좌기관에서 제대로 활용하지 않았다. 이명박 정부는 e지원시스템 기능을 대폭 축소한 위민시스

---

27 이하 e지원시스템과 문서관리카드에 대해서는 조영삼, 『한국의 대통령기록관리제도 연구』
    (명지대 박사학위논문, 2011.)에서 정리한 것을 가져왔다.

템을 사용했다. 위민시스템은 e지원시스템의 운용 철학은 거세하고 형식적인 문서 유통만 남긴 이름뿐인 업무관리시스템이었다. 박근혜 정부 대통령실은 온 나라시스템이라는 정부 업무관리시스템을 사용했지만 정책보고서류 생산·유 통이 아닌 단순한 의사결정이나 부처에서 보낸 문서를 수신하는 용도였다.[28] 혁 신은 다음 주자가 어떻게 계승하느냐에 따라 성과로 남는다는 교훈을 다시 새 겨 본다.

역대 정부 대통령 보좌기관의 업무관리시스템에 의한 기록 생산 현황을 보 면 그 정부가 업무관리시스템을 어떻게 활용하고 기록을 남겼는지 평가할 수 있다. 업무관리시스템이나 전자문서시스템 등으로 작성한 대통령 보좌기관의 전자문서가 노무현 정부에서 46만 4,000건, 이명박 정부 24만 5,000건, 박근 혜 정부 24만 7,000건이다. 이 차이는 어느 정부가 대통령기록을 제대로 남겼 는지 판단하는 중요한 지표이다.

기록관의 조건

「공공기록물법」에서는 영구기록관리기관, 특수기록관, 기록관을 공공기관에 설치할 기록관리기관으로 정했다. 영구기록관리기관은 보존기간이 30년 이상 인 중요 기록을 보존하는 기관이다. 국가기록원, 국회, 대법원, 헌법재판소, 중 앙선거관리위원회 등 헌법기관에 설치하는 기록관리기관과 특별시·광역시·도 등에 설치하는 지방기록관리기관[29], 그리고 대통령기록관이 영구기록관리기관

---

28 박근혜 정부 대통령실은 처음에는 위민시스템을 이어받았다가, 2014년에 온나라시스템으로 바꿨다.
29 공공기록물법에 의하면 특별시·광역시·도·특별자치시도에는 반드시 지방기록관리기관을 반드시 설치해야 하지만 현재는 서울시, 경상남도, 청주시 등에만 설치해 운영하고 있다.

이다. 특수기록관은 통일·외교·안보·수사·정보 분야의 기록을 생산하는 공공기관에 설치하는 기록관리기관이다. 통일부, 외교부, 국방부, 대검찰청, 경찰청, 해양경찰청 등의 기관에 설치한다. 그리고 '일정한 조건'을 갖춘 대부분의 공공기관에 기록관을 두도록 한다. '일정한 조건'이란 '연간 기록 생산량이 1천 권 이상이거나 보존 대상 기록이 5천권 이상'(전자 기록 시대에 이게 무슨 잣대가 될까 싶지만 법령에 버젓이 정해져 있다)을 말하고 이 조건에 부합하는 기관은 반드시 기록관을 설치해야 한다.

대부분의 기관에서 기록관은 그 기관의 기록관리를 담당하는 부서이다. 오롯이 기록관리만 담당하는 부서는 거의 없고, 대부분 총무(운영지원) 부서에 한두 명의 담당자를 두고 이를 기록관이라 부른다. 기록보관소라든가 하는 것은 아니고 각 기관의 기록 생산과 관리 그리고 보존기간 30년 이상의 기록을 영구기록관리기관에 이관하는 일을 하는 기관 내 기록관리 담당 부서다.

대통령기록 생산기관도 기록관을 설치하고 운영해야 한다. 대통령 보좌기관인 대통령실과 국가안보실, 경호기관인 경호처 그리고 대통령 자문기관에도 설치해야 한다. 자문기관에는 기록관을 설치할 수 없는 곳도 있다. 법률에 의해 설치한 상설 자문기관이 아니거나 위원회 조직 규모가 작아 기록관을 설치할 수 없는 기관이 있기 때문이다. 이런 경우에는 그 자문기관 기관장이 지정하는 부서에서 기록관리 업무를 담당한다.

기록관이 없는 대통령기록 생산기관은 대통령 보좌기관의 기록관이 업무를 대신한다. 이것은 사실 무리한 조항인데, 가장 힘이 센 기관이 기록관리를 '관할'해야 한다는 생각에서 정하지 않았나 짐작한다. 그러나 대통령실은 해당 기관의 기록관리만 하기도 벅차다. 기록관리를 담당하는 행정관이 한두 명에 불과한데, 기록관 없는 자문기관이 30여 개에 달해 감당하기가 쉽지 않다. 실제로도 대통령실 기록관이 기록관 없는 자문기관 기록관리를 통할하지 못한다. 아마도 대통령실 기록관은 전반적인 현황만 파악하고 기록관리 컨설팅, 이관 준비 및 실행 등은 대통령기록관에서 수행한다고 추측하지만, 어쩌면 대통령 실은 아예 손을 놓고 대통령기록관의 대통령기록 생산 지원 부서가 해당 업무를 하는 수준일 수도 있다.

대통령실 기록관은 부처 등 여타 공공기관의 기록관과는 기능과 역할 차이가 크다. 기본적으로 기관 내 기록관리를 담당한다. 여기에 대통령실의 부서이기 때문에 부여되는 기록관리 및 정보공개와 관련한 국정과제 추진이나 정책 수립과 집행을 점검해야 한다. 또 임기 동안 부각된 주요 기록관리 이슈에 대응하고 새로운 기록 생산과 관리 방법을 선도적으로 끌고 가는 임무도 있다.

노무현 정부 대통령비서실의 기록관리비서관실은 기관 내 기록관리 혁신 추진 담당은 물론 국가기록원·정부혁신지방분권위원회 기록관리혁신분과와 함께 당시 추진하던 국가기록관리혁신을 점검하고 선도적으로 집행하는 역할을 했다. 「대통령기록물법」 제정 등 제도 개선, 대통령기록관리시스템 개발 및 운용, 새로운 기록관리제도 수립 및 시행 등 기록관리 혁신을 선도했다. 이명박· 박근혜 정부 대통령실 기록관은 별다른 역할을 하지 않았다. 오히려 국가기록 관리 퇴행 시기라고 할 만큼 기록관리에 위기를 겪었으나 대통령실은 이를 부추기는 역할을 했다. 문재인 정부에서 대통령비서실 기록관의 역할이 다시 커졌다. 노무현 정부같이 드러난 역할을 하지는 않았으나 기록관리와 정보공개를 국정과제로 채택해 그에 걸맞은 일을 했다. 특히 국가기록원과 대통령기록관의 장을 전문가로 개방 임용하며 국가기록관리 발전에 큰 기대가 있었다.

대통령 보좌기관 기록관의 기능과 역할에 대한 고민이 필요한 시점이다. 기록관리는 정부 성격에 따라 관점과 인식 차이가 극명하게 갈리는 최전선이기 때문에 안정적인 대통령기록 생산과 관리가 절실하다. 대통령 보좌기관 특성상 기록 생산 관리가 매우 어렵다는 점, 임기가 정해져 있어 장기적 관점으로 기록관리를 하기 어렵다는 점, 「대통령기록물법」이 있지만 기록의 민감성 때문에 여전히 '처분' 유혹이 있다는 점, 기록관리 부서에 기록관리를 담당하는 직원이 한두 명에 불과하다는 점 등이 현재 기록관의 위기와 약점이다.

일찍부터 대통령 보좌기관 기록관을 상설 조직으로 운영하는 게 어떠냐는 의견이 있었다. 조직과 인력 변화 없이 정권 향배와 상관없는 상설 조직으로 만들자는 뜻이다. 이런 의견은 현재로서는 실현 불가능하다. 대통령 보좌기관은 국정 운영의 핵심기관일 뿐더러 첨예한 정치 공간이다. 직원 대부분은 부처에서 파견한 직업 공무원이거나 대통령과 정치적 운명을 같이할 별정직 공무원이다. 여기에 상시 직원이 일할 '공간'은 매우 협소하다. 정치적 대립 도구인 대통령기록을 관리하는 부서 직원이 '자기 사람'인지 확인 불가능한 상황으로 만들지 않으려 할 것이 명약관화하다. 이것은 어떤 측면에서는 우리 대통령기록관리의 역사성이라 말할 수도 있다. 어떻게 관리하고 어떤 기록을 남기는지가 오롯이 해당 정권의 일이기 때문이다. 말 그대로 역사가 평가할 것이다.

이런 현실에도 불구하고 정권 향배와 관계없이 일정한 수준으로 대통령기록 관리가 이루어져야 한다. 이를 위해서 무엇보다 대통령 보좌기관의 기록관리 인력을 보충해야 한다. 현재 기록관리 담당 행정관은 국가기록원이나 대통령기록관에서 파견한 한두 명에 불과하다. 기록관리 중요성에 비하면 너무 빈약하다.

기록 이관과 정권 교체

대통령기록이 사라지지 않고 보존, 활용되기 위해서는 국가기록관리 체계 안으로 들어와야 한다. 즉, 대통령기록관에서 관리해야 하는데 이를 위해 가장 중요한 이벤트가 대통령기록 이관이다. 대통령기록 생산기관의 기록관리는 사실상 대통령기록관에 이관하기 위한 업무라고 해도 과하지 않다.

대통령은 임기가 정해져 있어서 임기 내에 이관을 완료해야 한다. 임기 중 수시 이관도 가능하다. 문재인 정부는 대통령비서실에서 남북정상회담 행정박물과 대통령선물을 미리 이관했고, 행정정보시스템 중 일부 데이터도 이관했다. 또 임기 중에 폐지된 국정기획자문위원회와 3·1운동백주년기념위원회 기록을 대통령기록관에 이관했다.

관리 대상 기록 선정, 기록 획득과 등록, 분류와 정리, 이관 시행까지 많은 준비가 필요하기 때문에 일찍부터 준비해야 한다. 「대통령기록물법」에는 대통령기록 생산기관 기록관의 장은 임기 종료 1년 전부터 이관에 필요한 조치를 강구해야 하고, 이때 대통령기록관장은 이관에 필요한 지원이 가능하다고 정해놓았다. 1년이라는 기간도 사실 충분한 시간은 아니다.

실제 임기 종료 1년 이전부터 본격적인 이관 준비에 돌입한다. 사전 준비 단계에서는 대통령기록 생산기관의 기록 생산과 관리 실태를 조사 분석하고, 전자 및 비전자기록 이관 세부 추진 계획을 수립하며, 이관 매뉴얼을 작성·배포한다. 문재인 정부는 먼저 보좌·경호기관의 시청각·박물·선물 및 민원 관련 기록을 이관하고, 임기 종료 전에 지정기록과 비밀기록을 포함한 전체 기록을 이관했다. 이때 대통령기록관에서는 기록 기초 정리 인력 및 이관 용품을 지원한다. 이관 마지막 단계는 대통령기록관에 옮긴 기록의 검수와 등록이다. 이관 과정에서 발생한 오류도 점검한다. 이후 검사·검수를 거쳐 대통령기록보존시스템 (PAMS)에 등록한다. 전자문서, 행정정보데이터, 웹기록, 비전자기록 등 기록 유형별로 등록함으로써 이관을 완료한다.

그러나 모든 대통령기록이 누락없이 이관된다고 확신할 수는 없다. 대통령기록 이관은 적극적으로 수집해 기록을 획득하는 게 아니라, 대통령기록 생산기관에서 넘겨주는 기록을 인수하는 수준으로만 진행하기 때문이다. 대통령실을 비롯한 대통령기록 생산기관이 얼마나 많은 기록을 획득해놓느냐에 따라 이관 수준이 결정된다.

대통령기록 최초 이관은 김대중 전 대통령 기록이다. 1999년 제정하고 다음 해부터 시행한 「공공기록물법」에 따라 이관했다. 비록 생산한 모든 기록을 이관했다고 확신할 수는 없지만 그 자체로 역사적인 사건이었다.

노무현 전 대통령 기록 이관은 「대통령기록물법」 제정 이후 최초였고, 총 825만여 건(나중에 통계를 조정하여 725만여 건으로 수정)으로 이전과는 비교할 수 없는 수준이었다. 황당하게도 일부 언론에서는 노무현 대통령기록 양이 많아서 통합 대통령기록관이 아니라 노무현 개인 기록관이 될 것이라며 문제라고 할 정도였다. 그만큼 수량이 방대하고 종류가 다양해서 임기 종료 전 세 차례에 나눠서 이관했다.

이명박 전 대통령은 1천백만여 건이 넘는 대량 기록을 이관했지만, 낮은 질적 수준과 수량 부풀리기로 비판받았다. 노무현 정부에서 기록관리 대상이 아니던 식수 관리와 민원 ARS 같은 데이터를 이관 기록에 포함했다. 그것을 기록이 아니라고 할 수는 없지만 대통령기록관으로 이관해서 관리할 만한 기록인지 생각해봐야 한다. 이 데이터들은 이후 정부에서도 계속 이관했다. 이런 데이터는 이관한 반면 부속실에서 관리하던 중요 대통령기록은 영포빌딩으로 무단 유출했다.

박근혜 대통령기록 이관은 탄핵 직후부터 다음 정부가 들어서는 두 달 동안 이루어졌기 때문에 부실을 피할 수 없었다. 국가기록원과 대통령기록관은 탄핵 심판이 진행되는 동안 탄핵을 예상하고 이관을 준비해야 했는데 아무런 조치를 하지 않았다. 일반적인 절차대로 이관을 시행하기는 했지만 대통령기록관이 적극적으로 나선 수집과 획득이 아니었다. 대통령기록관은 대통령실이 주는 대로 그냥 받아오는 수준이었다. 이관이 얼마나 부실했는지는 이른바 '캐비닛 기록 사건'으로 확인되었다. 이관만 부실한 게 아니라 임기 중 대통령실 기록관리가 얼마나 엉망이었는지를 보여주는 사건이었다.

인계인수 부실 논란

많은 나라에서 국가수반 기록은 정치적으로 중립적이고 독립적인 국가기록보존기관에 이관해 보존한다. 우리나라는 대통령기록관이 국가기록보존기관이다. 우리는 「대통령기록물법」 시행 이후 절차에 따라 기록을 이관해왔다. 대통령기록물법 시행 이후 대통령기록관으로 기록을 이관해 왔고, 그 기록을 활용하면 되기 때문에 인계인수 부실 논란이 없어야 하는데, 업무인계시스템에 따라 인계했는데도 기록 유출 논란이 일어나는 등 논란이 끊이지 않았다.

인계인수 부실 논란은 여야 정권교체가 최초로 일어난 김대중 정부 탄생부터 있었다. 당시 기록 이관을 제대로 했는지조차도 확인할 수 없다. 김대중 대통령 당선 직후 청와대와 국가안전기획부에서 자료를 태우느라 연기가 자욱했다는 말이 있을 정도이니 오죽했겠는가. 이런 와중에 다음 정권에 업무 인계인수가 제대로 됐을 리 없다.

김대중 정부 임기 만료 직전 대통령기록 이관을 둘러싸고 인계인수 부실이 다시 논란이 되었다. 당시 대통령기록 15만 8천여 건을 이관한다고 발표했는데, 비밀과 대외비 기록 목록은 제출하지 않아 불리한 사안은 기록을 은닉하거나 유출하는 것 아니냐는 비난을 받았다. 당시 공공기록물법령은 퇴임하는 대통령의 기록 목록을 대통령 당선자에게 통보하고, 신임 대통령과 대통령 보좌기관이 필요로 하는 기록은 정부기록보존소에 이관하지 않을 수 있도록 했다. 그럼에도 불구하고 업무 인계인수가 제대로 이루어지지 않아 노무현 정부는 2002년 대통령선거 직후 김대중 정부에게 150쪽의 업무 개요 책자 한 권만 넘겨받았다. 심지어 문서 양식조차 남기지 않았다고 한다. 정권 재창출을 했는데도 청와대 업무 인계인수는 부실했다.

노무현 정부는 2007년 5월 차기 정부 인수인계 계획을 세우고 최초로 업무 인계인수시스템(handover system)을 구축했고, e지원시스템에 매뉴얼과 각 과제별 참고 기록을 남겼다. 당시 e지원시스템에 남겨놓은 기록은 업무 매뉴얼 552개, 정책백서 77권, 보고서·지시사항·일정일지 등 5만 6,907건이었다. 최초의 청와대 업무 인계인수였다. 이명박 정부 출범 직후 노무현 정부의 청와대 업무 매뉴얼을 호평한다는 보도가 많았다.

그런데 2008년 3월 초 느닷없이 정권 인계인수 과정에서 청와대 내부의 민감한 자료 상당 부분을 파기해 국정 차질을 빚고 있다는 보도가 나왔다.[30] "업무 참고 자료가 전무(全無)해 행정 업무 연속성 제로"라는 등 이명박 정부 출범 직후와는 전혀 다른 반응이었다. 민정, 인사 등 민감한 부서 자료는 컴퓨터 하드디스크까지 거의 파기되었다고 말했다. 그러면서 매뉴얼이 "경조사 화환 보내는 법", "치약은 이렇게 짜라는 식의 생활안내문 같은 것", "땅바닥에 떨어져

---

30 <盧의 청와대, 민감한 자료 대거 삭제…하드디스크도 파기>(노컷뉴스, 2008.03.07.)

있던 '위기대응 매뉴얼' 책 한 권 정도"라고 했다. 그러나 이것은 사실이 아니다. '대통령기록 유출 논란' 시작이 된 <기록이관, 인계, 퇴임 후 활용준비 현황 보고>(2007.05.11.작성)라는 문서도 대통령비서실 기록관리비서관실에서 대통령기록 이관 관련 반드시 참고할 문서로 인수인계시스템에 남긴 기록이다. 생활안내문 같은 것만 남겼다면 이런 기록이 인계되었을 리 없다.

박근혜 정부가 문재인 정부에게 한 인계인수는 100여 쪽짜리 보고서와 10장짜리 현황보고서가 전부였고, 그마저도 외교안보 등 국정 현안이 아닌 청와대 운영지침에 관한 해설이 고작이었다.

업무 인계인수가 반드시 청와대나 대통령실에 기록을 남겨야만 가능한 것은 아니다. 문재인 정부 인계인수는 각 부서가 업무인계인수서를 작성하고 이를 취합해서 전달했고, 인사·재정·전산 등 운영지원 분야는 담당 직원이 대통령비서실에 남아 직접 인계인수를 했다.

이관된 대통령기록에 접근함으로써 업무 연속성을 기할 수 있다. 실제로 이명박 정부와 문재인 정부는 대통령기록보존시스템(PAMS)에 접근하여 이관 기록을 열람했다. 이명박 정부는 2008년 3월부터 청와대 내 자료열람용 PC로 노무현 정부 대통령기록을 모두 3,800여 차례 원격 열람했다. 문재인 정부는 국정 운영 연속성을 위해 2007년 6월부터 8월 중순까지 두 달 동안 대통령비서실 국정기록비서관실 내에 대통령기록보존시스템(PAMS)에 접근·열람하는 전용 PC를 두고 운영하였다. 이렇게 대통령기록보존시스템(PAMS)으로 기록을 열람한다면 국정 운영의 연속성을 위한다며 업무 인계인수 부실 여부를 따질 필요가 없다. 문제는 얼마나 질 높은 기록을 누락 없이 이관하느냐이다.

버릴 것은 버리자

공공기록에는 보존기간이 있다. 우리 공공기록물법령에는 1년, 3년, 5년, 10년, 30년, 그리고 준영구, 영구 등 일곱 가지 보존기간이 있다. 대통령기록도 공공기록과 같은 한시 보존 기록이 있고, 기간이 경과하면 폐기가 가능하다.

「공공기록물법」을 제정할 때 '대통령 관련 기록'을 규정하고 대통령 보좌기관에서 생산한 기록을 관리하도록 했다.(1장 2절 참고) 이 법령은 '대통령 관련 기록'을 단 한 건도 폐기하지 않고 국가기록원으로 이관하도록 했다. 기록 소실을 막고자 하는 의도였으나, 생산 당시 필요성 말고는 정보적·역사적 가치가 없는 기록도 영구 보존하는 상황이 빚어졌다.

「대통령기록물법」을 제정할 때 이 문제를 논의해 기록 폐기가 가능하도록 했다. 다만 일반 공공기록보다 폐기 절차를 신중하게 정했다. 대통령기록 생산기관에서 폐기 예정 60일 전에 대상 목록을 대통령기록관장에게 보내면, 대통령기록관장은 목록을 받은 날로부터 50일 이내에 대통령기록전문위원회에 상정하여 심의하도록 했다. 대통령기록관장은 심의 결과를 대통령기록 생산기관에 보내고, 받은 기관에서는 지체 없이 관보 또는 정보통신망에 고시하도록 했다(제13조).

기록관리전문요원의 심사와 생산기관(또는 부서) 의견을 청취한 후 기록평가심의회에서 심의를 거쳐 폐기하는 공공기록에 비하면 대통령기록 폐기 절차는 매우 복잡하다. 또 폐기를 결정하면 관보나 정보통신망에 고시하도록 해 폐기에 관한 책임을 공고하게 했다.

그러나 이런 규정에도 불구하고 여전히 대통령기록을 폐기하지 않는다. 법을 제정한 노무현 정부의 대통령비서실은 단 한 건의 기록도 폐기하지 않고 이관했다. 민감한 기록을 폐기하지 않았느냐는 오해를 피하기 위한 자구책이다. 이 것이 이후로도 이어져 어느 대통령기록 생산기관도 기록을 폐기하지 않고 이관 하는 '전통'이 되어버렸다. 한 건이라도 더 이관했다는 수량 부풀리기를 위해서 도 공식적으로는 기록을 폐기하지 않는다.

대통령기록관 역시 평가 선별 후 폐기를 하지 않는다. 2022년 11월 현재 대 통령기록보존시스템(PAMS)에 보유하는 기록 총 391,695철 중 380철을 폐기하 기로 의결했을 뿐이다. 2022년 11월 현재 대통령기록관이 소장하는 기록의 보 존기간별 현황은 다음 표와 같다.

대통령기록 보존기간별 현황

보존기간	영구	준영구	30년	10년	5년
총계(철)	183,562	53,623	46,705	20,173	36,124
비율(%)	46.9	13.7	11.9	5.2	9.2
보존기간	3년	1년	현 대통령 임기	차기 대통령 임기	미분류
총계(철)	9,668	1,984	894	280	38,521
비율(%)	2.5	0.5	0.2	0.1	9.8

이 표에 따르면 미분류 대상을 제외하고 10년 이하의 한시 기록은 69,123철 (17%)이다. 문재인 대통령 재임 기간을 제외하면 숫자가 줄겠지만, 적지 않은 수량을 폐기하지 않고 있음을 알 수 있다.

10년 이하의 폐기 대상 기록은 생산 당시 행정적인 수요로 역할을 다하고 더 이상 활용할 가치가 없다고 판단하는 기록이다. 「공공기록물법시행령」에서는 기록의 보존기간별 책정 기준을 제시한다. 예컨대 '본부·국·실급 부서장 전결 사항으로 공공기관의 주요 업무를 제외한 일반적인 사항과 관련된 기록'은 보 존기간이 10년이다. 10년간 보존하겠다고 분류한 대통령기록은 이 기준을 따랐다고 보면 된다.

대통령기록은 부처나 다른 행정기관과 달리 일반 행정 기록이어도 보존가치가 높다고 생각할 수 있다. 그러나 10년 이하의 한시 보존 기록이라면, 대통령기록이라 해서 일반 부처 기록보다 더 특별한 보존 가치를 갖지는 않는다. 이 기록은 주로 일반적인 업무 연락이나 안내, 기본 복무 관련 사항, 비용 지출 등 대한민국 공공기관이 수행하는 일상 업무에 따른 문서다. 직원보수명세서, 초과근무명세서, 연말정산내역, 특근매식근무명령서 등이 대통령기록 생산기관이라고 뭔가 특별한 게 아니다. 따라서 보존기간이 지나면 당연히 폐기해야 한다.

대통령 보좌기관의 기록이기 때문에 특별한 활용가치를 부여할 수는 있다. 예를 들어 같은 출입기록이라도 일반 부처 등 행정기관과 대통령실은 다르다. 그렇다고 해도 영구 보존 대상이 될 수는 없다. 사법적 필요로 출입기록 활용을 기대할 수는 있지만 역사적 가치가 있다고 보기는 어렵다. 대통령기록은 나중에 어떻게 활용할지 모르므로 보존기간과 상관없이 보존해야 한다고 주장할 수도 있다. 하지만 나중에 어떻게 사용될지 모르기 때문에 모든 기록을 남겨두자는 것은 기록관리가 아니다.

모든 대통령기록 생산기관에 동일한 기준을 적용하는 것도 문제다. 대통령 보좌기관과 경호기관, 자문기관의 기록 생산 맥락을 따져보면 기록의 정보적·역사적 가치가 동일할 수가 없다. 백번 양보해서 대통령 보좌기관인 대통령실이나 국가안보실의 일반 행정 기록은 보존·활용가치가 있다고 해도 자문기관은 그렇지 않을 수 있다. 대통령기록이기 때문에 폐기에 부담을 느낀다며 생산한 지 20년이 넘은 김대중 정부 자문위원회 일반 행정 기록마저 폐기하지 않는 것은 기록관리 재원과 행정의 심각한 낭비이다.

국정농단과 대통령기록

　박근혜 정부의 국정농단 사건은 대통령기록관리에도 생각할 거리를 줬다. 이른바 '최서원(최순실) 파일'은 국민들에게 큰 충격이었다. 대통령 연설문과 각종 회의 자료, 국가 안보, 인사 관련 자료 등을 망라한 수백 개 자료를 민간인이 접근해서 내용까지 수정했다니 놀라지 않을 사람이 있었을까. 당연히 대통령기록 유출 아니냐는 지적이 있었고, 무단 유출로 처벌해야 한다는 여론도 있었다. 그러나 대통령기록 유출로는 기소조차 되지 않았다.

　검찰은 당시 2심까지 끝난 '남북정상회담 회의록 사건' 재판부가 대통령기록의 정의와 생산 개념에 관해 판결한 내용을 들어 「대통령기록물법」 위반으로 기소하지 않았다. 대통령기록으로 작성이 완료된 것이어야 하고, 원본 유출이어야 한다는 입장이었다. 또 대통령기록은 결재가 있어야 성립하는데 대부분 결재가 없고 공식 문서번호가 붙지 않아 완성 기록이 아니라는 이유도 들었다. 연설문도 사전 유출이라 기록 유출로 볼 수 없다고 했다. 결국 정호성이 최순실과 공동으로 사용하던 상용 e메일에 첨부하여 최순실에게 전송한 대통령 연설문과 주요 인사 관련 자료 등은 대통령기록 유출이 아니라고 정리되었다.

　국정농단 결과로 대통령이 탄핵·파면되고 새 정부가 들어서기 전 2개월 동안 대통령기록을 안전하게 대통령기록관으로 이관해야 한다는 각계의 우려가 컸다. 최순실 국정 개입 사건이 불거진 후 2016년 9월부터 4개월간 문서파쇄기를 26대 구입했다거나, 탄핵 인용 후 페이스북 페이지, 트위터, 인스타그램 등 SNS 계정 삭제 소식은 정권 말기에 기록을 대량으로 폐기하던 관행이 다시 살아나는 것 아니냐는 의심을 살 만했다.

　기록학계는 '기록동결'을 요구했다. '기록동결'은 미국과 호주에서 시행하는

'기록처분동결제도'에서 얻은 아이디어다. 기록처분동결은 기록의 (행정적·법률적·재정적)가치를 조정할 특별한 사유로 기존 '보유 일정(Records scheduling)'에 따른 처분을 일시적으로 유예하는 제도이다.[31] 즉, 보존기간 등 기록을 처분하는 기준에 따르면 당장 폐기해야 하는 기록이어도 가치 조정이 필요한지 판단하기 위해 동결하자는 말이다. 대통령기록 무단 폐기를 막는 조치로 딱 들어맞지는 않지만 기록 처분을 동결하고 일단 국가기록관리 체계로 획득하게 하자는 제안이어서 유효한 측면이 있었다.

기록 무단 폐기를 막자는 사회 각계의 주장은 기록의 중요성을 두고 분위기를 환기시키는 정도에 그쳤다. 늘 해온 것처럼 국가기록원이 직원을 파견하여 대통령기록을 수습하고 이관하였다. 국가기록원은 대규모 태스크포스를 구성하여 대통령기록 이관에 나섰지만 일처리가 너무나도 허술했다는 것이 나중에 밝혀졌다.[32]

대통령기록 이관을 두 달 만에 해내기란 사실 매우 어렵다. 탄핵 심판을 진행하는 도중 탄핵을 예정해서 이관 준비를 해놓았어야 한다. 물론 국가기록원 입장에서 대통령이 탄핵된다는 전제로 일하기는 매우 어려웠을 것이다. 그러나 상황 대비 매뉴얼을 작성하고 분류, 정리, 이관 등을 신속하게 수행하기 위한 준비를 했어야 마땅하다. 준비는 미흡했고 대통령기록 이관은 허술했다. 문재인 정부 출범 후 이른바 캐비닛 문건 사태가 일어나면서 박근혜 정부 시기 대통령실의 기록관리는 무차별 폐기가 아니라 무차별 방치였다는 것이 밝혀졌다.

대통령기록 유출은 이명박 정권 시기에 많이 일어났다. 지금까지 논란의 여지 없이 무단 유출로 드러난 것만 세 번이다. 이명박은 퇴임하면서 개인 사무실

---

31 기록처분동결제도에 대해서는 현문수, 「공공기록 처분 동결제도 도입에 관한 연구」『기록학연구』 제53호(한국기록학회, 2017.) 참조.

32 국가기록관리혁신T/F, 『국가기록관리 폐단 기초 조사 보고서』, 2017. 86~89쪽.

이 있는 영포빌딩에 대통령기록 17박스를 유출했다. 검찰이 수사 중 압수수색을 하면서 밝혀졌는데, 이사 과정에서 잘못 흘러들어왔다고 변명해 더 지탄을 받았다. 대통령기록은 반드시 등록해서 관리해야 하고, 기록관리 체계가 정상이라면 이삿짐으로 잘못 섞일 가능성은 없다. 이명박 전 대통령 측은 이 기록이 대통령기록, 심지어 지정기록이니 빨리 대통령기록관으로 보내야 한다며 검찰을 상대로 소송까지 했다.

2011년 12월 당시 대통령실 정무수석실에서 일하던 어떤 행정관은 퇴직하면서 715건의 기록을 유출했다. 6개월여 동안 일하면서 본인이 정치 활동을 할 때 필요할 것 같은 문서를 유출했다고 한다. 이 사실은 이른바 '정윤회 문건 사태'를 수사하면서 밝혀졌는데, 검찰이 이 사건을 300만 원에 약식기소한 것이 알려져 논란이 커졌다. 당시 대통령기록을 유출했다며 구속기소한 박관천에 비하면 터무니없는 처분이었다.

또 다른 사건은 현재 윤석열 정부 국가안보실 1차장을 맡고 있으면서 외교안보전략에 가장 강력한 권한을 갖고 있다는 김태효(당시 대외전략기획관)가 이명박 정부 시절 비밀기록을 다수 유출한 일이다. 2017년 국군 사이버 댓글 공작 관련 수사를 받던 김태효를 검찰이 2018년 대통령기록 유출 혐의까지 포함하여 기소했다. 김태효는 기획관직을 사임하면서, 군사 기밀을 담고 있는 국가정보원·국군기무사령부 작성 문건을 무단 반출해 자택에 보관해왔다. 2022년 10월 대법원에서 기밀 유출 혐의에 벌금 300만원의 선고유예를 선고한 원심을 확정함으로써 최종 유죄를 받았다. 윤석열 정부는 진행중인 재판의 2심까지 기밀유출 혐의 유죄인 김태효를 국가안보실 1차장 자리에 임명했다. 야당은 기밀을 유출한 범법자에게 안보를 맡길 수 없다며 경질을 요구했지만 거부당했고, 오히려 윤석열 대통령은 2022년 12월 김태효를 특별사면했다.

대통령기록은 유출하고자 하는 사람이 있다면 막을 수 없다. 기록을 전산시스템에서 다운로드하거나, 출력해서 청사 밖으로 가지고 나오는 것을 원천 봉쇄하기는 어렵다. 그렇다고 해도 기록관리제도와 실무 운용 차원에서 유출에 대비해야 한다. 제도라면 앞에서 언급한 기록처분동결제도를 생각할 수 있다. 그러나 그 제도는 정해진 기록 처리 일정대로 하지 말아야 할 사안이 발생했을 때 처분을 잠깐 멈춘다는 의미이지 기록의 무단폐기와 유출을 막는 것은 아니다.

국가기록원이 2019년 12월 「공공기록물법」을 개정하면서 도입한 '폐기중지' 제도도 있다. 이에 따르면 국가기록원장은 국가적으로 중대한 사안으로서 조사기관 또는 수사기관의 요청이 있거나 국민의 권익 보호를 위하여 긴급히 필요한 경우에는 기록 폐기를 금지하고 해당 공공기관 및 영구기록관리기관에 통보할 수 있다(제27조의3 제1항). 이 조항에는 큰 문제가 있다. 조사·수사기관의 요청 절차를 넣은 점과 대통령기록이 폐기 금지 대상이 될 수 있다는 점이다. 검찰이나 감사원, 경찰 등이 국가 기록 평가 선별에 개입한다는 것은 기록관리 독립성을 저해한다는 측면에서 매우 위험하다. 대통령기록이 대상이 될 수 있다는 점은 이미 검찰이 지정기록에 사실상 자유롭게 접근하는데, 대통령기록 생산 단계까지 개입할 여지를 부여한다는 측면에서 더욱 위험한 조항이다.

「대통령기록물법」을 제정할 당시에는 대통령이 궐위된 때 대통령기록을 어떻게 관리할지 규정하지 못했다. 명백한 입법 미비 사항이므로 2020년 12월 「대통령기록물법」을 개정하면서 대통령이 궐위된 때 대통령기록 관리 규정을 포함했다. 개정한 「대통령기록물법」에 의하면 대통령기록관장은 대통령이 궐위된 경우 대통령기록 생산기관에 대통령기록 이동이나 재분류 금지를 요구할 수 있다(제20조의2 제2항). 대통령이 궐위된 때 이동이나 재분류 금지는 기록 폐기 중지나 금지보다 훨씬 강력한 조치이다.

이동이나 재분류 금지보다 더 중요한 것은 기록 등록이다. 이동이나 재분류 금지가 사후 조치라면, 등록은 기록이 관리 절차에 진입하게 하는 필수 과정이고 선제 행동이다. 의사결정을 위한 기록은 반드시 문서로만 이루어지지는 않는다. 때로는 의사결정을 공식 문서로 하지 않거나 아예 기록이 남지 않도록 하기도 한다. 업무관리시스템에 따른 공식 문서가 아니라 종이에 작성한 '문건'으로 대면 보고하며 의사결정을 하고 등록하지 않는 일이 다반사다.

우리 공공기록체계에서 기록 생산은 그것을 등록해서 기록관리체계로 '획득(capture)' 함으로써 '선언(declaration)' 한다. 기록을 등록하지 않으면 관리하지도 않아 사실상 폐기 상태가 된다. 기록 등록은 마치 사람이 태어나면 하는 출생신고처럼 반드시 해야 할 중요한 절차이다.

기록 등록과 관련해 가장 극적인 사례가 '캐비닛 문건 사태'이다. 캐비닛 문건은 등록하지 않은 '무적(無籍)의 문건'이다. 어떤 이유에서 등록하지 않았는지 모르겠으나 발견한 문건 중 여럿은 등록해서 기록으로 관리했어야만 하는 기록이었다. 무단 폐기도 먼저 기록으로 등록해야만 일어나는 일이다. 등록을 제대로 하기 위해서는 의사결정 기록을 반드시 전자적으로 처리하는 방법밖에 없다. 아직도 관행적으로 이루어지는 종이 기록 대면보고를 전면적으로 없애지 않는 한 기록 누락은 피할 수 없다.

제2절 보호와 지정

비공개는 없다

「대통령기록물법」을 제정한 큰 목적 중 하나가 적극적인 대통령기록 공개다. 법에서는 공개 원칙을 천명하고, 비공개로 분류한 기록도 생산한 지 30년이 경과하면 공개를 원칙으로 한다고 정했다(제16조 제1항). 공개 원칙 천명은 일부 대통령기록은 일정 기간 공개하지 않지만, 나머지 기록은 적극 공개하라는 뜻이다.

1996년에 제정해 1998년부터 시행한 「공공기관의 정보공개에 관한 법률」(이하 '정보공개법')은 2004년 전면 개정했다. 「정보공개법」 개정은 전자정부 등 변화하는 행정 환경에 부응하는 뜻도 있지만, 정보 수요자에게 알 권리를 보장한다는 정보공개제도의 원래 목적과 취지에 맞는 것이기도 했다. 예컨대 청구인의 청구 목적을 기재하는 조항을 없애 청구 목적에 따라 공공기관이 공개 여부를 결정하지 못하게 했다. 얼핏 단순해 보이지만 정보공개 원칙을 굳건히 한 일이다. 이는 정보공개제도가 공공기관과 공무원 등 공급자 중심에서 정보 소비자인 국민 중심으로 바뀌었음을 뜻한다. 당시 정부의 국가기록관리제도 혁신 의지를 반영한 변화였다.

노무현 전 대통령은 "비공개는 없다. 다만 공개가 유예될 뿐"이라는 견해를 갖고 있었다. 노무현은 "공개, 비공개가 아니고 모든 것은 공개 시기로 얘기할 수도 있지요."[33]라거나 "전부 다 공개인데 공개를 당장 할 거냐, 과제가 끝날 때 할 거냐, 3년으로 할 거냐, 10년으로 할 거냐... 딱 그런 겁니다."[34]라고 발언해서 '비공개'가 사실은 '공개 유예'라는 견해를 내놓았다. 정보공개법상 비공개대상으로 나열한 사유가 아니면 비공개할 수 없다(제9조 제1항). 노무현 전 대통령은 여기에 더해 비공개대상이란 비공개 사유가 없어지면 공개하는 '공개 유예'라는 인식을 가졌다.

'비공개'를 '공개 유예'로 표현만 바꾼 것 같지만 이는 매우 중요한 변화이다. 비공개는 공개하지 않고 끝나지만 공개 유예는 언제까지 비공개할지, 혹은 언제 공개할지 정해서 관리해야 한다. 당시 대통령비서실에서는 공개 유예 취지대로 정보공개제도를 운용했다. e지원시스템 문서관리카드를 작성할 때 공개 대상 기록이 아니라면 언제 공개하는지 기입하도록 했다.

공개를 유예한 대통령기록을 적극 재분류하도록 법률에 반영한 것도 공개 원칙을 실현하기 위한 제도적 대안이었다. 공개 유예한 대통령기록은 이관한 때부터 매 2년마다 재분류를 실시하도록 했다.[35] 그동안 관행적으로 하던 '비공개' 지정을 방지하고, 공개 유예 사유가 소멸된 기록을 주기적으로 파악하여 적극 공개하도록 했다. 이렇게 해서 국정 운영 투명성과 국민의 알 권리 실현을 지향했다.

우리 「정보공개법」은 공공기관에게 적극 공개할 의무를 부여하였다. '공공기관'에는 '중앙행정기관 및 그 소속기관'이 포함된다. 대통령실도 중앙행정기관

---

33 「기록관리체제 고도화방안 보고」 (2005.01.28.) 중 발언
34 「e지원시스템 보고」 (2005.03.12.) 중 발언
35 그런데 이 규정은 2010년 "이관된 날부터 5년이 경과한 후 1년 내에 공개 여부를 재분류하고, 첫 번째 재분류 시행 후 매 2년마다 전문위원회의 심의를 거쳐 공개 여부를 재분류"하는 것으로 바뀌고, 2020년에는 정보공개법상 개인 프라이버시 침해를 이유로 공개 유예로 재분류한 기록은 "대통령기록전문위원회의 심의를 거쳐 재분류 후 30년까지는 2년마다 실시하는 재분류를 실시하지 않을 수 있다"라고 바뀐다. 이 개정은 실무적 어려움을 해소하기 위함이지만 공개 원칙을 천명한 대통령기록물법 제정 취지를 외면했다.

이므로 정보공개청구에 응해야 한다. 공개 원칙을 천명하고 이관 이후에도 공개를 확대하기 위한 절차를 만들었지만 대통령 보좌기관을 비롯한 대통령기록 생산기관의 정보공개는 상대적으로 부실하다(정권의 정보공개에 대한 인식 차이로 실제 공개 수준에 차이가 있다). 일부에서는 다른 나라를 예로 들면서 재임 중 대통령기록은 정보공개 대상에서 제외하자는 의견을 내놓기도 한다.

미국은 재임 중 대통령 보좌기관에서 생산한 기록은 공개 청구 대상이 아니다. 정보자유법 적용을 받지 않는 대통령 보좌기관은 대통령사무국(White House Office), 경제자문회의, 국내정책위원회, 국가경제회의, 국가안보회의(NSC), 국가 AIDS정책회의, 해외첩보대통령자문위원회와 부통령사무국 등이다. 이들 기관의 기록은 대통령 재임 중, 그리고 대통령기록관에 이관한 지 5년이 경과하기 전까지는 정보자유법 대상이 아니다.

국가수반의 기록은 미국뿐 아니라 많은 나라에서 공개 대상이 아니다.[36] 프랑스는 대통령과 수상 및 내각(캐비닛)의 기록은 30년 경과 후에 국가 소유가 되므로 그 기간 동안에는 공개하지 않고 공개 청구 대상도 아니다. 프랑스는 전통적으로 대통령과 수상 그리고 캐비닛 기록을 사적으로 처분했다. 업무 기록과 노트 등은 개인 소유라고 여겼다. 프랑스 국가기록원은 1960년대부터 이 기록을 수집하려 노력했다. 사후 수집은 기록 통일성과 무결성 측면에서 결점이 있을 수밖에 없다. 개인적으로 기록을 가져가서 무결하게 관리했을 가능성은 적다. 그래서 생산 즉시 개입해 수집하는 '뜨거운 개입' 정책 추진이 대통령 및 수상, 캐비닛 기록관리 정책의 큰 줄기가 되었다. 대통령과 수상 및 캐비닛 멤버는 국가기록원에 기록 이관을 확실하게 보장하는 대신, 기록을 생산한 당사자의 기록 보호 지정과 사후 이용을 보장하는 양도협약서를 맺는다. 이 협약에

---

36 국가수반 기록의 공개 정책에 대해서는 한국국가기록연구원, 『대통령기록의 효율적 관리 연구』(대통령비서실, 2005.)를 참고했다.

따라 30년 이상 경과한 후 국가 소유가 된다. 이 말은 국가 소유 이전까지는 임의로 공개할 수 없다는 의미이다. 또 1978년 시행한 「행정문서접근법」도 캐비닛 기록은 적용 대상이 아니다.

영국, 호주, 캐나다, 독일 등 여러 나라에서도 국가수반 기록은 공개 대상이 아니거나 장기간 비공개한다. 영국은 '수상 집무실(Prime Minister's Office)'에서 수상기록을 생산, 보관하다가 TNA(The National Archives) 수집 정책에 따라 일부 기록을 영구 보존 기록으로 수집한다. TNA에 수집한 수상기록은 30년간 비공개한다.

호주의 NAA(National Archives of Australia)는 1901년 이후 25명의 수상기록을 수집하여 관리한다. 그러나 다른 일반 공공기록과 구분하여 관리하지도 않고 따로 공개 규정을 적용하지도 않는다. 여타 공공기록처럼 생산 후 30년 뒤에 NAA에 이관해 공개한다. 다만 우리 국무회의록과 비슷한 기록인 '캐비닛 노트(cabinet notebooks)'는 50년이 지난 후에 공개한다. 수상기록 중 일부가 여기에 속한다.

캐나다는 수상기록을 각료기록과 같이 캐나다도서관기록관(Library and Archives Canada, LAC)에 이관해 함께 보존한다. 이 기록은 정보접근법에 의해 비공개하다가 20년이 경과한 후 공개할 수 있다. 이 20년을 비공개 보호기간이라고 할 수 있다.

독일은 연방 대통령과 총리(Kanzler der Deutschland)가 생산한 영구 보존 기록은 30년이 경과하면 연방보존기록관(Bundesarchiv)에 이관해야 한다. 이관한 기록은 연방 대통령과 총리가 비공개 결정을 하지 못하며 오직 입법부만이 결정한다. 독일 기록 보호기간은 일반적으로 30년이며 60년까지 연장해서 지정할 수 있다. 대통령이나 총리도 보호기간을 지정할 수 있지만 기록 보호나 접근에 특권은 없다.

이렇듯 각 나라마다 정치적 전통과 기록 수집, 공개 정책에 따라 대통령기록 공개가 다르다. 어느 사례가 더 합리적이라고 말할 수 없다. 우리는 대통령기록을 국가 소유로 천명하고 재임 중이라도 공개를 원칙으로 하는 정책을 시행한다.

지정기록 바로알기

지정기록은 비밀이 아니다. 비밀보다 더 높은 기밀성을 요구하는 어떤 '특급비밀'도 아니다. 비공개기록이지만 비밀기록은 아니다. 비밀기록이 지정기록일 수는 있지만 모든 비밀기록이 지정기록은 아니다. 뭔가 복잡하다. 도대체 지정기록이 무엇인가?

공개를 기준으로 기록을 분류하면 공개기록과 비공개기록으로 나뉘고, 비공개기록은 일반적인 비공개와 비밀기록으로 나뉜다. 지정기록은 비공개기록과 비밀기록 중 보호가 필요하다고 판단하여 대통령이 지정한 기록이다.

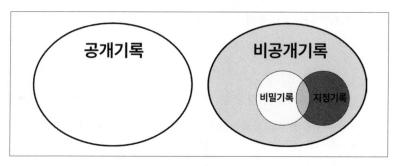

공개 여부를 기준으로 구분한 대통령기록

공개기록   비공개기록

비밀기록 지정기록

즉, 지정기록은 비공개기록이나 비밀기록 중에서 보호가 필요하다고 판단한 기록을 대통령이 지정하면 15년 이내(프라이버시 보호를 위한 경우 30년)를 기한으로 접근을 제한하는 기록이다.

비공개기록과 비밀기록은 지정기록과 어떤 점이 같고 다를까. 비공개기록은 「정보공개법」 제9조 제1항에서 정한 비공개대상정보를 말한다. 「정보공개법」은 다음과 같은 여덟 가지를 비공개(공개 유예)대상정보로 정했다.

△ 법률 또는 법령에서 위임한 명령에 따라 비밀이나 비공개로 규정한 정보

△ 국가안전보장·국방·통일·외교관계 등에 관한 정보

△ 국민의 생명·신체 및 재산 보호에 지장이 우려되는 정보

△ 진행 중인 재판 범죄 예방, 수사, 공소 제기 및 유지, 형 집행, 교정(矯正), 보안 처분 등에 관한 정보

△ 감사·감독·검사·시험·규제·입찰계약·기술개발·인사관리, 의사결정과정 또는 내부검토과정에 있는 사항으로 업무의 공정한 수행이나 연구·개발 지장을 초래할 우려가 있는 정보

△ 사생활의 비밀 또는 자유를 침해할 우려가 있는 개인정보

△ 경영·영업상 비밀에 관한 정보

△ 특정인에게 이익 또는 불이익을 줄 우려가 있는 정보

비밀은 「국가정보원법」에서 정한 국가기밀[37]이나 「군사기밀보호법」에서 정한

---

37 국가기밀(국가 안전에 관한 중대한 불이익을 피하기 위하여 한정 인원만이 알 수 있도록 허용하고 다른 국가 또는 집단에 비밀로 할 사실·물건 또는 지식으로서 국가기밀로 분류한 사항)에 속하는 문서·자재·시설·지역 및 국가안전보장에 한정된 국가기밀을 취급하는 인원에 대한 보안 업무. 「국가정보원법」 제4조 제1항 제2호.

군사기밀[38]을 말한다. '국가기밀'은 '사실·물건 또는 지식' 등 보안 업무까지 포괄한 개념인 반면, '군사기밀'은 '군(軍) 관련 문서, 도화(圖畵), 전자기록 등 특수매체기록 또는 물건으로서 군사기밀로 고지된 것'으로 한정적이다. 비밀기록이라고 하면 좁은 의미로는 '비밀 문서'를 말하기도 하지만 국가기밀과 군사기밀 중 공공기록물법상 기록인 것이라고 생각하면 된다.

비밀은 1급에서 3급까지 등급을 나눠 관리하는데 1급은 '누설할 경우 대한민국과 외교 관계가 단절되고 전쟁을 일으키며, 국가의 방위 계획·정보 활동 및 국가 방위에 반드시 필요한 과학과 기술 개발을 위태롭게 하는 등의 우려가 있는 비밀', 2급은 '누설할 경우 국가안전보장에 막대한 지장을 끼칠 우려가 있는 비밀', 3급은 '누설할 경우 국가안전보장에 해를 끼칠 우려가 있는 비밀' 등이다. 「군사기밀보호법」에서도 등급을 세 개로 구분하는데, 치명적 위협, 심각한 위협, 상당한 위협 등이 등급을 구분하는 기준이다. 자못 추상적으로 보이는 비밀 등급은 세부 기준을 정해서 지정하고 관리하도록 규정하기 때문에 국가안보라는 범주 안에서 운용한다.

다만 안보의 개념이 확장돼 비밀의 범주도 경제·사회 영역까지 넓어졌다. 넓어진 영역은 대부분 '대외비'로 분류해 비밀에 준해서 관리한다. 그러나 대외비는 비밀이 아니다. 비밀이 아닌 것 중 직무수행상 특별히 보호가 필요한 사항을 대외비로 분류해서 관리할 수 있을 뿐이다. 비공개와 비밀은 이렇게 법령에 따라 엄밀히 구분하고 세부 기준을 두고 운용한다.

복잡하게 개념과 정의를 설명했지만 간단하게 정리하면, 비공개는 국민의 '알 권리'를 보장하지만 일부 정보는 공개를 유예하고, 비밀은 국가안보상 이유

---

38 "군사기밀"이란 일반인에게 알려지지 아니한 것으로서 그 내용이 누설되면 국가안전보장에 명백한 위험을 초래할 우려가 있는 군(軍) 관련 문서, 도화(圖畵), 전자기록 등 특수매체기록 또는 물건으로서 군사기밀이라는 뜻이 표시 또는 고지되거나 보호에 필요한 조치가 이루어진 것과 그 내용을 말한다. 「군사기밀보호법」 제2조 제1호.

로 '알 필요'가 있는 조직과 사람만 공유하는 정보이다. 비밀보다는 비공개가 포괄적이고, 비밀을 더 엄밀하게 관리한다.

지정기록은 공개하지 않는다는 차원에서는 비공개기록이고, 대통령이 보호가 필요하다고 판단하여 일정한 기간 동안 접근을 제한하는 특별하고 한정적인 기록이다. 비밀기록 중 일부를 지정기록으로 분류할 뿐 지정기록이 비밀기록은 아니고, 모든 비밀기록이 지정기록도 아니다.

그러나 많은 사람이 비밀이나 비공개와 지정기록을 구분하지 않는다. 때로는 비밀기록과 지정기록을 구분 없이 사용하기도 하고, 심지어 대통령기록과 지정기록을 같은 개념으로 사용하기도 한다. 이렇게 된 데는 아무렇게나 지칭하여 보도한 언론의 책임이 크다.

지정기록을 비공개나 비밀보다 더 기밀성을 가지며 가장 높은 수준의 보안을 요구하는 기록이라고 설명하기도 하는데 이것도 잘못이다. 지정기록은 대통령기록관에서 관리하는 기록 중 보호기간 동안 봉인해서 관리하도록 '분류한 기록'일 뿐이지 가장 높은 수준의 비밀이 아니다. 관리 차원에서 본다면 비밀기록이 가장 강화한 보안 체계에 속할 수도 있다. 비밀은 법령에서 "도난·유출·화재 또는 파괴로부터 보호하고 비밀취급인가를 받지 아니한 사람의 접근을 방지할 수 있는 적절한 시설에 보관하여야 한다(「보안업무규정」 제18조)"라는 보관 규정이 있지만 지정기록은 그런 규정도 없다. 열람, 사본 제작 및 자료 제출 방법과 절차 등을 시행령에 정해놓을 뿐이다.

지정기록은 비밀이 아니므로 다른 관리·운용 절차를 적용해야 하는데 비밀과 같이 취급하고 관리한다. 비밀 총괄 기관인 국가정보원이 지정기록에 접근을 통제하려 하고 대통령기록관은 이를 용인한다. 국가안전보장에 한정된 국가기밀을 취급하는 인원에 대한 보안 업무와 사이버 공격 및 위협 예방 및 대응 등의 국가정보원 직무는 비밀기록이나 전산 보안과 관련이 있지 지정기록 관리와는 직접 관련이 없다. 그러나 비밀보다 더 높은 수준의 보안이라는 잘못된 인식으로 국가정보원의 지정기록 관리에 아무런 문제의식이 없다.

물론 안보와 관련한 비밀도 지정기록이 될 수 있으므로 국가정보원의 직무와 전혀 관련이 없다고는 할 수 없다. 문제는 비밀기록과 지정기록을 따로 관리하지 않는 것이다. 비밀기록인 지정기록은 비밀로 관리해야 하지만, 나머지 지정기록은 비밀로 관리할 이유가 없다.

대통령기록으로 살아남기

대통령기록 보호 제도는 왜 도입했을까? '기록 권장'과 '알 권리 보장'을 위해서이다. 보호를 위해 일시적으로 접근을 제한하는 봉인 조치인데 그게 무슨 말이냐고 반문할 수도 있겠다. 더욱이 알 권리 보장이라니. 제도를 먼저 도입하여 우리나라가 많은 참고를 한 미국 사례를 보면 충분히 이해할 만하다.

미국은 대통령기록을 국가 소유라고 법률에 명시해놓았다. 대통령기록은 당연히 국가 소유인데 굳이 법률에 규정한 이유가 무엇일까? 처음에는 대통령기록 국가 소유가 당연하지 않았다. 미국은 1978년 「대통령기록법」을 제정하기 전까지 대통령기록은 국가 소유가 아니었다. 루스벨트에서 시작한 대통령기록의 '국가적(공적) 관리'는 사실 개인적 결단에 의한 기증일 뿐이었다. 국가가 법률로 대통령기록의 생산부터 관리 및 활용에 이르는 관리의 전 과정을 규정한 대통령은 레이건(Ronald W. Reagan)부터이다.

대통령기록 국가 소유 문제는 대통령기록 보호 제도 도입과 관련이 있다. 미국에서 대통령기록을 국가가 소유하는 과정은 기록의 설명책임성을 구현하는 도정(道程)이다. 미국 대통령기록은 워싱턴 이래 관행적으로 개인 소유였다. 루스벨트(Franklin D. Roosevelt)가 '공적 관리'를 유언으로 남김으로써 공적 영역으로 들어왔지만, 여전히 개인 소유였다. 1955년 「대통령도서관법」은 "대통령이 어떤 기록을 기증하고 공개할 것인지를 결정한다"라고 개인 소유권을 인정했다.

이후 '닉슨-샘슨 협정' 때문에 개인 소유권 문제가 불거졌다. 닉슨(Richard M. Nixon)은 대통령 사임 한 달 뒤 당시 총무처장관 아더 샘슨(Arthur Simpson)과 본인 재임 중 백악관 기록에 대한 협정을 체결했다. 연방정부에 대통령기록을 이관하지만 통제권은 닉슨이 계속 보유한다는 내용이었다. 특히 백악관 녹음테이프 중 무엇이든 5년 후에는 폐기가 가능하고, 10년 뒤에는 모두 폐기한다는 내용이 큰 문제였다.

이에 칼럼니스트 잭 앤더슨(Jack Anderson)이 닉슨 대통령기록 공개를 요청하고, 워터게이트사건 특별검사 자보르스키(Leon Jaworski)가 재판을 위해 이 문제에 개입하면서 쟁점으로 부상했다. 또 전미역사학회, 미국정치학회 등에서 '닉슨-샘슨 협정' 파기 소송을 제기했다. 이 결과 1974년 「대통령기록보존법(Presidential Recordings & Materials Preservation Act)」을 제정했다. 이 법에 따라 닉슨 대통령기록을 내셔널 아카이브(National Archives)가 인수하고, 닉슨에게는 배상권을 인정했다.

이후 대통령기록 소유 문제가 법률 차원에서 본격 제기됐다. 그 결과가 1978년에 제정된 「대통령기록법(Presidential Library Act)」이다. 이 법은 대통령기록의 국가소유권을 천명하고, 모든 대통령기록은 국가기록관리처(NARA)로 이관하도록 했다.

대통령기록을 국가 소유로 명문화하면서 대통령기록 '접근 제한' 제도를 같이 도입했다. 「대통령기록법」 제정 이전에는 대통령기록이 공적 관리 영역에 들어오긴 했지만 여전히 개인이 기증하는 형식이었기 때문에 공개와 활용이 항상 문제였는데, 국가 소유로 명문화하면서 누구나 접근할 수 있게 되었다. 국가 소유가 되면서 기록 보존과 공개에 대한 대통령 권한이 축소됐다. 권한이 줄어 아예 기록을 남기지 않으려는 상황을 초래하지 않기 위해 대통령기록 접근 제한 제도를 도입했다. 대통령기록 접근 제한을 역사적 관점에서 보면 기록 접근과 열람을 보장하기 위해 도입한 제도임을 알 수 있다. 즉 접근 제한 제도는 사적(私的) 관리라는 전통을 깨고 국가 소유화 함으로써 국민의 원활한 접근을 위해 도입한 알 권리 보장 장치이다. 이 제도는 당시 미국 대통령기록 공개와 활용을 향한 국민 요구를 반영한 '투쟁의 결과'이다.

미국 사례까지 들지 않더라도 기록 접근 제한은 알 권리 보장과 깊은 관련이 있다. 기록을 만들지 않거나 만든 기록을 등록하지 않고 없앤다면 결국 알 권리는 실현되기 어렵다. 기록이 있어야 알 권리를 따질 수 있다. 기록은 알 권리 실현의 물리적 근거이고, 보다 많은 기록을 남기는 것이 결국 알 권리이다. 우리는 미국과 같지는 않다. 정치문화, 기록 보존과 활용에 대한 인식 차이, 개별 대통령기록관 설립과 운영 등 많은 부분에서 차이가 있다. 대통령기록이 남지 않는 문제를 해결하기 위해 우리는 대통령기록 보호 제도 도입을 고민했다.

「대통령기록물법」은 '대통령기록의 보호·보존 및 활용'이 법률의 목적이라고 정의한다(제1조). 대통령기록 보호가 법률을 제정한 중요한 이유이다. 왜 대통령기록을 보호해야 하는가? 대통령기록은 속성상 다른 공공기록보다 민감하여 정치적 불이익을 우려해 기록을 생산하지 않거나 생산한 기록을 등록하지 않고 없앨 가능성이 있다. 이를 방지하기 위해 대통령기록 보호 제도를 도입했다.

「국회법」에는 국회가 정부나 행정기관에 보고나 자료 제출을 요구할 수 있고, 「국회에서의 증언·감정 등에 관한 법률」(이하 '국회증언감정법') 은 '공무상 비밀에 관한 증언·서류 등의 제출'을 따로 정해놓았다. 「국회증언감정법」은 "국회가 공무원(이었던 자 포함)의 증언이나 국가기관 등의 서류 제출을 요구할 때는 군사·외교·대북 관계의 국가 기밀을 제외하고는 자료 제출을 거부할 수 없다"라고 규정한다(제4조 제1항). 재임 중이라면 대통령실을 비롯한 대통령 보좌기관은 자료를 제출하기도 하고, 때로는 '정치적 힘겨루기'나 '버티기'를 해 제출하지 않기도 한다. 비밀기록이라면 당연히 제출을 거부할 수 있다.

대통령실 등 대통령 보좌기관은 대통령의 임기가 다하면 사실상 폐지된다. 대통령 보좌기관은 정권이 교체되면 완전히 다른 조직이 된다. 같은 정당에서 대통령을 배출해도 마찬가지다. 따라서 전임 정부와 관련한 국회의 서류 제출 요구에 새 정부의 대통령 보좌기관도, 행정부 부처도, 대통령기록관도 전임 정부를 위해 '정치적 힘겨루기'나 '버티기'를 하지 않는다. 재임 중 생산한 대통령기록을 퇴임 후에는 누구도 보호해 주지 않는다.

보호장치가 없다면 대통령기록은 퇴임 후부터 공개되어 정치적 공격의 빌미가 될 소지가 다분하다. 이런 이유로 기록을 생산하지도, 생산한 기록을 등록하여 온전히 이관하지도 않게 된다. 이런 이유 때문에 「대통령기록물법」을 시행하기 전 대통령기록은 '살아남아' 보존된 양이 터무니없이 적다. 대통령기록은 일반 공공기록과 다른 조건에서 생산하고 관리하는 특수성 때문에 특별한 조치를 하지 않으면 생산하지 않거나 남기지 않으려는 '유혹'이 생긴다. 이를 방지하기 위한 '기록 권장 제도'가 지정기록 제도이다.

「대통령기록물법」 제정을 추진하면서 보호 제도를 함께 도입하는데 어떻게 설득할 것이냐가 큰 숙제였다. 기록 생산을 독려하고 더 많은 기록을 남기겠다는 의도로 추진한 제도이지만 국민의 알 권리를 제약하는 것은 분명했기 때문이다. 「대통령기록물법」은 생산 기록을 누락 없이 이관하고 잘 관리해서 국민에게 공개하겠다는 취지인데, 여기에 강력한 접근 제한 제도를 도입하는 부담이 적지 않았다. 그래서 제도를 어떻게 부를지도 신중하게 검토했다. 미국처럼 '접근 제한'이라고 명백하게 규정할 수 있지만, 비공개를 강조한 표현이라 선택하기 어려웠다. 야당(당시 한나라당)이 제안한 「예문춘추관법안」에는 대통령이 국익을 위해 필요하다고 판단하면 최대 50년까지 보호할 수 있는 기록을 '특정기록물'이라 규정하자고 제안했다. '보호기록물'이라는 표현을 쓰자는 의견도 있었다. 여러 논의 끝에 '지정기록물'이라 정했다.

사실 보호대상 기록을 뭐라 부르든 제도 도입 취지를 깊이 생각하지 않으면 기록을 철저히 봉인해서 보호하자는 말로 이해하기 쉽다. 지정기록에 대한 대표적인 오해이다. 지정기록 제도는 기록 생산과 이관을 '권장'하는 제도이지, 내용을 보호하자는 게 아니다.

이런 오해로 발생한 대표적인 사례가 영포빌딩에서 발견한 대통령기록을 대통령기록관에 이관해서 지정기록으로 지정해달라는 요구이다. 이명박 전 대통령 측에서는 소송을 제기하기도 했다. 지정기록은 대통령이 지정하므로 퇴임 이후에는 지정해달라고 할 근거가 없다. 박근혜 정부의 '캐비닛 문건' 사태가 빚어졌을 때 보수언론에서는 청와대가 지정기록으로 판단하지 않았고, 이를 위해 전임 대통령 측에 의견을 묻지도 않고 검찰에 넘겼다는 다소 엉뚱한 문제 제기를 했다. 역시 지정기록 제도가 기록의 내용을 보호하기 위한 제도라고 오해해서 일어난 해프닝이다.

지정기록은 대통령 퇴임 전 대통령기록관으로 이관해야 한다. 지정기록인데도 누군가의 실수나 의도로 청와대에 남았다는 '특수 상황'을 가정하지 않는다면 지정기록이 청와대 캐비닛에 남아있을 리는 없다. 캐비닛 문건 발견을 발표할 당시 청와대는 "비밀 표기를 해놓지 않아 지정기록은 아니라고 본다"라고 했다.[39] 이 또한 잘못된 대응이다. 누차 강조하지만 지정기록은 비밀기록이 아니다. 기록마다 지정기록이라고 표시하지도 않는다. 이런 오해나 잘못된 대응이 지정기록 제도 인식을 혼란하게 한 원인이다.

다시 강조하지만 지정기록 제도는 내용의 기밀성을 유지하기 위해 도입한 제도가 아니다. 내용을 보호하자고 한다면 비밀 관리나 정보공개제도로 가능하다. 내용 누설은 형법에 규정한 '공무상 비밀 누설(형법 제127조)'로 처벌할 수 있고, 심지어 간첩죄(형법 제98조)나 외교 비밀의 탐지·수집·누설의 처벌(형법 제113조)도 가능하다. 지정기록 제도는 대통령기록 생산과 관리, 활용 특수성 때문에 불가피하게 도입한 제도이다. 기록 생산과 누락 없는 이관을 위한 궁여지책이다. 기록의 정치적 활용을 억제함으로써 대통령기록관리를 안정적으로 수행하기 위한 '필요악'이다. 대통령기록은 보호를 보장하는 시스템에서만 보존된다.

지정기록 지정하기

어떤 기록이 지정기록이 될까? 대통령이 지정만 하면 모든 게 지정기록이 될까? 그렇지 않다. △국방·외교·통일에 관한 비밀기록 △경제정책, 무역거래 및 재정 관련 기록 △정무직 공무원 등의 인사 기록 △프라이버시 침해 우려 기록 △대통령과 보좌기관·자문기관 사이의 의사소통 기록 △대통령의 정치적 의사 표현 기록 등 여섯 가지가 법률에서 정한 지정기록 대상 범주이다.

39 <靑 "박근혜 문건, 사본 검찰 제출...원본자료 대통령기록관 이관">(헤럴드경제, 2017.07.14.)

국방·외교·통일에 관한 비밀기록은 안보 관련 비밀기록, 그리고 공개하면 대통령의 안전을 위협할 우려가 있는 기록을 말한다. 경제정책, 무역거래 및 재정 관련 기록은 진행 중인 대외 협상 전략이 드러나 국익을 훼손하는 경우나 공개하면 국가 경제 위기를 초래할 수 있는 경우, 그리고 시장에 큰 혼란을 초래하거나 국민 사이에 심각한 갈등을 초래하는 경우를 들 수 있다. 정무직 공무원 인사기록은 대통령이 임명하는 정무직 공무원 인사 추천 및 평가 기록, 인사 검증 결과, 인재 발굴 기록 중 사생활을 침해할 우려가 있는 경우 등이다. 프라이버시 침해 우려 기록은 대통령 및 대통령 가족, 기타 친인척 및 특수관계인의 프라이버시를 침해하는 경우, 대통령 직무 수행과 관련한 이해당사자의 사회생활에 큰 영향을 끼칠 정도로 프라이버시를 침해할 우려가 있는 경우, 고위 공직자에 대한 첩보·감찰·사정기록 중 프라이버시를 침해할 우려가 있는 경우 등의 기록이 해당한다. 대통령과 보좌기관·자문기관 사이의 의사소통기록에는 대통령의 일정 및 의전 기록 중 공개가 부적절한 경우, 대통령 발언 및 참석자와 나눈 대화 기록 중 공개가 부적절한 경우, 검토 및 참고 단계에서 대통령의 개인 의견이나 업무 지시 사항이 기록되어 공개가 부적절한 경우(예를 들어 대통령 친필 메모), 대통령 직무 수행을 위한 대응 전략 수립에 관한 기록 중 공개가 부적절한 경우 등이 있다. 대통령의 정치적 의사 표현 기록은 대통령이 정치권 등과의 행사에서 표명한 정치적 견해나 입장 중 공개하면 정치적 혼란을 초래할 우려가 있는 경우와 대통령이 정치적 사안에 대해 개인, 단체 등에 자문을 요청한 경우 중 공개하면 정치적 혼란이 우려되는 경우 등이 해당한다. 정치적 의사 표현은 개인 기록이라 할 수 있기 때문에 대통령기록 범주 안에 있는 경우에만 지정기록으로 지정한다.

보호대상은 한정적이어서 이 여섯 가지 이유가 아니면 지정할 수 없다. 대상은 한정적이지만 대상을 적용하며 부딪히는 문제는 매우 복잡하다. 그래서 법령에서는 이보다 더 구체적인 기준을 마련하라고 정해놓았다. 그러나 구체적인 기준이 꼭 필요한지 고민해야 한다. 필자는 지정기록 지정은 대통령 고유 권한이고, 지정에 대한 책임은 대통령이 지기 때문에 대통령에게 온전히 맡겨도 된다고 본다.

우리 대통령기록 보호 제도는 미국 사례를 많이 참고했다. 미국은 대통령이 △대통령령에 의해 비밀로 지정해야 할 기준이 적용되는 국방 외교 관련 기록 △연방기관 공직 임명에 관한 기록 △특정 법령에 정해진 비공개 기록 △무역거래상의 비밀, 비밀로 지정된 상업과 재정에 관한 정보 △대통령 자문과 대통령 간 혹은 대통령 자문 간에 대통령에 대한 조언을 요청하거나 제출한 비밀 의사소통 기록 △개인정보 침해가 되는 개인 파일과 의료 파일로서 공개 제한 기록을 접근 제한 기록으로 지정할 수 있다고 정했다.

미국은 우리와 비슷한 범주를 접근 제한 기록으로 정했지만 정치문화, 접근 제한 기록의 관리와 열람에 대한 인식, 국가기록관리기구의 위상과 독립적 운영 등에서 차이가 있다. 개념과 범주는 유사하지만 관리와 접근·열람의 동일성으로 연결해서 이해하면 안 된다.

지정기록 대상 중 가장 큰 쟁점은 국방·외교·통일에 관한 비밀기록을 보호대상에 포함한다는 점이다. 비밀기록은 비밀로 보호하기 때문에 지정기록으로 지정하면 중복 보호가 된다. 더 심각한 것은 다음 정부에서 활용할 수 없다는 문제이다. 앞에서도 밝혔듯이 비밀기록은 반드시 필요한 사람이나 허가받은 사람만 접근하는 '알 필요'의 기록이고, 특히 국방·외교·통일 안보 사항은 후임 대통령과 정부가 반드시 참고해야 할 사항이므로 무작정 접근을 제한해서 정보 공백을 일으키는 것은 옳지 않다.

　노무현 전 대통령은 이런 외교안보 공백을 우려하여 10·4 남북정상회담 회의록을 국가정보원에 보관하라고 지시하였다. 정상회담 회의록을 지정기록으로 지정하면 정부가 활용할 수 없다고 생각했기 때문이다. 비밀기록을 지정기록으로 지정할 때는 신중하게 검토해야 하고, 필요하다면 지정 대상에서 제외할 고려도 해야 한다.

　이명박 정권은 비밀기록을 모두 지정기록으로 지정해 '알 필요'마저 차단하여 많은 비판을 받았다. 대통령 보좌기관의 모든 비밀기록을 지정기록으로 지정해버려 후임 정부가 외교안보 관련 비밀을 활용하지 못하도록 했다. 비밀을 지정기록으로 지정할 수 없도록 했다면 일어나지 않았을 일이다.

　애초에 지정기록의 개념과 범주를 설정할 때 비밀기록은 제외했어야 한다. '알 필요'가 있는 기록에 15년 동안 접근을 제한하는 것은 문제이다. 비밀기록을 지정기록으로 관리하면 외교안보와 관련한 합리적 정보 소통 체계마저 막히기 때문이다. 따라서 비밀기록을 지정기록 범주에서 제외하는 것을 검토해야 한다. 이것이 여러 측면에서 대통령기록관리에 필요한 조치이다. 뒤에 서술하겠지만 전직 대통령의 열람권 범위 문제와도 관련이 깊다. 지정기록에서 비밀기록을 제외하면 지정기록의 온라인 접근 문제도 수월하게 해결할 수 있다.

　지정기록 대상과 범주를 정했다면 지정 절차는 어떻게 될까? 지정기록 지정은 오직 대통령의 권한이다. 수십만 건에 이르는 지정기록을 대통령이 어떻게 지정할까? 기록을 생산하는 과정에서 지정기록과 아닌 것을 분류한다. 재임 중에는 그렇게 관리하다가 임기 말 이관 시점에 분류가 적절한지 검토를 거치고, 임기 만료 직전 대통령 재가를 받아 보호대상 지정기록을 확정한다.

15년의 봉인

대통령기록 보호기간이 너무 길지 않느냐는 지적이 반복된다. 한 정권이 다른 정권으로 넘어간 후 전직 대통령 재임 중 여러 문제가 정치 논란으로, 사법 판단 영역으로 번지며 대통령기록에 관심이 커졌다. 그때마다 정치권과 언론에서는 대통령기록 보호기간이 너무 길지 않느냐고 주장한다.

지정기록 보호기간은 15년이고, 개인 사생활 침해 우려가 있는 경우에만 30년 동안 보호함에도 불구하고 모든 지정기록이 30년 동안 '봉인'된다고 주장하기도 한다. 예컨대 "공개할 경우 정치적 혼란이나 국가 안보에 중대한 위해를 일으킬 우려가 있다고 판단하면 최장 30년간 기록을 비공개할 수 있다"라는 식으로 보도한다. 이런 보도가 지정기록 보호기간이 매우 길다는 인식을 줘 혼란을 부추긴다.

미국은 대통령이 지정하는 기록은 12년 동안 접근을 제한한다. 대통령이 재선한다고 해도 후임 대통령의 첫 번째 임기가 끝나는 시점에는 봉인을 해제한다. 앞에서 밝혔듯이 적극적인 알 권리 보장 차원에서 도입한 제도로 대통령기록을 국가 소유화해, 12년이 지나면 정보공개청구 대상이 된다. 일반적인 비밀·비공개 기록 해제가 30년임에 비해 보호기간 12년은 긴 시간이 아니다.

우리가 정한 지정기록 보호기간 15년도 대통령 임기를 고려했다. 최소한 차차기 대통령이 임기를 마치면 정치적 파급력이 약화할 것이라는 공감대가 있었다. 「대통령기록물법」을 논의하던 때에는 보호기간을 10년으로 하자는 의견도 있었다. 결국 15년으로 정했는데, 이 기간도 먼 미래가 아니다. 최초로 「대통령기록물법」 적용을 받아 기록을 이관한 노무현 대통령기록 중 15년 동안 보호한 지정기록은 2023년 2월 말 해제됐다. 사람마다 세월 감각이 다르겠지만 돌이켜보면 15년이라는 시간은 결코 길지 않다.

「대통령기록물법」을 논의하던 2005년 야당이 주도하여 제출한 「예문춘추관
법안」에 보호기간을 정할 수 있는 '특정기록물'을 규정했다. 이 법안 제27조에
는 "대통령이 비공개로 정한 특정기록물은 공개 및 열람 제한 기간(퇴임 후 2
년·5년·10년·30년으로 정하며 최장 50년을 넘을 수 없다) 내에는 공개·열람
하지 아니하며, 누구도 제출을 요구할 수 없다"라고 규정했다. 그리고 대통령이
형사상 소추를 받아 증거로 필요한 경우와 국회 재적의원 2/3가 찬성한 경우
등을 예외 접근 사항으로 규정했다. 당시 야당이 제출한 이 법안은 현행 「대통
령기록물법」 보다 훨씬 더 긴 시간 동안 보호하자는 내용이었다.

이제 지정기록을 어떻게 과오 없이 지정할 수 있는지 따져보자. 「대통령기록
물법」을 시행한 노무현 전 대통령 이후 전체 이관 수량 4146만여 건 중 지정기
록이 119만 8천여 건으로 약 2.91%이다.[40] 각 대통령별로 퇴임 시 발표한 기록
이관 수량과 지정 수량을 비교하면 다음 표와 같다.

대통령기록물법 시행 이후 대통령별 지정기록 지정 현황

구분	퇴임 시 이관 수량(건)	지정 수량(건)	이관 수량 대비 지정 비율(%)
노무현 정부	823만	34만	4.13
이명박 정부	1087만	26만	2.39
박근혜 정부	1120만	20만 5천	1.83
문재인 정부	1116만	39만 3천	3.52
계	4146만	119만 8천	2.91

---

40   이관 수량 대비 지정기록 수량은 이관 당시 발표한 통계에 따른 것이다. 그러나 실제 보존 수량과
지정 수량은 다를 수 있다. 대통령기록관은 2023년 2월, 15년이 경과하여 지정해제되는 기록이
15만여 건이라고 발표해왔으나 실제 지정해제 수량은 8만 7천여 건이었다.

많다고 할 수도 있고, 적다고 할 수도 있다. 문재인 전 대통령 기록 이관 후 언론에서는 39만 3천여 건으로 지정기록이 역대 가장 많다고 보도했다. 지정기록 숫자로만 보면 적지 않아 보이지만, 전체 이관 기록 비율로는 약 3.5% 정도이다. 기록관리 차원에서 보면 이미 국가기록 보존 단계에 접어든 지정기록의 숫자가 중요한 의미를 갖지는 않는다.

지정기록 수량이 중요하게 다루어지는 이유는 많은 기록을 일단 접근하지 못하도록 봉인한다는 사실 자체에 주목하기 때문이다. 물론 지정기록이 과도하게 많거나 잘못 지정된다면 큰 문제이다. 알 권리를 유예해놓은 법령을 악용했다고 볼 수도 있다. 그래서 과도하거나 잘못된 지정 방지가 지정기록 제도 운용에 매우 중요하다.

지정 대상이 아닌 기록을 지정했다는 몇몇 타당한 지적이 있다. 세월호 참사와 관련하여 대통령의 일정이나 영부인 의상과 관련한 특수활동비 지출은 보호대상이 아니라는 주장 등이다. 지정 대상에 대한 이런 논의는 지정기록 제도를 안착하는 데 반드시 필요하다. 지정이 과도했는지 적절했는지는 지정기록을 해제할 때 확인된다. 과도한 지정은 해당 대통령의 정치적 행위에 대한 사후 판단 영역이므로 책임은 해당 대통령이 져야 한다.

기준이 추상적이라는 의견도 있다. 개인 프라이버시 침해 우려나 정치적 혼란 발생과 같은 기준은 자의적 지정이 가능하다는 지적이다. 지정을 검토하는 단계에서 합리적으로 분류하는 것만이 이를 방지하기 위한 최선이다. 지정기록은 기록을 담당하는 부서가 주체가 되어 각 비서관실에서 의견을 제출하면 이를 심사하고 협의하여 분류한 의견을 대통령이 재가함으로써 보호대상 기록으로 지정한다. 각 부서에서 검토하고 기록 담당 부서와 협의하는 과정에서 분류 적절성을 따지는 것이 과도한 지정을 막는 가장 현실적인 방법이다. 따라서 대통령 보좌기관 기록관의 역할이 매우 중요하다.

대통령비서실 등에서 생산해 부처에 보내졌거나 부처에서 생산한 기록을 지정기록에서 제외하는 것도 과오 지정을 줄이는 방법이다. 지정기록인데 부처에 존재한다면 이는 보호대상 기록으로 실효가 없다. 대통령 보좌기관은 부처에게 보고를 받으면 이를 다시 가공해서 보고서를 작성한다. 이때 원래의 부처 기록은 지정하지 않고, 가공해서 작성한 보고서만 지정한다면 중복을 피할 수 있다. 반드시 부처에서 활용할 기록이라면 지정하지 말아야 한다.

지정기록이 과도하다고 주장하는 다른 문제는 목록 지정이다. 목록 지정 여부는 지정기록 제도 운영 초기부터 문제가 돼 소송까지 진행했다. 송기호 변호사는 황교안 대통령권한대행이 지정기록 목록까지 봉인한 것은 법 위반으로 무효라고 주장했다. 송기호 변호사는 세월호 참사 구조 활동 문서의 제목과 문서 작성 시간, 작성자가 적힌 목록 공개를 요구했다. 해당 소송에서 1심 재판부는 "'문건 목록'은 적법하게 보호기간이 정해진 지정기록으로 볼 수 없다", "대통령은 아무런 제한 없이 임의로 대통령기록을 선정해 보호기간을 지정할 수 있는 것이 아니고 지정기록 요건을 갖춘 기록에 한정해야 한다"라며 원고 승소 판결을 했다. 그러나 2심 재판부는 "법 제17조에 따른 지정기록에 한해서는 법에서 정한 방법과 절차에 따라야만 열람이 허용된다"며 원고 패소 판결했다.

사실 목록 지정은 불가피한 측면이 있다. 법률에서는 "보호기간은... 기록물별로 세부 기준을 수립하여 지정하되..."라고 지정 단위를 애매하게 정해놓았다(제17조 제2항). 기록의 건(件)인지, 철(綴)인지, 아니면 그보다 더 큰 단위인지 알 수가 없다. 대통령기록을 생산하면서 생산자가 각각의 건마다 지정 여부를 미리 분류하는 것으로 보아 법령에서 말하는 '기록물별'이란 기록 건이라 생각할 수 있다. 기록 건에 지정 여부를 표시하기 때문에 목록을 공개하기 어렵다.

어떤 사안은 그것을 다루었다는 사실 그 자체로 기밀성을 가질 수 있다. 또 목록에 보호가 필요한 표현이 들어갈 수도 있다. 따라서 기록의 건으로 지정 여부를 분류하는 한 목록도 지정할 수밖에 없다. 목록을 공개하려면 기능이나 단위과제를 지정 단위로 해야 한다. 법률 개정이 필요한 사항이므로 더 논의해야할 문제이다. 물론 특정 기능이나 단위과제 자체가 기밀성을 갖는 경우도 있다. 그래도 대략 어떤 기능과 단위과제를 지정기록으로 보호하고 있다는 정도는 공개하는 것이 제한된 알 권리를 최소한으로 보장하는 장치이다.

그럼에도 불구하고 과도한 지정 문제가 없어지지는 않는다. 그래서 보호대상이 될 수 없는 기록이 지정되는 것을 사전에 통제하거나 견제할 방법이 없는지따져보자는 주장이 많다. 대표적인 주장이 중립 위원회 같은 곳에서 과하거나잘못한 지정이 있는지 심의하자는 의견이다. 대통령기록관리전문위원회가 있으니 그 위원회에 역할을 부여하자는 의견도 있다. 그러나 이 주장은 대통령의권한을 침해하기도 하고, 현실적으로 가능하지도 않다.

지정기록 지정은 대통령의 고유 권한이다. 법률에 명백하게 대통령이 지정한다고 규정한다(「대통령기록물법」 제17조). 따라서 대통령이 행사한 지정권을심의한다는 발상 자체가 법률 위반이다. 또 대통령이나 대통령 보좌기관 담당직원보다 외부 위원회가 지정 대상 판단을 더 '객관적으로'(혹은 더 '잘')한다는 근거가 없다. 보호대상 기록에 접근을 최소화해야 한다는 관점에서 볼 때도위원회 등의 접근은 바람직하지 않다. 국회가 참여하는 위원회를 구성하자는주장도 있지만 이는 지정기록 제도를 이해하지 못한 주장이다. 국회 접근을 제한하자는 제도를 만들어 놓고 국회가 검토하게 하자는 주장이기 때문이다.

수사나 재판이 진행 중인 사안은 지정할 수 없도록 하자는 제안도 있다. 정치사회적 사건의 진상규명 활동에 대통령기록 보호가 걸림돌이라는 인식에 따른 주장으로 보인다. 실제로 지정 대상이 아님에도 과도한 기준을 적용하여 보호하는 데 문제를 제기하는 측면도 있지만, 이 제안은 사실상 지정기록 제도를 부인하는 발상이다. 어떤 쟁점이 되거나 민감한 사안 모두가 소송 대상이 될 수 있고 극단적으로는 아무것도 지정할 수 없게 될지 모른다.

지정기록의 지정은 대통령 권한이다. 제도 특성상 사전 견제나 통제 장치 도입이 어렵다. 따라서 지정기록이 과도하거나 잘못되었다면 온전히 최종적으로 권한을 행사한 대통령의 책임이다.

권한의 무게

2007년 「대통령기록물법」 제정 당시에는 대통령이 궐위되었을 때는 지정기록 지정을 누가, 어떻게 할지 규정하지 못했다. 이 입법 미비 사항이 박근혜 전 대통령이 탄핵으로 궐위되면서 바로 떠올랐다. 박근혜 전 대통령은 탄핵 인용으로 파면되었기 때문에 대통령으로서 지정기록 지정 권한을 행사할 수 없다. 그렇다면 지정기록을 누가 지정할지가 문제였다. 결국 황교안 대통령권한대행이 지정 권한을 행사했다. 이 일이 두고두고 논란이 되었다.

대통령이 탄핵으로 파면될 때 지정기록 지정 권한은 누가 행사하느냐는 문제는 방송 보도로 공식적으로 떠올랐다. "「대통령기록물법」에는 절차가 없으므로 누구도 지정 권한이 없다"라고 보도했다.[41] 국회 탄핵 의결이 2016년 12월 9일이었는데 그때까지 법리 검토 외에 특별한 대응이 없던 국가기록원과 대통령기록관이 보도 다음 날부터 발등에 불이 떨어진 듯이 움직였다. 대통령기록관은 보도 다음 날인 2017년 1월 12일 법제처를 방문해서 법령 해석 절차와 기

---

41 <대통령 탄핵 시 지정기록물 지정 가능한가>(jtbc 뉴스룸 팩트체크, 2017.01.11.)

간 등을 '법령해석총괄과 민원 창구'에 문의했다. 민원 창구의 답변은 "서로 대치되는 법리 다툼이 있어야 하고, 2~3개월이 소요된다"였다. 이에 대통령기록관은 공식적인 법령 해석 문의는 하지 않기로 했다. 대통령기록관은 바로 행정자치부 고문변호사 3인에게 '대통령 탄핵 인용 또는 기각 시 지정기록 지정권자 및 지정 범위, 전직 대통령기록 열람 권한'에 법률 자문을 요청했다. 자문 결과는 "지정 권한은 대통령에게 있고 대통령기록물법상 대통령은 권한대행, 당선인을 포함하므로 권한대행도 지정할 수 있으며 대통령기록 전체 지정이 가능하다"라는 내용이었다.

법조계는 의견이 엇갈렸다. 논의 초창기에는 대통령권한대행의 권한을 현상유지에 한정하느냐 변경이 가능하느냐는 오랜 쟁점인데, 지정기록 지정은 현상유지에 가까우므로 지정 권한 행사가 가능하다는 의견이 많았다.

대통령권한대행이 지정 권한을 행사하자 민변과 세월호 유족은 부당하다며 헌법소원을 제기하였다. 학계와 시민단체는 "지정 권한은 대통령이 행사한다고 명백히 규정되어 있으니 대통령이 탄핵된 경우 지정기록 지정 권한은 소멸하며, 권한대행이 그 권한을 행사하면 안 된다"라고 주장했다.

법률에 명확히 대통령이 지정한다고 규정되어 있는데 어떻게 권한대행이 지정했을까? 국가기록원이 「대통령기록물법」 제17조 지정기록 규정의 '대통령'과 제2조 1호 대통령기록 생산기관으로서 대통령권한대행과 당선인을 포함한 '대통령'이 같은 의미라는 행정자치부 자문변호사들의 자문을 받아들였기 때문이다. 즉, 법률에서 대통령기록 정의를 "대통령(대통령권한대행과 대통령 당선인 포함)의 직무수행과 관련하여... 기록물 및 물품을 말한다."라고 규정했으니 지정기록 지정 권한에도 권한대행과 당선인이 포함된다는 의견을 제시했다. 그러나 이것은 단지 입법 미비 사항일 뿐 대통령과 대통령권한대행이 같은 권한을 행사한다고 해석할 문제는 아니었다. 대통령기록 정의에서 대통령에 대통령권한대행과 당선인을 포함한 것은 대통령기록 범주를 정하기 위함이지 지정기록 지정 권한을 행사하는 주체에 포함하는 규정이 아니다.

탄핵이 인용되어 대통령이 파면된 후, 대통령기록관은 법제처에도 지정 권한 해석 여부를 문의했다. 법제처는 "공식 해석 절차가 진행되어야 가능하다"라는 답을 했다. 대통령기록관은 이때도 공식적인 문의가 아닌 '비공식 유선 문의'를 했다.

국가기록원은 2018년 12월 말에 발간한 『기록관리 성찰 백서』에서 "「대통령기록물법」에 대통령기록 범위를 지정권이 있는 것으로 판단한 것은 명백히 잘못이며, 입법 미비 사항이라는 현실적 문제를 타개해야 하는 단계에서 미숙함을 보인 것은 사실이나, 이후 헌법에 명시한 대통령권한대행의 우선 순위에 기초한 해석은 유고 시 지정권이 정해지지 않은 상황에서 불가피한 행정 판단이었다"라고 했다.[42] 즉, 입법 미비 사항을 잘못 해석했다고 인정하지만 대통령권한대행 지정권 행사는 불가피했다는 말이다.

그러면서도 지정기록의 지정권과 해제권을 헌법에 명시한 대통령권한대행 등의 권리가 아닌 제3자 또는 제3의 조직에 위임하는 방안은 합당하지 않으며, 지정기록 지정과 관련한 법령 개정을 추진한다면 대통령 권한 승계에 관한 헌법 규정의 예외를 법률에 규정할 수 없는 것 아니냐며 '항변'한다. 법률을 개정해도 대통령권한대행에게 지정 권한 등이 주어져야 하며, 그 외의 내용은 헌법 위반이라는 것이다.

국가기록원의 이런 입장은 매우 부적절하다. 우선 지정기록 제도 도입 취지와 의의, 관리 방법과 절차의 맥락을 모조리 배제하고 단지 행정절차일 뿐이라는 비전문적 입장을 '자랑스럽게' 드러내고 있다. 이런 입장과 태도라면 '대통

---

42 국가기록원, 『기록관리 성찰 백서』 (2018.12.31.) 54쪽.

령이 파면 등으로 궐위된 때에는 지정기록 지정 권한을 대통령기록관장이 행사한다'고 대통령기록관의 독립적·전문적 절차를 법률에 규정하는 것은 '적극적으로' 반대할 듯싶다. 지정기록 지정 권한이 대통령기록관장에게 일부라도 부여된다면 1g의 무게도 감당하지 않겠다는 자세로 보인다.

국가기록원과 대통령기록관은 "제18대 지정기록의 지정에 절차상 문제가 있긴 했지만, 사실 따지고 보면 하나도 문제가 없었다"라는 이해할 수 없는 논리를 아직도 공식 입장으로 유지한다. 기록관리 전문 기관이라고 믿을 수 없는 입장과 태도이다. 대통령기록관리의 난맥상이 여전한 데 가장 큰 책임은 국가기록원과 대통령기록관이라고 해도 틀린 말이 아니다.

이미 대통령권한대행이 지정 권한을 행사했고, 여기에 제기한 헌법소원은 각하되었으며, 대통령이 궐위된 때의 대통령 기록관리 규정을 추가해 법률을 개정했으니 일단락된 사안이라고 넘길 문제가 아니다. 대통령권한대행의 지정기록 지정 권한 행사는 법률 제정 취지 왜곡이며, 잘못 해석한 결과이기 때문에 반드시 짚고 넘어가야 한다.

왜 잘못인지 살펴보자. 첫째, 대통령기록을 보호하려면 생산한 주체가 지정 주체가 되어야 한다. 생산자가 아니면 지정하기 곤란한 기록도 있기 때문이다. 「대통령기록물법」에서는 ①국가안보와 관련한 비밀기록 ②국민 경제 안정 저해 우려 기록 ③정무직 공무원 인사기록 ④개인 및 관계인의 프라이버시 침해 우려 기록 ⑤대통령, 보좌기관, 자문기관 사이의 의사소통기록 중 공개 부적절 기록 ⑥정치적 혼란 발생 우려 기록 등 여섯 가지를 지정 대상으로 한정했다. 이 중에서 개인 및 관계인의 프라이버시 침해 우려 기록, 대통령과 보좌·자문기관 간의 의사소통 기록, 정치적 혼란 우려 기록 등 세 가지는 대통령의 정무적 판단이므로 대통령권한대행이 분류해서 지정할 수 없다.

둘째, 지정기록 지정은 해제까지 포함하는 포괄적인 권한이다. 법률을 개정하며 전직 대통령의 지정기록 해제를 명시적으로 규정했지만, 사실 개정 이전에도 권한이 있었다. 전직 대통령이 출판물 또는 언론매체를 통해 지정기록에 해당하는 내용을 공표했을 때에는 대통령기록관리전문위원회 심의를 거쳐 해당 지정기록을 공개할 수 있다. 이렇듯 전직 대통령에게 해제 권한이 있는데 전직 대통령권한대행은 지정기록에 접근도, 출판이나 언론매체를 통한 해제도 할 수 없다. 열람도 해제도 못 하는 권한 없는 자가 보호 대상 봉인을 결정하는 건 매우 부자연스럽다.

물론 「대통령기록물법」에 탄핵 등 궐위된 상태에서 지정기록을 어떻게, 누가 지정할지 규정이 없었고, 보호 조치 없이 대통령기록을 이관할 수는 없었다. 특별법을 마련하는 방안이 있었으나 신속하게 논의할 수가 없었다. 이런 입법 미비 상황에서 대통령권한대행이 지정기록 지정 권한을 행사한 것은 불가피한 일이었을 수도 있다. 민변, 녹색당, 세월호 유족 등이 제기한 헌법소원에 헌법재판소가 "지정기록 보호기간을 정한 행위는 국가 기관 사이의 행위인 공권력의 작용이어서 기본권 침해에 법적 관련성을 인정하기 어렵다"라며 낸 각하 결정도 이런 맥락에서 나온 판단이다.

또 파면된 대통령이 임명한 총리가 파면된 대통령의 기록을 봉인한 것이 온당치 않다는 주장도 충분히 경청할 만했다. 대통령권한대행이 지정기록 지정 권한을 행사한 일은 법률 취지와 맞지 않다. 그래서 대통령이 궐위된 때 대통령기록관리를 어떻게 할지 제도 보완 요구가 있었다. 2020년 「대통령기록물법」 개정 추진 초기에는 정상 궐위한 때에는 권한대행이, 그리고 파면 등의 상황으로 궐위한 때에는 대통령기록관장이 지정 권한을 행사하게 하자는 안을 제출했다. 이 안은 법제처 심사 단계에서 삭제됐다. 당시 대통령권한대행 지정 권한 행사를 두고 헌법소원이 제기되어 헌법재판소가 심리 중이어서 정부가 그에 해당하는 법률 개정을 추진할 수 없었다. 그래서 여전히 대통령이 궐위된 때 지정 기록 지정권자를 누구로 하느냐는 입법 미비가 해소되지 않았다.

또다시 대통령이 궐위되는 사태가 벌어진다면 대통령권한대행이 지정기록 지정 권한을 행사하게 된다. 입법 미비가 분명하므로 궐위된 때 지정 주체를 법률에 명확히 규정해야 한다. 앞에서 언급한 '정상적으로 궐위된 때에는 권한대행이, 파면 등으로 궐위된 때에는 대통령기록관장이 지정 권한을 행사하자는 안'은 권한대행이 지정 권한을 행사하는 것이 부적절하다는 지적을 극복하지 못한다. 대통령권한대행의 권한을 특별법인 「대통령기록물법」에 특정해서 규정하는 것이 가능한지도 검토해야 한다. 대통령기록관장이 지정 권한을 행사하는 것은 적절할까? 대통령기록관은 행정안전부 소속 기관인데, 대통령 파면이라는 특수한 권한 행사가 과연 적절할까?

미국은 "대통령 또는 전임 대통령이 사망하거나 직무를 수행할 수 없을 때는 이 법이 정하는 바에 따라 대통령 또는 전임 대통령에게 부여된 재량 또는 권한을 국가기록관리처장이 행사하여야 한다. 다만 대통령 또는 전임 대통령이 미리 처장에게 보낸 서면 통지에 달리 정한 경우에는 그러하지 아니한다."라고 정해놓았다[미국 대통령기록법(44 U.S.C. Chapter 22), 제2204조(d)항].

우리도 대통령이 궐위된 때에는 대통령기록관장에게 지정 권한을 부여할 수 있다. 그러나 이를 위해서는 대통령기록관이 독립기관이라는 전제가 있어야 한다. 대통령기록관리를 제대로 하기 위한 모든 전제는 대통령기록관의 독립성과 전문성이다. 이를 합의한 후에 제도적 대안을 마련하면 쉽게 답을 찾을 수 있다.

지정기록에 접근하는 사람들

① 국회

국회가 지정기록에 접근·열람한 때는 '쌀직불금' 문제가 쟁점이 된 2008년 11월이 최초이다. 당시 감사원의 쌀직불금 감사 결과 은폐 논란이 있었는데, 야당(당시 새누리당)이 지정기록 해제 요구안을 제출해 의결되었다. 지정기록 열람 조건이 재적의원 2/3의결이어서 상징적인 조치라고 생각한 일이 대통령 퇴임 1년도 안 된 시점에 일어났다.

국회에 지정기록 해제 요구안이 제출되었을 때 노무현 전 대통령은 "국회 의결로 전직 대통령 기록을 들여다보는 (나쁜)선례를 남기는 것은 바람직하지 않다"며 필요하다면 본인이 직접 지정기록을 해제하겠다고 했다. 그러나 야당은 전직 대통령은 지정기록 해제 권한이 없다며 제안을 거부했다.

제정 「대통령기록물법」은 전직 대통령의 지정기록 해제 권한을 법문으로 명문화해놓지는 않았다. 하지만 전직 대통령이 지정기록을 열람하고 이를 언론 등에 공개하면 보호조치 해제 절차를 밟게 되므로 그것을 지정기록 해제 권한이라고 봐야 한다.

결국 노무현 전 대통령의 해제 제안은 받아들여지지 않았고, 2008년 12월 2일 국회는 '쌀 소득보전 직불금 관련 각종 회의록과 보고서 자료 제출 요구안'을 의결했다. 이에 노무현 전 대통령 측은 국회 의결이 대통령기록문화의 싹을 자르는 결과가 될 것이라며 우려를 표했다.

국회가 의결하여 지정기록에 접근했지만 진상을 확인할 만한 기록을 확보하지 못했다. 당시 쌀직불금 문제는 다분히 정치 쟁점이었기에 지정기록 접근 요구를 예상할 수 있었다. 정치와 분리할 수 없는 것이 대통령기록의 숙명이기에 어쩌면 당연한 현상이다. 그럼에도 불구하고 지정기록 접근은 신중했어야 한다. 더욱이 전직 대통령이 법률이 보장한 절차에 따라 해제하겠다고 천명했음에도 불구하고 의결한 것은 매우 아쉬웠다.

'10·4 남북정상회담 회의록 사건' 당시 회의록 원본을 확인하자며 여야가 합의하여 의결한 일이 두 번째 지정기록 접근이다. 이때 국회는 대통령기록관에 보존 중인 노무현 전 대통령 기록에서 정상회담 전후 부속 자료 말고는 회의록을 발견하지 못했다. 이 사건은 '사초 실종' 사건으로 비화하여 검찰 수사로 연결되었다.

국회의 지정기록 접근·열람은 정치적 대립이 상존하는 한국 현실에서는 어쩔 수 없는 일이다. 대통령기록관리제도를 도입하던 시점에서는 생각하지 못한 점이다. 당시는 오직 대통령기록을 더 많이 남겨 관리할 조건을 만드는 데 집중해서 시행 중 드러날 문제를 충분히 고려하지 못했다.

국회의 지정기록 접근과 관련하여 몇 가지 쟁점이 있다. 첫째는 국회의 접근 조건이 너무 과잉 아니냐는 것이다. 재적의원 2/3 찬성 의결이 과도하니 3/5 정도로 조건을 낮추자는 제안도 있다. 조건을 완화하려면 국회가 나서서 법률을 개정해야 한다. 현직 대통령이나 정부가 지정기록에 접근하도록 하자는 개정안을 제출한 적은 있지만, 재적의원 2/3 접근 조건을 개정하자는 안을 제출한 적은 없다. 지금도 국회는 지정기록 접근 조건 완화를 공식 추진하지 않는다. 국회가 과반 의석만 확보하면 법률 개정으로 까다로운 접근 조건을 완화할 수 있음에도 해당 조항 개정을 적극적으로 추진하지 않는 아이러니한 상황이다.

국회의 지정기록 접근과 관련해서 해결해야 할 또 다른 문제는 제작, 열람한 사본을 어떻게 관리하느냐는 점이다. 앞에서 말했듯이 국회는 지정기록에 두 번 접근했고 그때마다 사본을 제작했는데, 쌀직불금 관련 기록 사본은 국회기록보존소 서고에 영구보존기록으로 분류하여 보존하고, 10·4 남북정상회담 부속 자료는 당시 국회운영위원장이 소위원회 회의실 금고에 보관하다가 사본 제작 7개월 뒤인 2014년 1월 대통령기록관에 환부했다. 사본을 제작하고 서고도 아닌 금고에 보관하다가 상임위원장이 임의로 환부한 것도 문제지만, 사본이 국회기록보존소 서고에 있는 것도 문제다.

지정기록 열람을 위한 사본 제작 후 어떻게 처분할지는 입법 미비 사항이었기 때문에 2020년 12월 법률을 개정할 때 관련 내용을 반영하였다. 개정 법률에서는 지정기록의 "사본을 제작하거나 자료를 제출받은 자는... 목적을 달성한 후에는 지체 없이 이를 대통령기록관의 장에게 반납하고, 대통령기록관의 장은 돌려받은 사본 또는 자료를 즉시 폐기하여야 한다."라고 규정했다. 그러나 소급해서 적용할 수는 없어서 지금 국회기록보존소에 보존하는 쌀직불금 관련 대통령기록 사본은 환부하지 못했다.

② 검찰

검찰은 고등법원장의 압수수색 영장을 발부받으면 지정기록에 접근하여 열람할 수 있다. 이에 따라 2023년 5월 현재 검찰은 횟수로 총 23회 대통령기록관을 압수수색했다. 이 중 윤석열 정부 출범 이후는 11회이고, 193일 동안 진행했다. 2023년 5월 현재까지 검찰의 압수수색 현황은 다음과 같다.[43]

검찰의 대통령기록관 압수수색 현황

연번	열람기간	대상	관련 사건
1	08.08.10.	노무현 대통령	e지원 대통령기록 유출
2	13.08.16.~11.04.	노무현 대통령	남북정상회담 회의록 폐기 의혹

---

43 <윤석열 정부 1년, 대통령기록관 압수수색 역대급>(시사인 818호, 2023.05.22.)

3	17.12.08.~12.14.	박근혜 대통령	세월호 침몰 관련
4	18.03.12.	이명박 대통령	영포빌딩 대통령기록 유출
5	18.07.16.~10.23. 18.11.01.~11.08.	이명박 대통령	기무사 댓글 관련
6	18.10.01.~10.08	박근혜 대통령	계엄령 관련
7	18.12.28.	이명박 대통령	국군 사이버사령부 정치개입 관련
8	19.04.15.~05.27.	박근혜 대통령	김oo 전 차관 인사 직권 남용
9	19.11.26.~12.03.	이명박 대통령	국가정보원 국고 손실
10	20.04.07.~06.05.	박근혜 대통령	세월호 특조위 업무 방해 및 유가족 사찰
11	21.06.28.~06.29.	박근혜 대통령	세월호 침몰 관련
12	22.08.19.~23.02.01.	문재인 대통령	월성원전 조기 폐쇄 의혹
13	22.08.19.~08.22. 22.08.26.	문재인 대통령	탈북 어민 강제 북송 의혹
14	22.09.01.~09.13. 22.09.19.~09.20. 22.09.27. 22.10.04. 22.10.31. 22.11.24. 22.12.08. 22.12.19.	문재인 대통령	서해 공무원 피격 사건 관련

'제16대 대통령기록 유출 논란' 수사 때 검찰이 처음으로 지정기록에 접근했다. 당시 검찰의 지정기록 접근·열람이 처음이어서 사건과 상관없는 내용까지 무차별 접근 하거나 열람해 내용 유출에 우려가 많았다. 당시 이관한 노무현 정부 대통령기록과 봉하마을 기록의 동일성 여부 확인이 목적이었는데, 꼭 지정기록에 접근할 필요가 있냐는 의문이 제기되기도 했다. 기록 파일 고유식

별번호와 파일 용량을 서로 확인하면 됐기 때문이다. 만약 당시 검찰이 지정기록 제도 도입 취지에 공감하여 신중하게 판단하고 행동했다면 그 이후 접근·열람에도 영향을 줬을 것이다. 그러나 검찰은 그런 고려를 하지 않았고, 임기 종료 6개월 만에 법률 제정 취지를 훼손하는 일이 벌어졌다.

문재인 정부 들어 검찰은 이명박·박근혜 정부 대통령기록을 수차례 압수수색했다. 당시 국민적 관심이 높은 사건이어서 수사로 진상규명할 필요가 있었다 해도 지정기록 접근은 신중했어야 한다. 윤석열 정부가 들어선 이후에도 검찰은 여전히 지정기록에 접근을 시도했다. 오히려 더 광범해서 사실상 대통령기록관에 상주하는 것 아니냐는 지적도 있었다.

지금까지 검찰의 지정기록 접근·열람으로 현재의 대통령기록 보호 제도 운용에 대한 문제가 드러났다. 대통령기록 보호 제도가 실효성을 잃었다는 게 가장 심각한 문제다. 검찰이 수시로 접근해서 열람한다면 제도 도입 취지인 기록 생산과 온전한 이관이 이루어지기 어렵다. 검찰이 대통령기록관에 상주하다시피 해서 들여다보는데 누가 기록을 남기겠는가. 또 검찰의 지정기록 접근 조건이 국회에 비해 너무 쉽다. 국회는 재적의원 2/3가 의결해야 가능한데, 검찰은 고등법원장 영장을 발부받으면 언제든지 가능하다. 이것은 법률의 비례 원칙 위배이다.

검찰 접근·열람에 비해 전직 대통령의 열람은 매우 어렵거나 불편하다는 점도 문제다. 전직 대통령은 지정기록과 비밀기록은 온라인 열람이 불가능하고, 열람하려면 세종시 대통령기록관에 직접 가거나 다른 영구기록관리기관에 마련된 열람 시설에 가야 하는 불편함을 감수해야 한다. 다른 영구기록관리기관에 마련된 시설로도 갈 수 있도록 한 것이 그나마 진전된 것이다. 「대통령기록물법」 제정 취지가 전직 대통령의 열람권을 보장하기 위한 것이기도 한데, 그 열람권은 검찰만 누리는 게 아니냐며 대통령기록관이 검찰의 자료보관소냐는 말이 나오기도 한다.

법원 영장이 포괄적이라는 문제도 있다. 필자가 영장을 직접 확인한 바 없지만 검찰 영장 청구를 고등법원장이 엄밀하게 판단하지는 않는 것 같다. e지원 시스템 유출 논란 당시 검찰이 최초로 지정기록에 접근할 때, 제목만 보겠다고 했지만 지정된 기록 37만 건 전체에 아무런 제약없이 접근해서 열람했다.

검찰이 압수수색을 할 때 열람 절차는 영장 제시 → 열람 범위와 방법 협의 → 목록 확인 및 열람 대상 선정 → 열람 → 반출 대상 선정 및 사본 제작 요청 → 사본 기록 인계인수 → 사본 기록 환부 등의 절차로 진행한다. 이 절차가 나름대로 지정기록 접근·열람을 최대한 자제한 최소한의 접근으로 보인다. 그러나 검찰은 이 과정에서 원하는 정보를 얻지 못하면 영장을 다시 발부받아서라도 접근 범위를 확장하고, 결국 사건과 관련없는 기록을 열람할 우려가 여전하다. 따라서 고등법원장이 압수수색 범위를 엄밀하게 한다고 해도 검찰이 지정기록에 포괄적으로 접근하는 일을 근원적으로 막을 수는 없다.

그런데 검찰이 지정기록에 접근·열람해 영장에 제시된 사건의 실체를 확인할 중요한 증거를 확보한 사실은 없다. 지난 정부 때 검찰이 확보해서 법원에서 증거로 인정한 것은 문재인 정부 초기 청와대 캐비닛에서 발견된 기록이거나, 영포빌딩으로 무단 유출한 것들이지 지정기록으로 지정해 대통령기록관에 이관한 기록은 아니었다. 이런 사정이니 검찰의 지정기록 접근·열람에 다른 의도가 있지 않느냐는 의심을 받기도 한다.

그렇다면 검찰의 지정기록 접근을 통제하는 방법은 없을까? 우리 정치·사법 상황으로 볼 때 검찰의 접근을 원천적으로 막을 수는 없지만 일정한 제한을 검토해 볼 수는 있다. 근본적으로는 지정기록 접근·열람 조건을 다시 정해야 한다. 오직 대통령기록으로만 사건의 진상을 밝힐 수 있음을 확인했을 때만 접근·열람할 수 있도록 해야 한다. 그것을 확인하는 주체는 대통령기록관장이 되어야 한다. 대통령기록관이 독립 기관이어야 가능한 일이다. 지금처럼 행정안전부 소속 기관이면 불가능하다. 대통령기록관장이 독립적이고 전문적인 결정을 내렸을 때 불이익받지 않을 것을 보장해야 가능하다. 지금은 현실적으로 불가능한 대안이다.

현재로는 검찰 접근을 국회가 통제하는 방식을 고려해볼 수 있다. 국회 동의를 전제로 법원 영장을 발부하는 조건을 만들자는 말이다. 예컨대 검찰의 지정기록 접근을 국회의원의 체포동의안과 동일한 수준으로 고민해볼 수 있다. 「국회법」에는 "의원을 체포하거나 구금하기 위하여 국회의 동의를 받으려고 할 때에 관할법원의 판사는 영장을 발부하기 전에 체포동의 요구서를 정부에 제출하여야 하며, 정부는 이를 수리(受理)한 후 지체 없이 그 사본을 첨부하여 국회에 체포 동의를 요청하여야 한다."라고 규정한다(제26조 제1항). 이것을 준용하여 검찰 접근을 법문으로 만든다면, "검찰이 수사상 필요에 의해 지정기록을 접근·열람·복사하기 위해 국회의 동의를 받으려고 할 때에는 관할 고등법원의 판사는 영장을 발부하기 전에 접근·열람·복사 요구서를 정부에 제출하여야 하며, 정부는 이를 수리(受理)한 후 지체 없이 그 사본을 첨부하여 국회에 접근·열람·복사 동의를 요청하여야 한다"라는 정도로 할 수 있다. 국회가 재적의원 2/3 접근 조건인 만큼 검찰도 이 정도 수준에 접근하는 비례성을 갖추자는 의미이다. 법률을 개정하는 문제이므로 국회가 나서야 한다.

③ 대통령기록관

서해 공무원 피살 사건[44] 유족이 사건 관련 사안 정보공개청구를 했을 때 대통령기록관은 정보부존재 결정을 했다. 정보부존재는 청구받은 정보가 존재하지 않을 때 하는 처분이다. 정보란 '보유하고 있는 모든 정보'를 말하기 때문에 대통령기록관은 정보를 보유하고 있는지 확인해야 하고, 없다면 정보부존재 결정 통지를 해야 한다. 그런데 이 사건에서 대통령기록관은 지정기록에 접근·열람할 권한이 없어 정보 유무를 판단할 수 없으므로 정보부존재 결정을 했다고 한다. 정보 보유 여부를 확인하지도 않고 한 정보부존재 결정 통지도 어이없지만, 지정기록에 접근할 수 없다는 말은 사실상 직무유기이다. 지정기록 관리를 위한 대통령기록관의 직무상 접근에 대한 심각한 몰이해이기 때문이다.

법률에 의하면 "대통령기록관 직원이 기록관리 업무수행상 필요에 따라 대통령기록관장의 사전 승인을 받은 경우(제17조 제4항 제3호)"에는 지정기록에 접근·열람할 수 있다. 「대통령기록물법시행령」에는 대통령기록관 직원이 열람하는 기록관리 업무를 나열해놓았다. △전자적 관리 업무 △이관 업무 △보안 및 재난 대책 수립·시행 △지정기록 보호기간 만료에 따른 보호조치 해제 업무 △지정기록 열람 △사본 제공 및 자료제출에 관한 업무 △전직 대통령 대리인의 열람 편의 제공 업무 △전직 대통령의 지정 해제 요구에 따른 보호조치 해제 업무 △지정기록 보존매체 상태 검사나 복원 또는 보존매체 수록 업무 △정수 점검 등이 대통령기록관의 지정기록 관리 업무이다.

대통령기록관 직원의 대통령기록관 열람 사항을 제한적으로 정한 이 시행령은 법률에 부합하지도 않고, 입법 취지에 맞지도 않다. 법률에서는 기록관리를

---

44 2020년 9월 22일 밤에 서해 소연평도 인근 해역에서 어업지도 활동을 하던 해양수산부 어업관리단 소속 전라남도 목포시 공무원 이모 씨가 연평도 인근 해역에서 실종되어, 실종 지점에서 북서쪽으로 38km 떨어진 북방한계선 이북 북한 황해남도 강령군 등산곶 해안에서 조선인민군의 총격에 숨진 사건이다. 당시 문재인 정부는 이 씨가 월북을 시도했다고 판단했으나, 윤석열 정부가 들어선 이후 전임 정부가 사건을 왜곡했다며 수사를 진행 중이다.

위해 필요하면 지정기록에 접근하도록 했는데 시행령으로 일부 업무로 한정지었다. 애초에 대통령기록관장 책임 아래 지정기록관리를 하면 되는데 그러지 않은 이유는 지정기록 기밀성에 대한 몰이해와 민감한 업무를 회피하고자 하는 심리가 버무려진 결과이다.

　대통령기록관에서 지정기록에 접근하여 어떤 내용이 그것에 해당하는지 모른다면 법률에서 정한 업무를 수행할 수 없는 경우가 있다. 예를 들어 전직 대통령이 지정기록 해제를 요청할 때 대통령기록관은 보존 중인 기록이 지정기록인지 아닌지 알고 있어야 요청에 응할 수 있다.

　제정 법률에서는 전직 대통령 또는 대리인이 대통령기록을 열람한 내용 중 비밀이 아닌 내용을 출판물 또는 언론매체 등에 공표함으로써 사실상 보호의 필요가 없어진 경우 대통령기록관리전문위원회 심의를 거쳐 지정을 해제할 수 있게 하였다. 2020년 12월 개정한 현행 법률은 전직 대통령 사후에 지정한 열람대리인이 열람한 후 언론 등에 공표했을 때도 위와 같은 해제 절차를 거치도록 하고 있다. 그런데 이 해제 절차는 전직 대통령 측에서 열람한 사항이 지정기록인지 여부를 어떻게 아느냐는 문제가 있다. 만약 대통령기록관에서 어떤 내용이 지정기록에 해당하는지 모른다면 해제 대상인지도 인식하지 못하고, 해제 절차에 돌입할 수도 없다. 대통령기록관에서 지정기록에 접근해야 이 절차를 실행할 수 있다. 이렇듯 법률은 대통령기록관 직원이 해제 이전에 지정기록에 접근하여 관리 행위를 한다는 전제를 두고 있다.

　2023년 2월 25일 대통령기록관은 노무현 전 대통령이 퇴임하면서 15년 동안 보호하기로 정한 지정기록을 해제했다. 그러면서 "대통령기록관 직원은 관장 승인을 얻어 상태 검사, 정수 점검 등 최소한의 업무수행만 가능하다"라며 이제 해제했으니 목록도 만들고 공개 여부도 재검토하겠다고 발표했다. 그동안 대통령기록관이 지정기록 관리를 전혀 하지 않았음을 증명하는 말이다. 대통령기록관은 지정기록 접근이 매우 한정되어서 목록을 만들지도, 공개 여부를 분류하지도 못했다고 한다. 그러나 이것은 법률 취지에도 맞지 않을 뿐더러, 한정적으로 나열한 대통령기록관 직원의 지정기록 관리를 위한 최소한의 접근마저도 시행하지 않았음을 말한다.

지정기록을 해제할 때 노무현 전 대통령이 지정한 8만 4천여 건을 보호조치에서 해제한다고 했는데, 애초에 안내한 수량과 큰 차이가 있다. 대통령기록관은 2023년 2월에 15만 4천여 건의 노무현 전 대통령 지정기록이 해제된다고 밝혀왔다. 그런데 8만 4천여 건이라니. 수량 차이가 무려 7만여 건이다. 또 지정기록을 해제하면 목록을 공개해야 하는데 대통령기록관은 목록을 공개하지도 못했다. 목록을 공개하려면 제목에 드러나는 비밀·비공개 사항을 비실명처리(일부 내용 지우기)해야 하는데 그를 위해 시간이 필요해 인력을 보충해 2023년 연말에나 가능하다는 것이다. 목록을 만들지 않았다는 것은 시행령에서 정한 전자적 관리마저 하지 않았다는 것을 말한다. 대통령기록관은 법률에 정한 내용을 시행령으로 취지에 어긋나게 제한해놓고 그마저도 하지 않은 심각한 직무유기를 저질렀다.

더욱이 대통령기록관장의 지정기록 접근에 대한 지시를 위법부당한 업무지시라며 고발하고, 행정안전부는 어이없게 이를 인용하여 직위해제라는 중징계를 내렸다. 대통령기록관리제도에 대한 무지와 몰이해가 낳은 어처구니없는 '사태'이다.

세월호와 지정기록

세월호 참사 진상규명 요구가 아직도 계속되고 있다. 참사 원인을 밝히기 위한 특별위원회 활동과 검찰 수사가 있었지만 그날의 진실이 온전히 드러나지는 않았다고 말하는 사람이 많다. 세월호 참사의 진실을 밝히기 위해서는 반드시 지정기록 열람과 공개가 이루어져야 한다는 주장이 계속됐다. 참사 당일 청와대에서 어떻게 대응했고, 대통령은 그 시간에 무엇을 했는지 관련 지정기록을 공개해 밝히라는 것이다.

2014년 7월, 국회가 세월호 참사 당일 대통령에게 보고한 자료 제출을 요구하자 당시 대통령비서실장 김기춘이 "지정기록으로 관리될 것이 명백해서 제출 요구에 응하기 어렵다"라고 말했다. 또 김영한 전 민정수석의 비망록에도 김기춘 비서실장이 세월호 참사와 관련해 대통령 기록을 비공개로 하기 위한 법률 검토를 지시하는 내용이 있다.

이런 정황은 세월호 참사와 관련한 중요 기록이 지정기록으로 '봉인'되었다는 생각을 갖게 했다. 진상규명을 요구하는 유가족과 시민단체 등이 지속적으로 지정기록 열람과 공개를 주장했고, 국회에서도 국회의원 141명이 '세월호 참사 진상규명을 위한 대통령기록물 자료제출요구안'을 발의하였으나 지정기록 접근 조건인 재적의원수 2/3를 확보하지 못했다.

세월호 참사 진상 규명과 지정기록은 어떤 연관이 있을까? 과연 지정기록 중 참사 진상을 밝힐 결정적인 기록이 있을까? 지금까지 상황으로 볼 때는 그렇지 않은 것 같다. 지금까지 세월호 참사와 관련해서 아홉 번 조사를 했다. 세월호특별조사위원회, 세월호선체조사위원회, 사회적참사특별조사위원회(이하 '사참위') 등 특별위원회가 활동했고, 감사원 감사도 세 번 있었으며, 검찰도 여러 차례 조사를 했다.

사참위는 지정기록을 제외한 대통령기록을 열람했다. 문재인 정부는 2017년 8월 10일, 이전 정부 청와대 제2부속실에서 사용한 전산공유파일을 발견해서 이를 대통령기록관으로 이관했는데, 이 파일에서 참사 당일 아침 위기관리센터가 청와대 직원 153명에게 보낸 동보문자메시지를 발견했다.[45] 이 메시지로 보아 세월호 참사 당일 청와대가 사건을 인지한 시점이 기존 주장인 오전 9시 19분보다 10분 이상 더 빨랐을 것이라고 주장했다. 사참위는 "박근혜 정부 청와대의 세월호 참사 최초 인지 시각을 파악하기 위해 특조위 3개 팀 6~7명이 6개월간 대통령기록관에 출퇴근하다시피 해서 해당 문자메시지를 찾았다"라며 지정기록으로 지정된 당시 청와대 통화기록이나 문자메시지 기록 등을 공개하라고 주장했다.

사참위는 지정기록에 진상 파악을 위한 더 많은 기록이 있다고 짐작하는 듯하다. 그러나 지정기록을 포함한 대통령기록에 통화기록이나 문자메시지는 없다. 이들은 대통령기록이 아니기 때문이다. 애초에 대통령기록이 아닌 기록을 이관했을 가능성은 없다. 사참위는 검찰 수사는 범법행위 여부만 보지만 진상규명을 위해서는 참사 당일의 전반적인 기록을 봐야 한다고 주장했다. 진상규명을 위해 총체적 관점이 필요한 것은 사실이지만 이 주장은 자칫하면 참사 이후 지정기록 전부를 보겠다는 말이 될 수도 있다. 사참위는 또 조사를 위해 위원회가 지정기록에 접근할 수 있도록 법령을 개정해야 한다고 주장하기도 했다. 그러나 이것은 지정기록 접근 조건을 완화하는 시발점이 되는데다 제도 취지를 무너지게 하는 무리한 주장이다.

한편, 검찰과 세월호 특별조사단은 세 차례 대통령기록관을 압수수색해 지

---

45 <"세월호 진실 규명, 시간 없다"…박근혜靑 기록물 풀릴까>(뉴시스, 2020.05.14.)

정기록에 접근했다. 그러나 참사 진상을 규명할 기록을 발견하지는 못했다. 당시 전임 정부에 대한 국정농단을 수사 중이어서 세 차례 모두 검찰이 기록의 소재를 의도적으로 숨길 가능성도 크지 않다. 따라서 지정기록에는 참사 진실 규명을 위한 의미 있는 기록은 없다고 봐야 한다. 정말 안타까운 일이다.

지정의 효력은 임기 끝난 뒤부터

대통령비서실 등 대통령기록을 생산하는 기관에 국회가 자료 제출을 요구하거나 국민이 정보공개청구를 하면 드물지 않게 받는 답변이 '지정기록으로 관리될 것이므로 공개할 수 없다'는 말이다.

2014년 국정감사 당시 국회가 세월호 참사 관련 자료 제출을 요구하자 대통령비서실은 지정기록으로 관리될 것이므로 제출할 수 없다고 했다. 당시 법제처장은 "대통령 임기가 끝나기 전에 공개해버리면 지정기록으로 지정하는 실익이 없기 때문에 재임 중에도 보호해야 한다"라고 말했다. 미래에 지정기록이 될 가능성에 대비해 이에 준해 취급해야 한다는 것이었다.

또 해양수산부 공무원 피살 사건 정보공개청구에 대해 국가안보실은 "대통령기록은 국가안전보장, 국민 경제 등 여러 측면에서 민감한 정보를 담고 있다"라며 "향후 지정기록으로 지정할 예정인 정보도 보호할 필요가 있다"라고 주장했다. 청와대 의전 비용과 관련한 정보공개청구 때도 같은 답변을 했다.

이런 입장과 답변은 대통령기록관리제도는 물론 지정기록 제도 도입 취지와도 다르다. 지정기록 기산일(효력을 시작하는 날)은 '대통령 임기가 끝나는 날의 다음 날'이다(제9조 제3항). 다만 대통령기록 생산기관의 장이 대통령기록을 관할 기록관으로 이관할 때에 지정기록 지정 여부 및 보호기간 지정에 대한 의견을 첨부하도록 함으로써 재임 중 지정 대상을 미리 분류하여 관리할 수 있도록 했다. 그러나 이것은 관리를 위한 조치이지 지정은 아니다. 지정 효력은 임기 만료 다음 날부터 이기 때문이다.

지정기록 제도 도입 취지를 되짚어보면 이 내용을 이해할 수 있다. 지정기록은 기록으로 인한 정치적 불이익을 받지 않도록 하고 국회의 자료 제출 요구를 일정한 기간 동안 회피할 수 있도록 한 것이 핵심이다. 「국회법」과 「국회증언감정법」에 따르면 국회의 자료 제출 요구 회피는 군사·외교·대북 관계 국가 기밀에 관한 사항에 한정되고, 그것도 주무부장관이 5일 이내에 소명할 때만 가능하다. 그러나 대통령실 등은 임기가 종료하고 정권이 교체되면 사실상 폐기되는 기관이므로 소명마저도 할 수 없다. 재임 중에는 국회의 자료 제출 요구에 버티거나 일부만 제출하는 것으로 협의가 가능하지만 임기 종료 후에는 어떠한 대응도 할 수 없다. 그러나 재임 중 이라면 소명할 수도 있고, 제출하지 않거나 최소한만 제출하는 것이 가능하고, 기록으로 정치적 불이익을 받을 가능성도 크지 않다. 따라서 보호 조치는 임기 종료 뒤부터 필요하다는 취지이다.

청와대 의전 비용 공개 문제에 대해 법원도 "향후 지정기록으로 지정될 예정이라거나 그럴 가능성이 있다는 사정만으로 비공개대상정보라고 보기 어렵다"라며 청와대의 의전 비용 관련 예산과 지출, 특활비 운영 지침이 비공개대상이라는 주장을 받아들이지 않았다.

지정기록 대상이 될 예정이라고 비공개 처리하는 것은 심각한 알 권리 침해이다. 「정보공개법」은 비공개대상을 한정적으로 정해놓았다. 법률에서 정한 이유가 아니면 비공개 결정을 할 수 없다. 지정기록은 '법률이나 법률에서 위임한 명령에서 비공개로 정할 수 있도록 한 것'에 해당한다(제9조 제1항 제1호). 사실 지정기록보다 정보공개법상 비공개대상정보가 더 포괄적이어서 비공개 결정을 해도 되는 것을 굳이 효력 발생 전에 지정기록을 이유로 비공개할 필요는 없다.

지정기록 기산일을 임기 종료 다음 날로 획일화하지 말고 다양하게 정하자는 의견이 있다. 기록 생산을 완료한 시점에 각각의 기록 건별로 정하자는 주장이 대표적이다. 이 경우 발생할 문제를 짚어보자. 먼저 인수위원회나 임기 초에 지정한 기록은 퇴임 후 10여 년이 지나면 바로 보호 조치가 해제된다. 10년과 15년은 매우 큰 차이다. 또 지정기록 대상을 더 철저하고 민감하게 분류하고 관리해야 한다. 기존 분류가 관리를 위한 임시 조치에 그쳤다면 지정이 확정된 경우에는 더 명확한 분류가 필요하다. 문제는 담당자들은 본인이 생산한 기록은 일단 지정으로 분류할 가능성이 크다는 점이다. 재임 중에 접근 권한 관리를 더 철저히 해야 하고, 업무상 공유나 활용도 제한해야 한다. 어쩌면 기록 생산 시스템을 모두 뜯어고쳐야 할 수도 있다. 기록마다 보호 효력 발생 시기가 다르면 해제하는 시점도 달라진다. 그렇게 되면 기록 하나하나 보호기간 경과를 점검해야 하고 그럴 때마다 대통령기록관리전문위원회 심의를 해야 하니 지정기록 관리 효율성이 극단적으로 저하된다. 지정기록 효력 발생을 기록 생산 완료 시점으로 정하면 이런 여러 문제가 있어 신중하게 검토해야 한다.

지정 해제

2008년 쌀직불금 문제가 정치 쟁점이 되어 지정기록 접근·열람을 논의할 때 노무현 전 대통령은 본인이 직접 지정기록을 해제하겠다는 의사를 밝혔다. 이에 여당에서는 전직 대통령은 지정기록 해제 권한이 없다며 노무현 전 대통령 제안을 일축했다. 당시 「대통령기록물법」에서 명시적으로 전직 대통령에게 해제 권한을 부여하지는 않았다. 그러나 전직 대통령이 언론 인터뷰나 출판 등으로 지정기록 내용을 밝혔을 때 대통령기록관리전문위원회에서 이를 해제할 수 있도록 한 것이 사실상 전직 대통령에게 해제 권한을 부여한 것이라고 볼 수 있다. 전직 대통령은 언제든 지정기록에 접근·열람이 가능하며 비밀이 아니면 언론·출판을 통해 밝히는 것이 전혀 문제가 되지 않기 때문이다.

현재의 「대통령기록물법」은 "전직 대통령이 대통령기록관장에게 지정기록 지정 해제를 요구할 수 있고, 대통령기록관리전문위원회 심의를 거쳐 보호기간 지정을 해제할 수 있다"라고 전직 대통령에 의한 지정기록 해제를 명확히 했다(제18조의2).

전직 대통령에게 지정기록 해제 권한을 주는 것은 알 권리를 위한 적극적인 조치이다. 지정기록은 최장 15년(개인 기록은 30년) 이내에서 보호기간을 선택할 수 있지만 대부분 가장 긴 시간을 보호하도록 지정한다. 따라서 15년이 경과해야 지정기록이 해제되고 그때까지 접근·열람이 제한된다. 그러나 전직 대통령에게 해제 권한이 있으므로 언제든 접근·열람하여 보호 실익이 없는 기록은 해제를 요청할 수 있다. 이때 보호가 과도하거나 잘못 지정된 기록을 바로잡을 수 있다.

대통령기록관이 적극적인 역할을 해서 해제에 직접 영향을 주는 업무를 할 수도 있다. 미국은 대통령 임기 종료 직후 임시 서고에 보존된 기록을 분류하는데, 이때 접근 제한 기록을 검토한다. 이관 후 5년 동안 이관 기록을 정리하는 단계에서 대통령기록관의 아키비스트가 지정기록에 접근하여 보호 대상에 해당하지 않은 기록을 지정 해제하도록 권고하고, 전직 대통령은 대부분 이를 받아들인다.[46] 미국은 개별 대통령기록관의 아키비스트가 독립적·전문적 업무를 수행하고 이를 존중하는 기록문화를 정착하였다.

그러나 우리는 제도든 실무든 이런 방식의 해제 절차가 없다. 대통령기록관 직원이 지정기록에 직무상 접근할 수 있지만, 분류·재검토해서 전직 대통령에게 해제를 권고하는 절차는 없다. 이런 이유로 대통령기록관은 지정기록 해제에 회피로 일관하고 있다. 대통령기록관은 기록으로 인한 정치적 혼란을 피하기를 바라고, 어떤 변수도 고려하지 않겠다는 입장으로 보인다.

만약 대통령기록관이 기록의 적극적인 활용과 서비스를 중심으로 일한다면 현행 법령을 개정해 지정기록 재분류에 적극적인 역할을 부여받도록 하겠지만 그럴 생각은 없는 듯하다. 오히려 대통령기록관이 지정기록 재분류나 해제에 개입할 여지가 생길까봐 노심초사하는 것처럼 보인다.

지금은 전직 대통령이 나서서 해제하지 않는 한 보호기간이 경과한 뒤에야 지정기록이 해제된다. 대통령기록관이 적극적으로 해제 절차에 개입하지 않는다고 해도 보호기간 경과 기록 해제는 정교하게 설계해야 한다. 지정이 해제된 다음에야 목록을 작성하는 상황을 다시 반복해서는 안 된다.

대통령기록관이 현재 상태에서 해야 할 최소한의 지정기록 관리는 무엇일까? 먼저, 해제 대상 기록 관리를 빠짐없이 수행해야 한다. 15년 동안 보호하는 기록이라고 해서 관리 제반 절차를 수행하지 않을 이유가 없다. 특히 지정기록 해제 후 즉시 공개할 대상을 넓히도록 미리 분류하는 업무를 반드시 수행해야 한다.

지정기록 해제가 바로 공개를 의미하지는 않는다. 보호기간이 경과했어도 정보공개법상 비공개대상정보가 될 수 있으며, 여전히 비밀일 수도 있다. 따라서

---

46 전주대학교 산업협력단,『디지털 기반의 대통령기록관리 혁신 및 관리체계 구축』(대통령기록관, 2018.) 47쪽.

대통령기록관에서는 지정기록 해제 후 공개할 것과 비공개할 것을 미래 분류 해놓아야 한다. 해제된 이후에 분류하면 기록 서비스 부실로 이어질 수 있다. 지정기록이라도 미리 접근하여 기본적인 기록관리 업무를 수행해야 한다.

　다음으로 지정기록 분석에 심혈을 기울여야 한다. 지정 해제된 기록을 통해 지정기록 유형과 내용을 파악해야 한다. 그리하여 지정기록 기준을 새로 만든 다거나 구체적 적용 사례를 모아 지정 여부 합리성을 따져야 한다. 그렇게 함으 로써 과오 지정 가능성을 조금이라도 줄여야 한다. 대통령기록관이 지정기록 업무를 회피한다는 인식 극복이 시급하다.

제3장
기록을 둘러싼 사건들

제1절 대통령기록 유출 논란의 전말

논란의 발단

2008년의 노무현 정부 대통령기록 유출 논란은 대통령기록과 관련한 정치적 논란이 빚어질 때마다 소환된다. 대통령기록을 둘러싼 모든 공방의 '숙주'처럼 인식되고 있다. 2017년 '국가기록관리혁신T/F'가 '청와대가 개입하여 정치적으로 활용한 사건'이라고 발표하여 진상이 밝혀졌다. 그러나 아직도 노무현 전 대통령이 대통령기록을 불법으로 유출했다고 생각하는 사람들이 많다. 대통령기록 유출 논란은 왜 일어났을까?

대통령기록 유출 논란은 "청와대 내부자료 약 200만 건이 유출되었다"[53]는 보도 이후 모든 미디어에서 들고나와 걷잡을 수 없이 확산되었다. "노(盧), 인터넷 통해 정치 재개?"[54], "누군가 청와대 내부 들여다본다... 전산시스템 '위민' 복제 유출"[55], "40만 명 인사자료 '봉하마을'로 유출"[56], "盧 전 대통령, 청와대 생각하며 '봉하대' 만드나"[57] 등이 유출 논란 초창기 보도다. 심지어 "청와대 내부 문건이 대량 파기되거나 문건 일부를 노무현 정부 청와대 사람들이 챙겨

---

53 <노(盧)정권 청와대 직원들, 내부자료 불법 유출>(조선일보, 2008.06.12.)
54 <노(盧), 인터넷 통해 정치 재개?>(조선일보, 2008.06.13.)
55 <"누군가 청와대 내부 들여다본다"...전산시스템 '위민' 복제 유출>(노컷뉴스, 2008.06.13.)
56 <40만명 인사자료 '봉하마을'로 유출>(조선일보, 2008.06.16.)
57 <[사설]盧 전 대통령, 청와대 생각하며 '봉하대' 만드나>(동아일보, 2008.06.17.)

간 사실은 이미 알려졌다"[58]라며 마치 사실을 확인한 것처럼 보도한 매체까지 나왔다.

2008년 7월에는 청와대가 본격적으로 논란에 뛰어들었다. "'靑, '메인 서버 전체 봉하마을로 유출' 공방"[59], "청와대 노무현 대통령 측에서 기록물 반출에 페이퍼컴퍼니 동원했다고 발표"[60], "靑, 盧 기록물 반출 직접 지시 동영상 확보"[61] 등이 당시 청와대가 논란을 주도했음을 보여주는 보도다.

당시 청와대는 국가 운영과 관련한 핵심 자료를 노무현 전 대통령과 측근만 보는 초법적 상황이 발생할 수 있다며 논란을 부추겼다. 또, "2008년 2월 14일 노무현 전 대통령 측이 기존 e지원시스템 가동을 중단시켜 다른 사람 접속을 차단한 뒤, 2월 14일부터 18일 사이에 기록을 카피했다"라며 "2월 18일 이후 봉하마을에 e지원시스템을 옮겨 설치하면서 원본 하드도 가져갔다"라고 주장했다. 급기야 조선일보는 "북한 정보 등 200만 건 포함됐을 것, 복제 과정에서 기밀 유출 가능성"[62]이 있다며 대북 문제로 확산을 시도하기까지 하였다. 나중에 이런 보도는 모두 사실이 아니라고 밝혀졌다.

노무현 전 대통령 측에서는 "사본을 가져온 사실을 현 정부 측에 충분히 설명했고, 법령에 따른 전직 대통령 열람권 확보를 위한 조치였다고 주장했다. 정권 인계인수 과정에서 협의가 원활하지 않았고, 국가기록원에서는 온라인 활용 체계는 1년 후에나 가능하다고 해 열람권 확보 차원에서 불가피하게 사본을 복사해 봉하마을로 가져갔다"라고 항변했다. 이명박 정부 출범 후 2008년 3월 말 노무현 정부 대통령비서실 정상문 총무비서관이 김백준 총무비서관에 연락

---

58 <"누군가 청와대 내부 들여다본다"...전산시스템 '위민' 복제 유출>(노컷뉴스, 2008.06.13.)
59 <'靑메인서버 전체 봉하마을로 유출' 공방>(서울신문, 2008.07.08.)
60 <청 "노측 기록물 반출에 페이퍼컴퍼니 동원">(연합뉴스, 2008.07.09.)
61 <청 "노 기록물 반출 직접 지시 동영상 확보>(연합뉴스, 2008.07.12.)
62 <북한 정보 등 200만건 포함됐을 것, 복제 과정에서 기밀 유출 가능성>(조선일보, 2008.07.10.)

하여, "우리가 이런저런 사정으로 불가피하게 e지원 기록 사본을 가져와 관리하고 있고 대통령 열람용으로만 쓰고 있다. 하루빨리 법에서 보장한 열람권을 어떻게 보장받을 수 있을지 대책을 세워달라"고 설명했다고 밝혔다. 그러나 설명 뒤에도 열람권 관련 조치가 없자, 문재인 전 비서실장이 전화로 다시 설명했으나 거듭 반환하라고만 했다.

국가기록원은 6월 13일 봉하마을 e지원시스템 온라인 연결 차단(외부 전산망과 연결 차단)을 요청하고, 재차 대통령기록 원상 반환을 요청하는 공문을 보냈다. 국가기록원은 복사한 기록을 반환하더라도 이를 보는 데 불편함이 없도록 하겠다고 했고, 시스템 구축을 연구하고 있다고 했지만 구체적인 방법을 제시하지는 않았다.

노무현 전 대통령은 "봉하마을 사저에서 국가기록원 시스템에 직접 접속할 수 있는 온라인 환경을 조성해주거나, 현재 보유한 서버에 보안장치를 설치해 시스템을 그대로 사용할 수 있게 해 달라"고 요구했다. 덧붙여 "지금도 열람 편의는 제공되지 않고 있다"라며 "앞으로 언제 어떻게 해주겠다는 건지 아무런 보장도 하지 않고 있다"라고 비판했다.

국가기록원은 태도를 바꿔 "온라인 열람의 경우 해킹 등 우려가 있어 검토가 필요하다"라는 입장을 발표했다. 그러나 당시 국가기록원은 온라인 열람 방안을 연구했다. 국가기록원은 봉하마을 하드웨어, 소프트웨어, 데이터의 국가기록원 이전을 전제로 대통령기록보존시스템(PAMS)을 e지원시스템을 기반으로 원래 화면(interface)을 구현하여 제공하며, 열람 시스템 구축 이전까지는 목록을 제공하고 기록 요청 시 사본을 제공한다는 방안이다. 온라인 열람을 위한 전용선 구축 등 관련 소요 예산까지 산정하고도 열람권을 위한 실무 협

의를 하면서 이 방안을 언급하지도 않았다.[63]

급기야 7월 15일 조속한 반환을 요청하면서 반환하지 않을 때에는 법적 조치를 하겠다고 봉하마을 측에 공문을 발송했다. 봉하마을에서는 이를 "실무 협의를 하기로 해놓고 연락을 취해도 아무런 답신이 없더니 무조건 사본을 반환하라는 최후 통첩 같은 공문을 보냈다"라고 반발했다. 결국 7월 16일 노무현 전 대통령 측은 기록 사본 반환 의사를 발표했고, 7월 18일 서버 하드디스크 14개와 카피 14개 등을 국가기록원과 절차나 방법 협의 없이 성남에 있던 대통령기록관에 직접 반환했다.

e지원시스템 사본을 반환함으로써 이 사건은 일단락되는 듯 했으나 곧이어 반환한 것이 사본이라면 원본은 어디있느냐는 논란이 제기되었다. 당시 청와대는 참여정부가 새 하드디스크를 들여와 기록 일부만 새 하드디스크에 옮겨놓은 뒤, 원본은 통째로 봉하마을로 가져갔다고 여겼다. 그러나 이것은 기록관리 체계를 외면한 터무니없는 주장이다.

참여정부는 e지원시스템에서 생산한 기록을 이관하고, 인계인수시스템으로 다음 정부가 참고할 기록을 남겨놓았다. 이명박 정부 청와대는 그 기록이 '치약은 이렇게 짜라는 식의 생활안내문 수준'이라고 했지만, 참여정부가 남긴 기록은 572개의 실무 업무 매뉴얼과 5만 7천여 건의 문서였다. 문서는 그냥 출력물이 아니라 단위과제별로 일목요연하게 분류하고 검색도 할 수 있도록 만든 별도의 인수인계시스템이었다.

전자기록은 사본을 조작하거나 변형할 수 있기 때문에 대통령기록관에 진본을 이관한 뒤에는 청와대 하드디스크나 개인 업무용 컴퓨터에 남아있는 기록을 모두 폐기해야 한다. 진본성 유지 여부가 가장 중요한 전자기록 관리에서 반드시 해야 할 일이다. 노무현 전 대통령이 설사 봉하마을로 가져가기 전에 복사

---

63   「유출 대통령기록물의 회수 및 편의 제공 방안 검토」 (국가기록원, 2008.07.)

한 것을 넘기고, 하드디스크를 그대로 가져갔다 해도 그것은 사본일 뿐이다. 따라서 원본은 어디 있느냐라는 논란은 성립할 수도 없는 터무니없는 말이다.

서버 반환 문제가 불거지기도 했다. 노무현 전 대통령 측에서는 서버는 개인 자산이기 때문에 반환 대상이 아니라고 했으나 국가기록원은 반환한 하드디스크가 온전한 것인지, 또 반환한 것 외에 다른 백업파일이 없는지 등을 확인하기 위해서 사저의 e지원시스템 서버가 반드시 필요하다는 입장이었다. 서버로 그 기록을 확인해야 제2, 제3 복사본이 없음을 확인할 수 있다고 했다. 봉하마을 측에서는 7대의 서버 중 5대는 대통령기록 열람과 관계없고 홈페이지 운용에 사용하는 것이라며 e지원시스템과는 무관하다고 주장했다. 이에 대해 국가기록원은 완전한 반환이 아니라며 지속적으로 서버 반환을 요구했다. 봉하마을에 있던 하드디스크는 진본이 아니라 사본이다. 따라서 이를 회수해 복구 불가능한 방법으로 파기하면 그만이다. 국가기록원이 이를 모를 리 없는데 왜 이렇게까지 했는지 이해할 수 없다.

국가기록원은 사건을 마무리하는 듯 하더니 갑자기 노무현 전 대통령 측 비서관 등 10명을 고발했다. 나중에 밝혀진 일이지만 당시 고발은 청와대가 지시했다. 청와대는 고발장을 쓰고, 국가기록원은 고발 대상 10명을 청와대 지시에 따라 기재했다. 2009년 5월 노무현 전 대통령이 서거하고 이 사건은 더 이상 형사·사법 절차를 진행하지 못해 결국 '공소권 없음' 처리되었다.

대통령기록 유출 논란은 사법적으로 완결하지 못함으로써 계속 소환되었다. 국민 대다수는 아직도 노무현 전 대통령이 불법으로 기록을 사저로 유출했다고 알고 있다. 대통령기록을 정치 공세 도구로 사용하고 왜곡해 국민에게 각인됐다는 일이 매우 안타깝다.

노무현 정부 대통령기록 유출 논란 일지

일시	내용
2008.01.18.	노무현 대통령 측 별도 e지원시스템 제작
2008.2.14.~18.	기존 e지원시스템 컷오프 후 기록 복사
2008.03.18.	청와대, 참여정부 청와대 작성 '퇴임 후 활용 준비현황 보고'(2007.05.11. 작성) 보고서 발견. 이후 민정수석실 조사
2008.03.27.	e지원시스템 개발 업체 등 본격 조사
2008.03월 말	참여정부 대통령비서실 총무비서관이 이명박 정부 총무비서관에게 대통령기록 열람을 위해 e지원 복사했음을 통보. 열람권 보장 대책 수립 요청
2008.04.01.~18.	청와대, 노무현 대통령 측에 자료 반환 전화 요청/공문 발송
2008.06.04.	청와대, 국가기록원을 통해 자료 반환 요청 공문 재발송
2008.06.12.	대통령기록을 둘러싼 전·현 정권 공방으로 언론 보도
2008.06.12.	국가기록원, 노무현 대통령 측에 e지원 가동을 중지하고 보안조치 및 원상 반환 요청 공문 재발송
2008.07.07.	청와대, '유출된 자료가 원본이고, 유출은 실정법상 명백한 불법 행위'라고 논평
2008.07.13.	국가기록원, 조사단을 봉하마을에 보내 e지원시스템 설치 확인
2008.07.15.	국가기록원, 노무현 대통령 측에 7.18.까지 반환 요청 공문 발송
2008.07.15.	국가기록원, 법제처에 법령 유권해석 의뢰
2008.07.16.	노무현 대통령 자료 반환 편지 발송
2008.07.19.	노무현 대통령 측, e지원시스템 하드디스크 및 NAS 백업 하드디스크 각 14개 대통령기록관에 인계
2008.07.24.	국가기록원, 참여정부 청와대 비서관 등 10명 고발
2008.07.25.	임상경 대통령기록관장 직무 정지
2008.09.02.	검찰, 대통령기록관 압수수색. 지정기록에 접근
2008.09.23.	법제처, '대통령기록에 대한 열람권 범위에서 사본 제작은 포함되지 않는다'고 해석
2009.10.29.	고발된 10인 불기소로 사건 종료

청와대의 개입

대통령기록 유출 논란은 전직 대통령 열람 편의에 대해 신구 정권의 협의·협조만 잘 이루어졌다면 크게 불거질 문제가 아니었다. 노무현 전 대통령 측에서는 정권 인수인계 과정에서 국가기록원이 온라인 열람은 1년 후에나 가능하다고 해서 불가피하게 사본을 가져갔다는 입장을 피력했다. 따라서 열람 조치를 협의했다면 조용히 넘어갔을 문제였다. 그러나 이명박 정부 청와대는 열람권 보장을 요청받고도 반환하라고만 했다.

이 문제가 언론에 확산되기 전부터 대통령실이 전 정부를 공격할 소재로 기획하고 개입한 사실이 나중에 드러났다. 대통령기록 유출 논란은 청와대에서 시작했고 중요한 시점마다 개입했다.

이명박 정부 대통령실은 2008년 3월 14일 참여정부 대통령비서실 기록관리비서관실에서 작성한 〈기록이관, 인계, 퇴임 후 활용 준비 현황보고〉(2007.05.11.)라는 기록을 발견했다. 이 보고서는 대통령기록관에 이관할 기록과 다음 정부에게 인계할 기록, 그리고 대통령 퇴임 후에 활용하기 위한 기록 분류를 어떻게 할지를 두고 참여정부 기록관리비서관실에서 작성했다. 참여정부 대통령비서실이 퇴임하면서 인계인수시스템에 남긴 5만 7천여 건의 보고서 중 하나였다. 아마 이명박 정부도 퇴임 시기가 되면 이관할 기록과 인계인수 또는 퇴임 후 활용 계획을 세울 것이니 해당 보고서가 참고될 수 있다는 판단으로 시스템에 남겨 인계인수했다.

여기에 봉하마을에 e지원시스템을 복제해서 가져간다는 내용은 없다. 그런데 이명박 정부 청와대는 이 보고서를 발견하고 당시 민정수석실에서 대대적인 감찰을 진행했다. 이명박 정부 출범 직후부터 이 보고서를 빌미로 뭔가 일을 만들고 있던 것은 확실하다.

이후 유출 논란을 언론이 보도하고 국가기록원이 봉하마을에 복제되어 보관 중이던 e지원시스템을 반환하겠다고 나섰는데, 이것도 대통령실 개입과 지시에 의해서 이루어졌다. 2008년 6월 초에 국가기록원이 복제된 e지원시스템 회수 추진을 위한 T/F를 구성하고 활동했다. T/F는 주요 사항을 대통령실 기획조정 비서관실과 협의하고 지시를 받아서 진행했다. 실제 국가기록원 회수 추진 T/F 는 유출 논란 내내 대전 본원이 아닌 서울기록정보센터에서 업무를 수행했다. 서울기록정보센터는 정부 광화문 청사 인근이어서 청와대가 가까워 수시로 소통할 수 있었다.

당시 국가기록원이 장관에게 보고한 문서에 의하면 국가기록원이 노무현 전 대통령 측에 보내는 공문 문안까지 청와대가 작성했다. 국가기록원장 명의로 "참여정부 생산 유출기록물 원상 회수 조치를 요청하라"는 공문 발송을 했는데, 이 공문 내용을 청와대가 작성했다. 장관 보고 문건 말미에는 "강제 회수 조치 주체 및 유출 책임 적용 등 고도의 정무적·법률적 판단이 필요한 사항은 사전 BH와 긴밀한 협의하에 추진 예정"이라고 강조해서 적혀있다. 유출 논란에 대한 모든 대응이 청와대 주도하에 국가기록원이 총대를 메는 구조로 진행했다는 증명이다.

국가기록원이 노무현 정부 비서관 등 10명을 고발한 것도 당시 대통령실 기획관리비서관실이 주도했다.[64] 국가기록원은 2008년 7월 24일 e지원시스템을 반환했음에도 불구하고 10명을 고발했다. 복제한 e지원시스템이 반환된 후 사안이 종결되고, 특별한 추가 조치가 없을 것으로 생각하고 T/F 활동까지 종료했는데, 그 다음 날 전격 고발했다. 국가기록관리혁신T/F 활동 결과 보고에 의

---

64 이하 당시 대통령실 기획관리비서관실의 대통령기록 유출 관련 고발 사건에 대해서는 국가기록관리혁신 T/F, 『국가기록관리폐단조사보고서』(2017.)를 참고하여 작성.

하면 대통령실이 유출 관련자 10명을 고발하라며 고발장 초안을 제공한 것으로 밝혀졌다.

대통령실 기획관리비서관실은 2008년 7월 19일 국가기록원장에게 고발장 초안과 "대통령실 기록물 무단 반출 관련 증거물"이라는 135쪽 분량 서류를 제공하며 국가기록원이 참여정부 총무비서관 등 10명을 고발하는 데 실질적 준비를 진행하고 자료를 제공했다.

국가기록원장이 이를 문서로 시행해달라 요청하자 기획관리비서관실은 2008년 7월 21일 "대통령기록물 무단 유출 사건 관련 증빙 서류 송부"라는 공문을 시행했다. 이 공문에 첨부한 '증거물'과 조사 경위를 보면 이명박 정부 출범 직후부터 논란을 기획했음을 알 수 있다. 예를 들어 'e지원시스템 보안 사고 자체 조사 결과'를 작성한 시점이 2008년 4월 21일인데, 보고서 내용을 보면 2008년 3월 27일에는 이미 시스템 구축 참여 업체 직원을 면담하고 청와대 내부 전산망 사용 내역을 조사하는 등 본격 조사를 진행했고, 그 결과를 '무단 반출 보안 사고'로 단정한다. 2008년 6월에 이런 내용의 보도가 잇따른다. 확인되지도 않은 사실을 확정하는 보도가 쏟아진 것을 보면 분명히 당시 대통령실이 깊게 개입했음을 짐작할 수 있다.

대통령실 국정기획비서관실이 주도적으로 개입한 것도 문제다. 기록관리 문제라면 그 분야를 담당한 연설기록비서관실이 나서야 하는데 담당도 아닌 국정기획비서관실이 나선 것이 사건의 본질을 짐작하게 해준다. 당시 국정기획수석실 기획조정비서관이 언론 등에서 '왕비서관' '왕의 남자'라 부르던 박영준이었다는 것도 상기할 필요가 있다.

당시 청와대는 왜 대통령기록 유출 논란을 일으켰을까? 쇠고기 파동으로 인한 촛불 정국으로 타오르는 민심을 분산하고 수세국면을 탈피하기 위한 방안

의 하나로 적절히 활용하기 위해서였다는 주장이 있다.[65]

봉하에 간 사본, 불법 유출인가

노무현 전 대통령은 e지원시스템을 복제해가는 방법으로 열람권을 보장받으려 했다. 사본 제작이 법률에서 규정한 '열람 편의'에 해당하느냐는 논란이 있을 수는 있지만 사본을 제작해서 사저로 가져간 것이 불법 유출은 아니다.

대통령기록을 무단 폐기하거나 국외로 무단 반출한 자는 10년 이하의 징역 또는 3천만 원 이하의 벌금에 처하고, 손상·은닉·멸실 또는 유출한 자는 7년 이하의 징역 또는 2천만 원 이하의 벌금에 해당하는 형사처벌을 받는다(「대통령기록물법」 제30조). 따라서 e지원시스템을 복제해서 사저로 가져간 것이 처벌 대상인 유출인지가 쟁점이다. 국가기록원은 불법 유출로 보고 노무현 전 대통령 비서 등 10명을 고발했고 뒤이어 검찰이 기소했다. 노무현 전 대통령이 서거함으로써 '공소권 없음' 처리되어 사법적으로 불법 여부는 결론지어지지 않았다. 노무현 전 대통령은 유출이 아니라고 확신했던 것 같다. 재임 중에 이관과 별도로 사본을 제작해서 가져가는 것이 위법한지 법제처장에게 문의했고, 기존 기록 관련 판례도 검토했다.

사본을 제작해서 가져간 것이 무단 유출에 해당하지 않는가? 결론을 먼저 말하면 우리 공공기록관리체계에서는 위법하지 않다. 「공공기록물법」이든 「대통령기록물법」이든 우리 기록관리제도는 원본과 진본 기록을 관리하는 것이지 사본은 관리 대상이 아니다.

---

65 <새누리, 국가기록원에 원본 있는데 '노무현 기록물 폐기 의혹' 제기>(경향신문, 2012.10.23.)

「공공기록물법」에서는 "공공기관 및 기록관리기관의 장은 기록 생산부터 활용까지 모든 과정에 걸쳐 진본성(眞本性), 무결성(無缺性), 신뢰성 및 이용가능성을 보장할 수 있도록 관리하여야 한다"라고 기록관리 원칙을 규정했다(제5조). 이 원칙으로 볼 때 이미 복사되어 기록관리체계 밖으로 간 데이터는 공공기록이 아니고 관리대상도 아니다.

기록관리에서 말하는 진본성(authenticity)이란 기록이 원래 가진 생산 맥락, 내용, 구조의 특성을 시간이 가도 변함없이 유지한다는 것을 의미한다. 기록이 원본이고 진본이어야 함은 물론이거니와 오랜 시간이 지나도 그 특성과 내용이 변경, 훼손되지 말아야 한다. 진본 기록은 그 기록이 가진 원래의 신뢰성을 그대로 유지하는, 기록생산자가 최종 생산한 그대로의 기록이다. 전자기록 관리의 최대 목적은 기록의 진본성과 무결성(integrity)을 보장하는 일이다. 진본성을 확보했다고 신뢰할 수 있는 절차에 따라 기록을 보존하는 기관에 이관하도록 관리하는 것이 기록관리다. 참여정부는 e지원시스템 등 기록생산시스템을 대통령기록관리시스템(PRMS)을 통해 장기보존포맷 변환과 인증 정보를 담아 이관하고, 이를 다시 대통령기록보존시스템(PAMS)에 저장하였다. 이것이 진본에 해당하고 그 외의 것은 진본이 아니다. 신뢰할 수 있는 시스템에 절차에 따라 이미 이관하였으므로 사본을 제작하였다고 해서 기록 유출이라고 할 수 없다. 종이기록도 마찬가지이다. 기관의 기록관리 체계에 따라 보관하고 있거나, 규정된 절차로 이관해서 대통령기록관 등에서 보존하고 있다면 사본을 기관 밖으로 가져간다고 해서 유출이라고 볼 수 없다.

2005년 12월 법무부는 "기록 유출은 원본에 한하고 사본은 해당하지 않는다"라는 유권해석을 한 바 있고, 사법적으로도 수차례 확인되었다. 법원은 조응천·박관천의 이른바 '정윤회 문건' 재판에서 "보고 당시 사용한 종이문서 원본은 대통령기록이지만, 유출된 문건은 최종 보고 결재 후 추가로 출력한 문서이거나 복사한 서류로 원칙적으로 대통령기록에 해당되지 않는다. 엄격하게 적용하지 않으면 죄형법정주의에 어긋나며, 확대 적용할 근거도 없다"라고 했다. 이 사건의 대법원에서는 기록의 범위를 추가 출력물이나 사본으로까지 넓힐 수는 없다며 모두 무죄를 선고했다. "사본 자체를 원본과 별도로 보존할 필요가 있다는 등의 특별한 사정이 없는 이상 원본 문서나 전자파일 이외에 사본이나 추가 출력물까지 모두 대통령기록으로 보존할 필요는 없다"라며 "대통령기록에 원본 문서나 전자파일 이외에 그 사본이나 추가 출력물까지 포함된다고 해석하는 것은 죄형법정주의 원칙상 허용되지 않는다"라고 하였다(2016도7104 판결문).

이런 형사·사법 판단은 다른 사건에도 일관되게 적용하고 있다. 국정농단 사건 당시 정호성 비서관이 최순실에게 총 180건의 문건을 유출했지만, 원본이 아니라며 「대통령기록물법」 위반으로 기소하지 않았다. 또, 검찰이 유해용 전 재판연구관이 재판 관련 문건 수만 건을 퇴직하면서 유출했다는 혐의로 구속영장을 청구했지만, 재판부는 해당 문건이 전자기록 원본이 아니라며 기각했다. 유출이라고 확정하려면 물리적으로 없애고 기록을 가지고 나왔거나, 비밀을 누설하거나 유포했을 때여야 한다. 따라서 이미 대통령기록관에 원본·진본 기록을 이관하고, 사본을 제작하여 사저로 가져간 것은 위법하다고 볼 수 없다.

당시는 전직 대통령 열람권이라는 관점보다는 불법 유출에 맞춰 논란이 일어났다. 당시 청와대는 "핵심 문제는 무단 반출이 불법 범죄행위라며 원본이냐 사본이냐는 별다른 의미가 없다"라고 공격했다. 원본이냐 사본이냐가 기록 무단 유출을 판단하는 잣대인데 앞뒤가 바뀐 말이다.

정치권에서 이런 터무니없는 주장을 할 때 국가기록원도 같은 행동을 했다.

국가기록원은 전문기록관리기관으로서는 할 수 없는 태도를 보였다. 정진철 당시 국가기록원장은 "언론은 봉하마을 자료가 원본인지 사본인지에 관심을 갖지만, 우리에겐 국가기록원 밖에 나와 있는 기록 환수가 가장 큰 관심사이며 원본 여부는 그 다음 문제"라며 청와대와 보조를 맞춘 발언을 했다. 더 심각한 문제는 이른바 전문가라는 국가기록원 직원들의 반응이었다. 당시 보도를 보면 "대통령기록을 이관받은 후에도 e지원에는 기록 원자료가 남아있을 것"이라는 황당한 발언이나 "기록을 가져갔다면 명백한 위법"이라는 성급한 발언을 했다.[66] 또 "기록 열람을 봉하마을 사저에서 해야만 하는 것은 아니다"라는 발언도 기록서비스 전문기관의 것이라고는 믿을 수 없는 말이었다.

이런 반응은 국가기록원 원래 입장과는 다른 것이었다. 국가기록원은 「대통령기록물법」 제정 당시 법률안에는 사본 제작이 포함되어 있다고 생각했다. 국회 입법조사관이 전직 대통령 열람권을 규정한 법률 제18조에 사본 제작을 넣어야 하는 것 아니냐고 물었을 때, 국가기록원은 이를 포함한 개념이라고 답변했다. 또 「대통령기록물법」 제정 후 홈페이지에 법령상 사본 제작이 되는 것에는 "전직 대통령 열람"이 포함된다고 게시했다.

그리고 법제처의 법령해석심의위원회에 출석해서도 전직 대통령 열람에 사본 제작이 포함된다고 진술했다. 당시 법령해석심의위원회가 두 차례 열렸는데, 처음에는 사본 제작이 열람에 해당한다는 의견이 우세했다. 그러나 확연하게 우세한 의견이 없다는 이유로 다시 열어 결론을 뒤집었다. 행정 분야와 상관없는 조세 분야 전문가가 참여하여 내린 결론이었다.[67] 열람 편의 제공에 사본 제작이 포함되지 않는다는 결론을 향해 치달린 일련의 과정이다. 당시 대통령

66 <국가기록원, 봉하마을 방문해 빠진 자료 집중 조사할 것>(중앙일보, 2008.07.10.)
67 <노 전 대통령 e지원 복사본 유권 해석 사전 조율 의혹>(쿠키뉴스, 2009.10.07.), <조세전문가가 '노무현 기록물 불법' 의견 주도했다>(오마이뉴스, 2009.10.08.), <법제처 전직 간부, 노무현 기록물 '합법 의견' 냈다>(오마이뉴스, 2009.10.12.)

기록 유출 논란은 단순한 기록관리 문제가 아니었다.

기록은 진본성, 신뢰성, 무결성(불변성), 이용가능성이 보장되어야 한다.[68]

진본성 (authenticity)

진본 기록이란 기록이 a)원래 의도대로 성립한 것임을 증명할 수 있고, b)생산하거나 접수해야 할 사람이 생산하거나 접수했고, c)의도된 시간에 생산하거나 접수한 것을 말한다.

기록의 진본성을 보장하기 위해서 조직(기관)은 기록 생산자 승인과 식별을 보장하고, 기록이 무단으로 추가, 삭제, 변경, 사용, 은폐되지 않도록 하기 위해 기록 생산, 접수, 이전, 관리, 폐기/이관 처리를 통제하는 정책과 업무 절차를 집행하고 성문화해야 한다.

신뢰성 (reliability)

신뢰할 수 있는 기록이란 업무 활동 사실을 완전하고 정확하게 나타내는 기록으로서 향후 이어지는 업무와 활동 과정에서 의존할 수 있는 기록을 말한다. 기록은 업무를 수행한 시점, 혹은 관련 사건이 일어난 시점이나 그 직후에 그 사실에 관한 직접적인 지식을 가진 개인에 의해, 혹은 업무를 수행하기 위해 일상, 반복적으로 사용하는 방편에 의해 생산해야 한다.

무결성 [불변성](integrity)

기록의 무결성이란 기록이 완전하고 변경되지 않은 것을 말한다. 기록은 무단 변경하지 말아야 한다. 기록이 생산된 후 기록에 추가 내용이나 주해가 부가될 때 그것의 승인 조건, 승인자, 변경 내용을 밝히는 정책과 업무 절차가 있어야 한다. 기록의 무단 변경, 삭제, 주해 추가 등이 명시적으로 나타나고 추적할 수 있어야 한다.

이용가능성 (usability)

이용할 수 있는 기록이란 기록 소장 위치가 찾아지고, 검색되고, 제시되고, 해석될 수 있는 것을 말한다. 기록의 생산 맥락 연결고리(링크)가 기록을 생산하고 사용한 업무나 활동을 이해하는 데 필요한 정보를 제공해야 한다.

---

68 「공공기록물법」 제5조

미완결

2009년 10월 29일 검찰이 사건을 종결함으로써 사건으로서의 대통령기록 유출 논란은 끝났다. 그러나 완전한 종결은 아니다. 대통령기록과 관련한 계기가 발생할 때마다 마치 원죄처럼 다시 솟아 나온다. 국가기록관리, 특히 대통령기록관리와 관련한 현안 발생 때마다 이 '사건'이 소환된다.

2012년 10월 남북정상회담 대화록 사건 공방이 있을 때 여당인 새누리당과 언론에서 '대통령기록 유출 논란'을 소환했다. 노무현 전 대통령이 청와대에서 보관하던 회의록 폐기를 지시했다며 "청와대 컴퓨터 메인 서버 하드디스크를 통째로 가져가 그곳에서 온라인 집무실을 설치해 대통령기록 파기 논란을 일으키기도 했다"라는 식이다.[69] 2019년 9월 개별 대통령기록관 건립 문제가 나왔을 때, 일부에서 나온 "노무현 대통령이 사적으로 가져간 기록을 문재인 대통령은 합법적으로 유출하려 한다"라는 말도 같은 맥락이다.[70]

유출 논란이 말 그대로 논란으로 끝나버려 당시에 제기한 여러 문제가 정리되지 않았다. 문제가 발생했는데 풀지 않았기 때문에 계속 소환된다. 가장 중요한 쟁점이던 전직 대통령 열람권은 여전히 미해결 상태이다. 유출 논란 이후 온라인 열람이 가능하도록 법률 개정을 했지만 비밀기록과 지정기록이 아닌 일반기록만 가능하도록 했기 때문에 반쪽짜리라고 할 수 있다.

전직 대통령 열람권과 대통령기록관 열람 편의 제공에 대해서는 더 적극적으로 제도를 개선할 필요가 있다. 광범위한 열람권 보장은 대통령기록관리 전반에 영향을 끼친다. 보존을 위한다는 이유만으로 기록 생산 단계에서 대통령기록의 손실 없는 관리를 요구하는 것은 한계가 있다.

---

69 <노-MB 정권교체 과정 불협화음 … 청 문건 상당수 안 넘어와>(동아일보, 2012.10.18.)
70 <이해 안 되는 대통령의 해명>(조선일보, 2019.09.18.)

대통령기록 유출 논란이 남긴 가장 뼈아픈 사실은 대통령기록이 정쟁 도구가 됐다는 점이다. 정치적으로 중요한 계기마다 대통령기록이 등장한다. 10·4 남북정상회담 회의록 사건, 대통령실의 정윤회 문건 유출 사건, 국정농단 때 대통령기록 유출 논란, 대통령권한대행의 지정기록 지정 적절성 문제, 그리고 대통령 영부인 김정숙 여사 옷값 문제와 서해 공무원 피살 사건 등 거의 모든 정치 문제에 대통령기록이 정쟁 도구로 등장한다. 정쟁 도구로 소비되는 과정에서 기록은 사건이 되고, 검찰이 대통령기록관 압수수색을 거듭할수록 대통령기록관리제도 위기가 깊어진다. 대통령기록 생산이 정치적, 사법적으로 불리하다는 신호가 계속될수록 기록 생산은 줄어들고 공식적으로 등록하여 관리하지 않으려 할 것이며, 민감하고 중요한 내용은 남기지 않을 것이다. 역사가 지워진다는 것이므로 매우 불행한 일이다.

대통령기록 유출 논란이 남긴 또다른 중요한 점은 국가기록보존기관인 국가기록원의 독립성과 전문성에 근본적인 회의가 발생했다는 것이다. 국가기록원은 대통령기록 유출 논란 당시 국가기록관리에 대한 기존 원칙과 입장을 모두 뒤집었다. 특히 원본과 진본을 차질 없이 이관했음에도, 전후 경위도 따져보지 않고 앞장서서 '명백한 불법' 운운한 일은 충격적이었다. 대통령기록은 법령에 따른 절차와 방법으로 이관하여 대통령기록관에서 보존하고 있다는 사실도, 봉하마을에 있는 기록은 e지원시스템 복제본이라는 사실도 말하지 않았다. 오히려 '명백한 불법'이라며 대통령실 구도에 충실하게 입을 맞췄다. 기록관리 전문 기관이라는 정체성을 내버린 처사였다.

국가기록원은 2018년 『기록관리 성찰 백서』를 발간했는데, 서술 내용에 일관성이 없고 책임을 회피하는 내용으로 가득 채웠다. 이 백서에서 국가기록원은 e지원시스템 복제가 공공기록 무단 유출에 해당하는 것은 아니라고 말했다가, 열람에 사본 제작은 포함되지 않는다는 법제처 유권해석을 들어 불법성이 있다고 말하기도 한다.[71] 국가기록원은 노무현 정부 대통령기록이 이관된 다음 대통령기록의 열람 및 사본 제작은 지정기록 접근뿐만 아니라, 전직 대통령의 열람 편의를 위한 것이기도 하다는 입장이었다. 이것을 비전문가들의 법문해석에 맡겨 자신들의 임무를 저버리는 행동을 했다. 또 비서관 등 10명을 고발한 것을 두고는 "청와대 지시에 따라 단순한 행정 행위만을 담당했다"라고 했다. 그러나 고발장 내용이 국가기록원에서 제공하지 않고서는 서술할 수 없는 내용이어서 국가기록원이 나서서 고발 논리를 제공했다고 짐작한다.

대통령기록 유출 논란에 책임이 상당하지만 반성이 없고 여전히 책임을 회피하는 국가기록원의 이런 태도는 공공기록관리, 특히 대통령기록관리를 위한 독립성과 전문성이 있느냐는 의심을 부인할 수 없는 근거이다.

대통령기록관리가 안정적으로 이루어지고 발전하려면 독립성과 전문성 확립을 위한 노력이 필요하다. 대통령기록관 위상이 점차 강화되어 행정안전부 1차 소속기관이 되었지만 독립성을 확보했다고 말하기는 어렵다. 여전히 국민과 전직 대통령이라는 수요자보다는 관리 편의성만 강조하는 공급자 중심 의식을 벗어나지 않는다. 대통령기록관리 발전을 위해서 대통령기록관의 환골탈태가 필요하지만 지금의 체제로는 기대하기 어렵다.

노무현은 왜 기록을 복사했을까

노무현 전 대통령은 왜 e지원시스템을 복제해갔을까? 대통령기록 유출 논란 당시 청와대는 자료를 가지고 온라인에서 여론을 형성해 오프라인으로 정치적

---

71 국가기록원, 『기록관리 성찰 백서』 (2018.12.31.) 16~19쪽.

영향력을 확대하려는 의도라고 주장했다. 노무현 전 대통령이 추진하는 민주주의 2.0[72]을 통해 이라크 파병, 쇠고기 수입, FTA 등 민감한 문제가 발생할 때마다 복제한 정보를 이용해 여론을 주도하려 할 것이라고 했다. 심지어 친노 정치인을 중심으로 정치 세력화해서 인터넷 정부를 추진할지도 모른다며, 수만 건에 달하는 '존안(存案) 파일'을 정치 세력화 단계에서 공천이나 반대 세력 제거를 위한 자료로 활용할 수 있다고 공격했다. 노무현 전 대통령은 지정기록 열람이 가능하지만, 청와대는 접근이 제한되어 '정보전쟁'에서 열세가 우려된다고도 했다.

노무현 전 대통령 측은 연구와 저술 활동을 위한 것이라고 항변했다. 연구와 저술이 목적이라면 "노 전 대통령에게 임기 중 기록은 1년에 한두 번 가서 보는 박물이나 기념품이 아니다. 늘 연구할 대상이다. 따라서 현 대통령실에서 말하는 것처럼 경기 성남시 대통령기록관으로 와서 보라는 것은 말이 안 된다"는 항변은 충분히 이해가 가는 말이다.

노무현 전 대통령은 2006년 말부터 퇴임 후 기록 접근과 활용에 관심을 가졌다고 한다. 특히 기록 사본 활용이 가능한지 법제처장에게 문의하는 등 재임 중에 이미 기록 활용 방식을 구상했다. 노무현 전 대통령은 활용을 위해 전자기록 사본을 가져가는 것이 위법한지 질의했고, 법제처장은 "전자기록도 같다"라고 답했다고 한다.[73] 즉 전자기록도 사본을 가져가는 것은 위법하지 않다고 했다. 이 내용을 문서로 받아두라고 했다고 하니 이미 그때부터 사본 활용을 고려했다.

---

72 민주주의 2.0은 노무현 대통령이 퇴임 후인 2008년 9월 개설한 토론 웹사이트이다. '개방, 공유, 참여의 웹 2.0'에 부합하는 토론사이트 운영을 지향했다. 전직 대통령의 토론사이트 운영이라는 점에서 긍정과 부정의 시각이 양립했다. 노무현 대통령은 '노공이산'이라는 아이디로 글을 올리기도 했으나 애초의 목표대로 활성화하지 못했다. 민주주의 2.0에 대해서는 <민주주의 2.0 성공했나, 실패했나>(위클리경향 809호, 2009.01.20.) 참고.

73 국가기록관리혁신T/F, 『국가기록관리 폐단 기초 조사 보고서』, 2017. 3쪽.

재임 중에 원본은 대통령기록으로 이관하고 사본은 활용을 위해 가져가는 것이 위법하지 않다는 판단을 했고, 그것이 「대통령기록물법」에서 정한 활용권에 다름아니라고 생각했다. 이런 생각은 2008년 '봉하 e지원시스템'을 반납하면서 보낸 공개 서한의 "사리를 가지고 다투어보고 싶었습니다. 법리를 가지고 다투어볼 여지도 있다고 생각했습니다"라는 말로 확인할 수 있다.

노무현 전 대통령이 퇴임 후에 재임 중 기록 활용 의지가 컸다는 것은 대통령기록도 아닌데 재임 기간 동안 발간된 정부 정책 간행물을 수집하라고 지시한 데서도 알 수 있다. 당시 대통령비서실 기록관리비서관실은 수개월간 정부 각 부처 정책 간행물을 수집했다.

2005년부터 추진한 「대통령기록물법」은 2007년 4월이 되어서야 국회에서 의결했다. 계획보다 입법이 늦어지면서 대통령기록관리 전반적인 일정도 틀어졌다. 특히 대통령기록 열람 체계는 아무런 준비도 하지 못하고 임기 종료가 임박했다. 당시는 대통령기록의 전자적 이관과 보존 체계를 갖추는 것만으로도 벅찬 상황이었다. 대통령기록관리를 체계적으로 수행하기 위해 개발한 대통령기록보존시스템(PAMS)은 이관된 기록을 등록하고 보관할 뿐 활용 체계를 갖추지 못했다. 시스템에 의한 온라인 접근이 어려워지자 노무현 전 대통령은 e지원시스템 복제를 통한 활용권 확보가 불가피하다고 생각한 듯하다. 2007년 하반기에 서버 구축 비용을 전자정부 예산을 지원할 수 있는지 검토를 지시했으나 행정자치부와 국가기록원이 반대했다. 결국 사적으로 비용을 조달하여 2008년 1월 e지원시스템을 복제해 가져가기로 최종 결정했다.

e지원시스템을 복제해 가져감으로써 확보하려 한 활용권이란 무엇인가? 제정 「대통령기록물법」에서는 "전직 대통령이 재임 시 생산한 대통령기록물을 열람하려는 경우에는 열람에 필요한 편의를 제공하는 등 적극 협조하여야 한

다(법률 제10009호, 제18조 제1항)" 라고 규정했다. 즉 전직 대통령은 퇴임 후에 재임 중 생산한 모든 대통령기록에 접근하여 열람할 수 있다.

전직 대통령 열람권은 미국 제도를 참고했다. 미국은 "전직 대통령 대통령기록은 그 전직 대통령이나 그가 지정한 대리인이 이용할 수 있어야 한다"라고 했는데, 이 이용은 비밀기록까지 해당한다[미국 대통령기록법(44 U.S.C. Chapter 22), 제2205조 제3항]. 심지어 퇴임 후에도 기밀 정보 브리핑을 받고, 자신의 정치적 유산과 관련한 기밀에도 접근할 수 있다. 전직 대통령에 대한 예우이자 기밀 정보를 바탕으로 현직 대통령에게 정책 조언을 할 수 있다는 점에서 관례로 유지하고 있다.

우리는 미국처럼 퇴임 후에도 비밀정보 브리핑을 받지는 않지만, 전직 대통령 열람권을 광범하게 인정했다. 법률에서 정한 '열람에 필요한 편의'는 이런 관점의 표현이었다. 열람권의 법률 제정 취지는 기록을 향한 가능한 모든 접근, 즉 기록정보서비스를 뜻했다. 모든 기록정보서비스에는 당연히 온라인 열람을 포함하고, 편의를 제공한다는 의미도 온라인 열람 체계를 갖추어야 한다는 것을 말한다.

법률 제정 당시 노무현 대통령은 열람 편의라고 포괄적으로 규정하지 말고 온라인 열람 등을 구체적으로 적시하자는 의견을 냈다. 그러나 당시 대통령비서실 기록관리비서관실은 온라인 열람이라고 구체적으로 적시하는 것이 오히려 전직 대통령이 활용하는 데 탄력성이 줄어들 수도 있으니 포괄적으로 '열람 편의'라고 표현하자고 했다.[74] 이런 논의에서 알 수 있듯 당시 기록관리비서관실 기록관리전문가들의 의견은 실제 법률 운용 현실과는 동떨어진 것이었다.

대통령기록 유출 논란 와중에 '열람'이 구체적으로 무엇이냐는 쟁점이 부각됐다. e지원시스템을 복제해 간 것이 열람권이라고 말하는데, 사본 제작이 열

---

74 <나의 기록을 적에게 넘기지 마라>(위클리경향 제826호, 2009.05.26.)

람인가 하는 논란이었다. 법제처는 열람이란 '책이나 문서 따위를 죽 훑어보거나 조사하면서 봄'을 의미하며 일회적으로 봐야지 사본 제공과는 다르다고 해석했다. 지정기록 제공 방법을 '열람' '사본 제작' '자료 제출' 등 세 가지로 구분하여 설명하므로 전직 대통령 열람도 구분해야 한다고도 했다.

이는 전직 대통령 열람권 부여 의미를 생각하지 않은 해석이고, 지정기록 접근과 전직 대통령 접근·열람의 다른 맥락을 고려하지도 않았다. 전직 대통령 열람권은 대통령기록 접근을 포괄적으로 인정한 것이고, 국회의 지정기록 접근은 최소한의 접근을 말한다. 재임 중 생산한 '모든 기록에 접근'과 '한정된 접근'은 동일하지 않은데 매우 아쉬운 해석이다. 더욱이 이런 해석 기조가 현재 법령에도 그대로 반영되어 애초 입법 제정 취지가 많이 틀어진 상태다.

대통령기록 유출 논란 이후 전직 대통령 열람 관련 조항을 개정했다. 열람대리인 지정과 온라인 열람 관련 조항을 포함했다. 입법 미비 사항 보완으로 이해할 수도 있지만, 열람을 매우 좁게 해석하고 반영했다. 또 온라인 열람에서 지정기록 접근을 제외해 오히려 전직 대통령 열람권을 제한하였다.

현재 법령으로는 공개기록만 온라인 열람으로 접근할 수 있다. 전직 대통령 열람권을 심각하게 제약하는 일이다. 더욱이 지정기록의 경우 전직 대통령 본인이 지정하고도 접근이 어렵고 불편하다는 게 매우 이상하다. 지정기록 제도 도입 취지는 기록 생산과 누락없는 이관을 위함인데, 지정기록으로 이관한 후 전직 대통령에게마저 보안을 이유로 접근 이용을 제한하는 것은 법령 제정 취지를 뒤틀어버린 일이다.

전직 대통령의 지정기록 접근을 비밀기록 접근과 동일시해서는 안 된다. 전직 대통령 입장에서는 일반기록이나 지정기록이 차이가 없는 접근 대상이다. 비밀기록은 보안을 위한 절차와 방법을 정교하게 마련해야만 온라인 접근이 가능하다. 대통령이나 대통령 대리인에게 비밀 취급 인가를 부여하고, 이를 사저가 아닌 공간에서 접근하게 한다면 원천적으로 온라인 접근이 가능하다. 예컨대 사저 옆의 경호동에서 비밀기록에 접근하도록 보안을 위한 기술 조치를 한다면 비밀기록이라고 해서 온라인 접근이 불가능하지는 않다.

미국처럼 기록 열람을 요청하면 대통령이나 대리인에게 직접 전달하는 방식으로 열람권을 실현할 수도 있다. 이 경우 신속한 열람을 위해 사저 또는 사저에 인접한 국가기록원이 관리하는 시설에 전직 대통령 열람을 위한 담당자가 상시 대기하는 구조를 구축해야 한다.

미국은 대통령기록관 특별 열람실에서 자유롭게 접근 제한 기록과 비밀기록에 접근할 수 있다. 그러나 온라인 접근을 할 수는 없다. 그렇다고 해서 우리도 온라인 접근을 원천 배제해서는 안 된다. 미국은 개별 대통령기록관 체계라는 것을 염두에 두어야 한다. 우리는 통합 대통령기록관 체계이기 때문에 대통령에게 상시 열람서비스를 제공하는 것이 반드시 필요하다. 전직 대통령 경호동에 온라인 체계를 갖추고 대통령기록관 직원을 파견하여 열람에 대응하거나, 사저 인근 국가기록원이 지정하는 국가시설에서 열람서비스를 하는 것도 한 방법이다.

대통령기록관 전직대통령열람실이다. 대통령이 직접 이 열람실을 이용한 사례는 없다. 대부분 열람대리인이 이용할 것이므로 사무실 집기가 아니라 열람에 최적화한 공간을 만들어야 한다. 지금은 죽은 공간이나 다름없다.

전직 대통령 열람권

대통령기록 유출 논란 이후 전직 대통령이 열람을 위해 열람대리인을 지정할 수 있도록 했다.[75] 이 조항에 따라 이명박 전 대통령이 회고록을 집필하는 동안 열람대리인이 대통령기록관에 방문하여 열람을 하기도 했다. 열람대리인은 당사자 권리를 갖는다. 그런데 전직 대통령 사후 열람대리인도 그러한가?

전직 대통령 사후 "열람 등을 할 수 있는 자(이하 '열람대리인')"는 가족 추천을 받아 대통령기록관리전문위원회 심의를 거쳐 지정한다. 법률에 사후 열람대리인 관련 조항을 넣은 이유는 애초에 열람권이 '전직 대통령을 포함한 전직 대통령 측'이기 때문이다. 따라서 가족 추천은 가족이 대통령기록에 접근하기 위해서라기 보다는 전직 대통령 측이 접근하여 열람한다는 의미이다.

---

75 개정 「대통령기록물법」 (법률 제10009호, 2010.02.04, 일부개정)

이를 이해해야 열람권 부여 의미에 닿을 수 있다. 전직 대통령 측에 열람권을 부여한 것은 어떤 의미를 갖는가? 첫째는 소실과 누락 없는 대통령기록관리를 위해서다. 「대통령기록물법」을 만들기 전 대통령기록관리라는 개념조차 없을 때 대통령 보좌기관에서는 대통령 임기 종료 전 기록을 소실케 하거나, 사적으로 확보하여 막상 대통령기록관리 체계로 편입되는 기록은 매우 적었다. 그래서 퇴임 후에도 기록 접근과 열람에 특별한 권한을 부여할 테니 누락 없이 기록을 이관하라는 기록 권장 장치이다. 이것은 지정기록 제도 도입 취지와 같다. 「대통령기록물법」은 대통령기록을 온전하게 이관하여 역사 기록으로 보존하고 국민의 접근·활용을 극대화하기 위해 도입했다. 이를 위해 대통령기록 누락과 소실 최소화가 필요해서 대통령기록 보호 제도를 도입하고 열람권을 부여했다.

둘째, 국민의 알 권리 실현을 위해서다. 전직 대통령은 퇴임 후 지정기록에 접근하여 보호기간 만료 전에 해제할 수 있다. 당연히 열람대리인도 그 역할을 할 수 있다. 또 대통령기록은 정기적으로 공개 재분류를 시행하는데 이때 기록 생산기관에게 의견을 묻고 공개 여부를 판단한다. 기록 생산기관은 대통령이 퇴임하면 사실상 폐기되므로 의견을 조회할 기관이 없어진다. 이때 열람대리인이 역할을 대신함으로써 비공개기록 공개 전환을 촉진할 수 있다.

셋째, 대통령 재임 기간의 정책 연구나 전직 대통령 기념사업 활성화에도 기여한다. 전직 대통령 측은 퇴임 후나 사후에도 재임 시기 정책을 연구해 여러 계승 사업을 수행한다. 또 「전직대통령법」에서 정한 다양한 기념사업을 할 수 있다. 이때 재임 중 대통령기록이 반드시 필요하다. 재임 중 정책 연구나 기념사업은 전직 대통령 선양 사업에 한정하지 않고 총체적인 대통령학에 닿아있는 정치 유산이다. 따라서 전직 대통령 측의 적극적인 대통령기록 열람은 우리 정치문화 발전에도 크게 기여한다.

전직 대통령 사후 열람대리인이라고 해서 이런 취지와 의미가 달라지지 않는다. 따라서 전직 대통령이 직접 선정하거나 가족이 추천한 열람대리인의 대통령기록 열람 범위와 방법이 다를 이유가 없다.

그러나 윤석열 정부는 「대통령기록물법」에서 정한 열람대리인 도입 의의를 전혀 이해하지 못하거나 외면하고 있다. 노무현 전 대통령 가족이 추천하는 열람대리인의 열람 범위와 방법이 미비하다며 시행령을 개정했다. 정부는 전직 대통령 대리인과 가족 추천 대리인은 달라야 한다는 생각을 하고 있다. 가족 추천을 가족에게 열람 특권을 부여하는 것으로 이해해서 나온 생각이다.

애초에 사후 열람대리인 지정을 가족 추천으로 규정한 데는 불가피한 측면이 있다. 우리 제도에는 사후 열람대리인을 지정할 방법과 절차가 없었다. 미국처럼 전직 대통령이 대리인을 지정하지 않거나 할 수 없는 상황이라면 국가기록관리처장이 권한을 갖도록 할 수 없다. 우리는 대통령기록관이 독립기관이 아니어서 독립적인 결정을 할 수 없기 때문이다. 따라서 전직 대통령 측에게 열람권을 부여하기 위한 궁여지책으로 가족 추천을 규정하였다. 그러므로 가족 추천을 가족에 특권을 주는 것으로 이해해서는 안 된다.

행정안전부는 이런 인식으로 「대통령기록물법시행령」을 개정했다. 개정한 시행령의 핵심 내용은 '평시 대리인'과 '유고 시 대리인'을 구분한 것이다. 특히 지정기록의 접근에서 '유고 시 대리인'은 "열람 신청 이후 대통령기록관리전문위원회 심의를 거쳐 30일 이내에 열람 가능 여부를 통보하고, 만약 대통령기록관리전문위원회 심의에 필요한 경우 30일 범위에서 한 차례 기간을 연장할 수 있다"라고 규정했다(시행령 10조의3 제3항).

대리인 지정 방법도 문제다. '유고 시 대리인' 지정을 신청하면 45일 이내에 통보하도록 정했는데, 대통령기록관리전문위원회에서 지정 여부를 심의하는 기간을 반영한다고 해도 지나치게 긴 기간이다. 더욱이 대통령기록관리전문위원회 심의를 위해 45일을 추가할 수 있다고 정했으니 고의로 1차 지정 통보기간을 늘릴 수도 있다. 실제로 노무현 전 대통령 측에서는 개정된 시행령에 따라 열람대리인 지정을 신청(2023.09.18.)했으나 언제 통보받을지 불투명하다. 열람대리인 지정 신청 뒤 대통령기록관리전문위원회를 개최(2023.09.22.)했지만 지정을 위한 안건을 심의하지 않았고, 언제 해당 안건 심의를 위해 회의를 개최할 것인지 논의도 하지 않았다.

또 '유고 시 대리인'이 방문 열람할 수 있는 지정기록 범위를 전직 대통령 및 가족 관련 개인정보, 전직 대통령 및 가족 권리 구제를 위한 정보, 전직 대통령 전기 출판 목적을 위한 정보로 한정했다. 그리고 대리인은 한 명을 추천하되, 협의가 안 된 경우는 배우자, 직계 혈족 등의 순으로 추천하도록 했다.

평시와 유고 시를 나누는 것 자체가 열람권 제한이다. 애초에 열람권은 기록 접근을 보장함으로써 더 많은 기록을 보존하도록 하는 선제 조치이므로 전직 대통령은 물론 당시 대통령 보좌기관 구성원 모두에게 보장되는 것으로 봐야 한다. 따라서 대통령 사후 열람 대리인에게도 평시와 같은 조건으로 보장해야 열람권 부여의 본래 취지에 부합한다.

또, 거듭 말하지만 전직 대통령(측)에게 지정기록은 다른 접근이 제한될 뿐 본인들에게는 언제나 접근할 수 있는 일반 기록일 뿐이다. 따라서 '유고 시 대리인'에게 일반기록과 지정기록의 접근·열람을 구분하는 것은 매우 이상한 법령 규정이다.

대통령기록관리제도 도입 당시 가장 많이 참고를 한 미국은 대리인이 대통령이나 전직 대통령과 동일한 열람 권한을 행사한다. 비공개기록은 물론 비밀기록도 접근·이용할 수 있다. 심지어 비밀기록관리 법령에 비밀을 열람할 수 있는 조건으로 그 정보를 '알아야 할 필요성(need to know)'을 인정받거나 증명해야 하는데, 이것마저도 예외를 인정한다. 이 권한은 당연히 대통령이나 전직 대통령이 사망했을 때도 부여받는다(대통령 행정명령 E.O.13526호 4.4항).

또 미국은 개별 대통령기록관 제도를 운영하고 있기 때문에 열람대리인의 열람 범위와 방법에서 우리와 큰 차이가 있다. 예컨대 온라인 열람 제도를 운영하고 있지 않은데, 이것은 개별 대통령기록관에서 재임 중 기록에 언제든 접근할 수 있기 때문이다.

우리도 개별 대통령기록관 제도를 현실화하여 설치를 적극적으로 추진한다면 이 문제를 해결할 수 있다. 개별 대통령기록관을 설치·운영할 수 있다면 열람대리인 역할이 축소되거나 필요 없을 수도 있다. 법령상으로는 개별 대통령기록관을 설치할 수 있도록 했으나 현실적으로는 어렵다. 이런 상황에서 사후 열람대리인의 대통령기록 접근·열람 권한마저 축소한다면 대통령기록문화의 싹은 더 자라지 못하고 소멸할 것이다. 전직 대통령 열람권 부여는 대통령기록의 온전한 이관을 독려하기 위해서인데 유인 효과가 없어지게 된다.

제2절 남북정상회담 회의록 실종사건

사건의 시작

2012년, 대선을 두 달 앞둔 10월 새누리당 정문헌 의원은 2007년 10·4 남북
정상회담 정상 간 단독 회담에서 당시 노무현 대통령이 "NLL을 주장하지 않
겠다"라는 취지의 발언을 했다고 주장했다. 여당인 새누리당은 영토 주권 포기
라며 정치적 공세를 폈고, 야당은 허위 사실이라며 반발했다. 새누리당 김무성
의원은 대화록을 직접 열람하지 않고는 알 수 없는 내용의 메모를 대통령선거
유세 중에 읽어서 발설했다. 이 사건은 나중에 국가정보원(당시 원장 원세훈)이
청와대에 〈남북정상회담 대화록 검토〉라는 보고서를 제출했는데, 이것이 청와
대 외교안보수석실을 거쳐 새누리당 김무성(당시 새누리당 선거대책위원장),
권영세(당시 주중대사) 등 정치권에 유출되었다는 것이 밝혀졌다.[47]

청와대에서 보관하던 남북정상회담 대화록을 노무현 전 대통령 지시로 폐기
했다는 주장이 언론에 보도됨으로써 '대화록 폐기 사건'으로 발화했다.[48] 심지
어 대통령이 주재하는 회의에서 해당 기록 목록을 없애기로 했다는 보도까지
있었다.[49] 청와대와 새누리당의 정치 공방은 거셌다. 박근혜 당시 대선후보는

---

47 〈2007년 남북정상회담 회의록 유출 '국기문란'에 면죄부〉(경향신문, 2014.06.10.), 〈MB국정원
   남북정상회담 대화록 보고서, 외교안보수석실서 유출〉(연합뉴스, 2017.11.06.)
48 〈청 보관용 '노-김정일 회담록' 노 지시로 폐기〉(문화일보, 2012.10.17.)
49 〈노 주재회의서 청와대 문건 없애기로〉(조선일보, 2012.10.23.)

"있을 수 없는 일"이라고 목소리를 높였고, 당시 새누리당 공보단장이던 이정현은 노무현 대통령을 '5천년 내 최초의 역사 폐기 대통령'이라고 발언하기까지 했다. 또 새누리당에서는 노무현 대통령이 퇴임 직전 청와대에 보관한 회의록을 없애 이명박 정부가 쉽게 내용을 열람하지 못하도록 했다는 의혹도 제기했다. 여기에 더해 이명박 정부 출범 직후 정권 인계인수 부실 논란과 2008년 '대통령기록 유출 논란'까지 다시 소환해 논란을 키웠다.

한편 국가정보원은 원세훈 원장 시절인 2009년 3월, 1급 비밀이던 회의록을 2급 비밀로 재분류하고, 이를 남재준 국가정보원장이 2013년 6월 20일 국회 정보위원회 새누리당 위원들에게만 발췌본을 전달하는 방식으로 공개하더니, 2013년 6월 24일에는 회의록 전문을 공개했다.

남재준 당시 국가정보원장은 야당 공격에 맞서 국가정보원 명예를 지키기 위해 국회에서 대화록을 공개했다고 말했다. 또 노무현 당시 대통령이 김정일 앞에서 NLL을 포기했다는 반역을 알리기 위함이라고도 했다. 그러나 이 말은 곧 사실이 아니라는 것이 드러났다. 국가정보원은 이미 4월과 5월에 대화록이 대통령기록인지 공공기록인지를 국가기록원과 법제처에 법령 해석을 의뢰한 사실이 밝혀졌기 때문이다.

이때는 국가정보원 대선 개입 의혹 사건이 검찰에 송치된 즈음이어서 국가정보원이 자신에게 불리한 국면을 전환하려는 의도로 정상회담 회의록 공개를 계획했다고 의심받았다. 국가정보원은 국가기록원과 법제처가 공공기록이라는 해석을 하지 않았음에도 불구하고 6월 20일 정상회담 회의록 공개를 감행했다. 6월 20일은 국회가 국가정보원 대선 개입 의혹 사건을 국정조사하기로 합의한 날이다.

국가정보원이 공개한 회의록은 사본이므로 대통령기록관에 보존하는 원본을 보자며 2013년 7월 2일 국회에서 지정기록 접근을 의결했다. 그러나 대통령기록관에서 보존 관리한다고 예상한 회의록(녹음파일 포함)은 대통령기록보존시스템(PAMS)에서 발견하지 못했다. 행정박물 방식으로 따로 보낸 e지원시스템에서도 발견되지 않았다. 이에 여당에서는 누가 회의록을 폐기했는지 규명해야 한다며 '사초게이트'라고 공세를 폈다. 대화록 사건은 'NLL 포기 논란'에서 '회의록 폐기 논란'이라는 새로운 국면으로 전환되었다.

결국 정부 여당은 남북정상회담 회의록을 삭제했다며 백종천(당시 청와대 통일외교안보정책실장), 조명균(당시 청와대 외교안보정책비서관)을 검찰에 고발했다. 검찰은 이관용 외장하드, 대통령기록보존시스템(PAMS), e지원시스템 소스코드 및 데이터저장매체 나스(NAS), 서고 이관 기록 전체를 확인했지만 대화록을 찾지 못했다. e지원시스템은 대통령기록으로 이관되어 대통령기록보존시스템(PAMS)에 보존하고 있는 것, 청와대에서 사용하여 행정박물로 이관된 것, 봉하마을에 복제해 가져갔다가 반납한 것 등 세 가지였다. 검찰은 이 중 반환한 '봉하 e지원'에서 정상회담 회의록을 발견했다. 또 회의록이 e지원시스템에서 이관되기 전에 삭제되었다고 발표했다. 검찰은 회의록 초본을 노무현 전 대통령 지시에 따라 삭제하고 대통령기록관으로 이관하지 않았다며 백종천·조명균을 「대통령기록물법」 위반, 공용전자기록 등 손상 혐의로 기소했다.

1심과 2심에서는 남북정상회담 회의록 초본 삭제는 무단 폐기가 아니라고 판결했다. 대법원이 접수한 지 4년 만인 2020년 3월 9일 전원합의체로 넘겼고, 2020년 12월 10일 1, 2심 판결을 깨고 유죄 취지로 사건을 서울고등법원에 보냈다. 파기환송심 선고 공판에서 각각 징역 1년에 집행유예 2년을 선고, 최종 확정받았다.

회의록 작성의 전말

남북정상회담 회의록 사건을 이해하려면 어떻게 작성했는지부터 살펴야 한다. 이 사건의 판결문은 물론 노무현 정부 청와대의 e지원시스템 기록 생산 체계를 두루 살펴야 사건의 실체에 접근할 수 있다. 판결문을 바탕으로 회의록 작성과 삭제 경과를 정리하면 다음과 같다.

2007년 10월 3일 노무현 대통령과 김정일 국방위원장이 정상회담을 했다. 이 자리에는 조명균 외교안보정책비서관이 배석하여 수기 메모를 작성하는 한편 녹음으로 정상회담을 기록하였다. 실제 회담 장소에서 어느 정도 거리가 있고 잡음 때문에 녹취가 쉽지 않아 관련 기술이 있는 국가정보원에서 녹취하도록 했다. 국가정보원은 녹음파일을 인수하여 회의록을 작성한 후 청와대로 보냈고, 조명균 비서관은 이것을 일부 수정하여 2007년 10월 9일 〈남북정상회담 회의록 보고〉라는 제목의 e지원시스템 문서관리카드를 작성하여 대통령에게 보고하였다.

이어 10월 19일 노무현 대통령은 문서관리카드 회의록 파일을 열어 열람하였고, 10월 21일 열람·시행·재검토·보류·중단 중 '열람'을 선택하면서 "수고 많았습니다. 다만 내용을 한 번 더 다듬어 놓자는 뜻으로 재검토로 합니다"라는 처리 의견을 적었다. 또 보고서에 대한 의견으로 '남북정상회담녹취록.hwp'라는 문서를 작성하여 첨부하였다.

<노무현 전 대통령 대화록 수정 지시>

수고 많았습니다.
읽어보니 내가 기억하지 못하고 있는 일이 생각보다 많다는 느낌입니다.

그리고 NLL 문제는 김정일 위원장도 추후 다루는 것을 동의한 것으로 생각하고 있었는데, 확실하지 않고 오히려 내가 임기 내에 NLL 문제를 해결할 수 있다고 말한 것으로 되어 있습니다. 앞으로 이 문제를 다룰 때 지혜롭게 다루어 주어야 할 것 같습니다.

그 밖의 문제는 다 공개된 대로입니다만 앞으로 해당 분야를 다룰 책임자들은 대화 내용과 분위기를 잘 아는 것이 필요할 것입니다. 그러므로 앞으로 회담을 책임질 총리, 경제부총리, 국방장관 등이 공유해야 할 내용이 많은 것 같습니다. 통일부장관, 국정원장 등은 동석한 사람들이고 이미 가지고 있겠지요? 아니라면 역시 공유해야 할 것입니다.

필요한 내용들을 대화록 그대로 나누어 주어야 할 것 같습니다. 내용뿐만 아니라 분위기도 이해할 필요가 있을 것이니까요.

제공할 사람의 범위, 대화록 전체를 줄 것인지 필요한 부분을 잘라서 줄 것인지, 보안을 어떻게 할 것인지는 안보실이 책임을 지고 판단해 주시기 바랍니다.

이 녹취록은 누가 책임지고 한 자, 한 자 정확하게 다듬고, 녹취록만으로 이해하기 어렵거나 오해가 발생할 가능성이 있는 부분은 각주를 달아서 정확성, 완성도가 높은 대화록으로 정리하여 이지원에 올려 두시기 바랍니다.

62페이지 '자위력으로'는 '자의적으로'의 오기입니다. 63페이지 상단, '남측의 지도자께서도'라는 표현은 이해가 되지 않습니다. 그 밖에도 정확하지 않거나 모호한 부분이 없는 것은 아니지만 시간도 없고 이 부분만큼 중요하지 않아서 이 부분만 지적해 둡니다.

이 작업에는 수석, 실장 모두 꼼꼼하게 검증 과정을 거쳐주시기 바랍니다.

071020 대통령

대통령 지시를 확인한 조명균 비서관은 국가정보원과 협의하였고, 국가정보원은 두 부를 만들어 한 부를 종이문서로 작성하여 청와대에 전달했다. 조명균 비서관은 이를 열람한 뒤 정상회담 당시 자신이 받아 쓴 메모와 관련 자료를 취합해 다시 수정하여 1급 비밀로 최종 회의록 완성본을 만들었다.

이를 2007년 12월 말부터 2008년 1월 초순 사이에 노무현 대통령에게 대면 보고 하였다. 조명균 비서관은 이때 노무현 대통령이 "국가정보원에서 1급 비밀로 보관하여 e지원시스템에 있는 회의록 파일은 없애 청와대에 남겨두지 말라는 취지의 지시를 내렸다"라고 검찰에서 진술했다가 나중에 이를 번복했다.

조명균 비서관은 대면보고 후, 10월 9일 보고한 문서관리카드 초안을 종결하지 않고 '계속 검토'로 지정하였다가 (2008년 1월 30일부터 2월 14일 사이 어느 시점에) e지원시스템 엔지니어의 도움을 받아 삭제하였다. e지원시스템은 원래 삭제 기능이 없었다. 그런데 차기 정부로 업무 인수인계와 기록 이관을 준비하다 보니 시스템 개발 과정에서 사용한 테스트 파일, 중복 파일 등이 많아 이를 정리하기 위한 '삭제 매뉴얼'을 개발·운용하였다. 이 상황에서 조명균 비서관이 시스템 엔지니어에게 요청해 e지원시스템 메인테이블에서 회의록 초안 문서관리카드를 삭제하였다.

대화록 초안 작성부터 삭제에 이르는 과정은 이와 같다. 이 과정에서 주목할 것은 당시 청와대 의사결정은 여타 다른 부처와 달랐다는 것이다. 여타 공공기관의 보통 문서는 '기안 → 중간결재(검토) → 결재' 등의 과정을 거쳐 완성하는데 문서관리카드는 '기안 → 중간결재 → (문서 사전 점검) → 최종결재 → (문서 사후 점검) → 기안자 종료처리' 등의 과정을 거친다. 최종결재자인 대통령이 '열람, 시행, 재검토, 보류, 중단' 등 다섯 개 중 하나를 선택하면 부속실에서 사후 점검을 하고 기안자에게 돌아간다. 이때 기안자가 '종료처리'를 함으로써 문서관리카드가 완성된다.

e지원시스템과 온나라시스템 문서처리절차 비교[50]

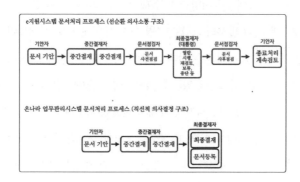

조명균 비서관은 마지막 단계에서 '종료처리'를 하지 않고 '계속검토'로 두었다가 삭제하였다. 조명균 비서관은 2월 14일 e지원시스템 메모보고 형식으로 노무현 대통령에게 회의록 완성본을 보고했다. 이때는 이미 e지원시스템이 셧다운된 다음이었다. e지원시스템 셧다운은 생산된 대통령기록을 대통령기록보존시스템(PAMS)에 이관하기 위한 조치였다. 따라서 그 이후에 조명균 비서관이 메모보고로 상신한 정상회담 회의록 완성 보고는 대통령기록관에 이관되지 않았고, 당연히 대통령기록보존시스템(PAMS)에 존재하지 않게 되었다.

2008년 2월에 대통령에게 메모보고한 대화록 완성본은 복제되어 봉하마을로 간 '봉하 e지원'에는 존재했다. e지원시스템 복제는 시스템 셧다운 다음에 이루어졌기 때문이다. 검찰 수사로 봉하e지원에서 완성본을 발견했고, 초안을 삭제한 정황을 발견하였다. 이에 백종천 수석과 조명균 비서관이 「대통령기록

50 이철환, 「판례 분석을 통한 기록의 성립 요건 검토-'남북정상회담회의록 삭제' 판례를 중심으로」 『한국기록관리학회지』 제21-1호(한국기록관리학회, 2021.) 47쪽.

물법」위반과 공용전자기록 등 손상 혐의로 사법 판단을 받는 상황이 되었다.

누구의 기록인가

국가정보원은 2013년 6월 20일 국회 정보위원회 여당 의원들에게 정상회담 회의록을 발췌하여 공개했다. 1급 비밀이던 회의록은 원세훈 원장 시절 2급으로 재분류했다가 남재준 원장이 다시 일반문서로 재분류하여 공개하였다. 국가정보원은 회의록이 대통령기록이 아니라 공공기록이라고 판단해 공개했다. 대통령기록이라면 정상회담 회의록이어서 당연히 지정기록으로 지정했을 것이라고 여겼을 수 있다. 그렇다면 국회 재적의원 3분의 2 의결이나 고등법원장이 발부한 영장이 아니면 접근할 수 없고 공개할 수도 없다.

앞에서 말했듯이 국가정보원은 공개하기 수개월 전인 2013년 4월 19일, 법제처와 국가기록원에 회의록의 성격에 대한 유권해석을 의뢰하였다. 국가기록원은 회의록을 대통령기록으로 판단했다 국가기록원은 유권해석 답변서에서 "국정원이 회의록을 생산·보관하고 있다면 공공기록으로 보는 것이 타당하다"라면서도 "다만, 회담을 주관한 기관이 어디인지 등 사실관계에 따라서 기록 성격이 달라질 여지가 있으며, 국가정보원 보관 회의록과 동일한 기록이 지정기록으로도 존재하면 대통령기록에 준해 관리돼야 한다"라며 사실상 '공개 불가' 의견을 밝혔다. 또, 법제처는 법령해석심의위원회에서 "정치적 현안이 관련된 사건이므로 의견을 내는 것은 적절치 않아 보류한다"라고 의결했다.

국가정보원은 국가기록원 유권해석에도 불구하고 정상회담 회의록이 공공기록이며 기밀 가치도 상실했다며 공개를 강행했다. 전례를 찾을 수 없는 일이었다. 「보안업무규정」에 따르면 비밀은 예고문에도 불구하고 긴급 부득이한 사정으로 비밀을 계속 보관할 수 없을 때, 국가정보원장의 요청이 있을 때, 보안 유지를 위해 예고문 파기 시기까지 계속 보관할 필요가 없을 때 등 세 가지 상황일 때 해당 기밀의 등급을 변경하거나 파기할 수 있다(제13조 제2항). 이 규정에 따라 국가정보원장이 비밀을 해제하고 공개한 데 절차상 하자는 없다. 그러나 정상회담 회의록이 대통령기록이라면 사정이 다르다.

10·4 정상회담 회의록은 공공기록인가 대통령기록인가. 기록 성격을 규정하기 위해서는 생산 주체, 생산 맥락 등을 따져야 한다. 국가정보원은 자신들이 녹음을 듣고 원본을 작성했으니 생산자가 국가정보원이라고 주장했다. 그러나 회의록 생산 경위를 따지면 대통령기록으로 봐야 한다.

남북정상회담 회의록은 조명균 비서관이 두 정상의 대화를 기록(수기 메모)하는 동시에 녹음하였다. 회담 후 청와대와 국가정보원 관계자들이 함께 녹취하여 회의록을 작성했다. 청와대는 녹취 기술이 없어 국가정보원에서 초안을 만들고 외교안보정책비서관실이 보완하여 완성했다. 이것이 대통령에게 보고한 회의록 초본이다.

대통령 수정 지시 이후 국가정보원이 2부를 작성하고 1부를 종이문서로 청와대에 전달했고, 조명균 비서관이 국가정보원에서 받은 초안과 자신이 받아 쓴 메모와 관련 자료를 취합해 최종본 전자문서로 생산해서 2007년 12월 말에서 2008년 1월 초에 대통령에게 보고하였다. 이를 종결처리하지 않고 있다가 2월 14일 e지원시스템에 메모보고하였다. 국가정보원은 녹음을 듣고 그대로 받아 쓴 회담록 전문을 갖고 있으므로 생산자라 주장하지만, 이런 경위를 따지면 청와대를 생산자로 볼 수 있다.

생산한 기록과 관련한 업무를 수행한 기관(또는 부서)이 어디인지도 중요하다. 남북정상회담추진단이 정상회담 업무를 수행했다. 추진단에는 여러 기관이 섞여 있지만 청와대가 주관하는 업무 체계이다. 생산한 기관으로 따져도 정상회담 회의록은 대통령기록이다. 애초에 정상회담은 대통령만 할 수 있는 고유 업무이므로 대통령기록으로 볼 수밖에 없다.

대통령기록관이 아닌 다른 기관이 소장한 기록이므로 대통령기록으로 볼 수 없다는 주장도 있었다. 「대통령기록물법」에서는 다른 기관이 소장할 경우 기록의 성격을 어떻게 볼 것인지 규정이 없기 때문에 회의록은 공공기록이라는 것이다. 어느 기관이 소장하고 있느냐는 중요한 기준이긴 하다. 그러나 소장 기관이라는 하나의 사실만으로 기록 성격을 확정할 수는 없다. 생산 주체와 맥락을 따져봤을 때 국가정보원이 소장한 기록은 사본 성격이라고 할 수도 있다.

2017년 국가정보원 개혁위원회는 정상회담 회의록 성격을 "청와대가 회담 주관 기관인 점, 청와대가 녹음파일을 생산하고 국가정보원은 청와대 지시에 따라 녹취록을 단순 작성해 청와대에 제공한 후 청와대 수정 지시에 따라 수정 작업을 실행한 점, 조명균 청와대 안보정책비서관이 최종적으로 회의록을 수정해 대통령에게 보고한 점, 청와대 지시에 따라 최종 보고된 회의록 사본을 토대로 국가정보원 회의록을 작성·보관한 점 등에 비춰볼 때 실질적으로 대통령기록으로 판단할 여지도 충분하다"라고 판단했다.

지금까지 살펴본 바와 같이 정상회담 회의록은 대통령기록으로 봐야 한다. 그런데 국가정보원은 공공기록이어서 제한적 열람 대상이 된다며 공개했다. 정상회담 회의록이 대통령기록이며 지정기록인지 확인하지도 않은 상황에서 공공기록이라며 비밀을 해제하고 공개한 것은 심각한 문제이다.

지정기록으로 관리해야 할 기록을 다른 기관에서 소장할 경우 성격을 어찌 볼지 정하지 않은 것이 입법 미비이다. 그러나 대통령 보좌기관 등 대통령기록 생산기관은 정부 다른 부처에게 보고를 받으며 다양한 기록을 접수한다. 따라서 얼마든지 같은 내용의, 심지어는 동일한 기록을 지정기록으로 규정하지 않은 상태로 부처에서 관리할 수 있다. 이것 모두를 일일이 찾아서 생산 주체와 맥락을 따져 성격을 규정할 수는 없다. 그러나 명백한 대통령기록을 단지 소장하고 있다는 이유로 공공기록으로 규정할 수는 없다. 더욱이 내용상 지정기록으로 관리해야 할 것을 공공기록이라며 공개하는 일은 다시는 반복하면 안 된다.

생산하지 않으면 폐기할 수 없다

기록 폐기는 생산이 전제되어야 한다. 기록으로 생산하지 않았다면 그것을 '삭제'했다고 해도 처벌 대상인 무단 폐기는 아니다. 남북정상회담 회의록 사건 재판의 핵심 쟁점은 무엇을(어떤 상태를) 기록 생산으로 볼 것이냐였다. 만약 기록을 생산했다면 삭제 행위는 무단 폐기이고 형사처벌 대상이다.

남북정상회담 회의록 폐기 사건의 하급심 재판부는 대통령기록은 형태, 직무 관련성, 주체, 생산 등 네 개 요건을 갖춰야 한다고 했다. 「공공기록물법」에서는 기록을 '문서·도서·대장·카드·도면·시청각물·전자문서 등 모든 형태의 기록 정보 자료와 행정박물'이라고 형태를 나열하는 방식으로 정의하였는데, 이것이 '형태 요건'이다. 또 대통령 직무수행과 관련해야 한다며 이를 '직무관련성 요건'이라 했으며, 대통령기록 생산 또는 접수 주체가 '대통령 또는 대통령 보좌기관·자문기관 및 경호기관 또는 대통령직인수위원회'여야 하는데 이를 '주체 요건'이라 했다. 그리고 생산 또는 접수를 완료하였음을 확정해야 한다며 이를 '생산 조건'이라 했다.

하급심 재판부는 삭제된 회의록 초안은 전자문서 형태인 문서관리카드로 '형태 요건'을 갖추었으며, 대통령의 정상회담 회의록 작성과 관련되므로 '직무 관련성 요건'도 충족하고, 결재권자가 대통령이니 '주체 요건' 역시 충족한다고 했다. 세 가지 요건을 충족하니 남은 '생산 요건'에 부합하는지가 쟁점이다.

생산 요건, 즉 어떤 상태를 기록 생산으로 볼 것인가? 재판 과정에서는 탑재설, 등록설, 결재설 등 세 가지로 의견이 갈렸다. 탑재설은 무엇이고 등록설은 무엇인가? 탑재설은 대통령의 직무수행과 관련해 청와대 문서관리시스템(e지원시스템)에 문서가 탑재되면 모두 대통령기록이라는 주장이다. 결재권자가 문서를 결재하기 전이라도 생성되는 순간 기록의 지위를 갖는다는 것이다. 당시 국가기록원이 이 주장을 했다.

기록학계는 등록설 입장이었다. 결재권자가 열람하거나 결재했더라도 그것을 기록으로 확정하는 등록 절차를 완료하여 기록으로 성립되었음을 '선언(declare)'해야 한다는 주장이다. 당시 청와대에서 활용한 e지원시스템은 시스템에 기록이 등재되면, 경로에서 검토·수정이 이루어진 후 결재되며, 그 이후 기록생산자에게 돌아가 그가 종결처리를 하는 절차로 업무가 이루어졌다(182쪽 그림 참조). 등록설은 마지막 절차인 기록생산자가 종료함으로써 등록번호가 부여되면 기록 성립을 '선언(declare)'한 것으로 본다. 결국 등록설은 기록으로 선언하는 절차가 생산과 동시에 이루어지고, 관리 절차에 돌입해야 기록이 생산되었다고 보는 입장이다.

국가기록원이 주장한 탑재설은 결재권자가 문서를 결재하기 전이라도 생성하는 순간 기록의 지위를 갖는다는 주장이다. 기안자가 종료처리를 하고 등록함으로써 기록으로 선언하는 것은 요식 행위에 불과하다는 입장이었다. 그런 맥락에서 「대통령기록물법」에서 대통령기록을 직무수행과 관련한 모든 형태의 기록정보자료라고 규정(법 제2조)한 점, 그리고 업무수행 전 과정을 기록으로 생산·관리하도록 규정(법 제7조)한 점으로 볼 때 결재 이전이라도 시스템에 탑재했다면 모두 대통령기록이라고 주장했다.

검찰은 결재설을 주장했다. 검찰은 「행정업무의 효율적 운영에 관한 규정」(현재는 「행정업무의 운영 및 혁신에 관한 규정」 이하 '행정업무규정') 제6조 "문서는 결재권자가 해당 문서에 서명의 방식으로 결재함으로써 성립한다"라는 조항을 들어 대통령이 이미 열람하고 재작성 지시한 것을 결재로 보았다. 따라서 결재가 이루어진 속기록 초안 보고서 삭제는 명백히 무단 폐기이므로 처벌해야 한다고 주장했다. 재판부도 결재설을 채택했다. 삭제된 대화록 초본을 결재된 것으로 볼 것이냐 아니냐를 판단하는 문제만 남았다.

하급심에서는 정상회담 회의록 초본은 결재되지 않았다고 판단했다. 결재가 예정된 전자문서는 결재권자의 결재가 이루어졌을 때를 생산으로 볼 수 있다고 했다. 또 결재권자 결재 이전 단계에서 생산이 이루어졌다고 볼 경우, 그 기준이 매우 모호해 법적 안정성을 저해하고 죄형법정주의에 반하는 결과를 가져올 우려가 있다고 봤다. 노무현 대통령이 해당 회의록 초안에 오류를 지적하고 전체적인 수정, 보완을 지시했으므로 완성된 것이 아니라고 했다. 또 "회의록 파일과 같이 녹음자료를 기초로 하여 녹취한 자료의 경우 완성본 이전 단계의 초본들은 독립적으로 사용될 여지가 없을 뿐 아니라 다른 것과 혼동될 우려도 있으므로 초본 속성상 폐기되는 것이 맞다"라고 판단하였다(2013고합1232 판결문).

그러나 대법원에서는 노무현 대통령이 회의록 초안을 검토하면서 문서관리카드의 처리 방법 다섯 가지 열람, 시행, 재검토, 보류, 중단 중 하나인 열람을 선택함으로써 결재했고, 그것으로 기록이 생산되었다고 판단했다. 또 하급심에서 대통령이 회의록 초안을 승인하지 않았다고 본 근거인 대통령의 수정·보완 지시가 담긴 훈글(hwp) 형식 검토 의견은 오히려 '열람하고 그 내용을 확인하였다는 의사'와 모순하지 않는다고 하였다. 또 회의록은 일반적인 의사결정 기록인 문서와 달리 내용 확인이 충분한 기록이므로 회의록 결재는 '그 내용을 열람하고 확인하는 의사'로 충분하다고 봤다(2016도7104 판결문). 결국 회의록 초안을 상신하고 이를 열람함으로써 결재문서로 완결되었으므로 생산된 것이고, 그것을 삭제했으니 무단 폐기에 해당한다고 최종 결정하였다.

대법원 판단에 따라 '사초 실종 논란'은 기록 무단 폐기로 사법 판단이 끝났다. 남북정상회담 회의록 사건 판결로 기록(대통령기록)의 개념과 정의, 생산이란 무엇인지 등 논란에 종지부를 찍었다고 생각할 수도 있다. 그러나 완전히 끝난 것은 아니다. 노무현 정부 e지원시스템 문서관리카드에 대한 논의는 계속될 것이다. 예컨대 노무현 전 대통령이 열람을 선택하고 수정 의견에서 재검토를 언급했는데 이것은 열람이 아니라 반환으로 봐야 하지 않느냐는 생각을 할 수 있다. 대법원 판단은 e지원시스템 문서관리카드의 선순환적 의사결정 절차를 형식적으로 이해한 결과 아니냐는 의문도 가질 만하다.

「공공기록물법」에서 "업무의 입안에서 종결 단계까지 모든 과정 및 결과가 기록물로 생산·관리되도록 해야 한다(제16조 제1항)"라고 정한 의미가 무엇인지도 다시 생각해보는 계기가 되었다. 필자는 이 조항이 '공문서분류번호 및 보존기간표'[51] 적용에 따라 기록 한 건에 보존기간을 적용하던 것을 업무 사안

---

51 '공문서분류번호 및 보존기간표'는 공공기록물법, 제도가 시행되기 이전의 '문서'의 분류와 보존기간을 정해놓은 분류체계이다. 이후 공공기록물법 시행(2000년 1월) 후 2004년부터 '기록물분류기준표' 제도를 도입하여 시행하였다. 또 2007년 4월부터는 정부기능연계모델(BRM; Business Reference Model)과 연계한 '기록관리기준표'를 사용하고 있다. 공공기록의 분류체계의 변동과 현황에 대해서는 김태웅, 「기록물분류기준표의 제정과 전망」 『기록보존』 제12호(국가기록원, 1999.) 이미영, 「기록관리기준 조사 및 작성에 관한 연구」 『기록학연구』 제15호(한국기록학회, 2007.) 기록의 분류에 대한 현황은 국가기록원 홈페이지(https://www.archives.go.kr/) > 업무·안내자료 > 기록물분류기준 참조.

에 따라 시작과 끝의 기록을 묶어(즉 기록철로 묶어) 보존기간을 적용하는 새로운 기록편철 제도를 적용하라는 것으로 이해했다. 그리고 문서에 포함되지 않은 기획 단계의 조사·연구·검토서, 진행 중인 회의록, 그리고 모든 과정의 시청각 기록을 남기도록 생산을 의무화했다고 생각한다. 이런 관점으로 볼 때 아홉 차례나 수정하여 완성한 회의록 초안을 생산 완료라고 판단한 것은 실무적으로는 이해하기 어렵다.

남은 의문

대통령기록관에 10·4 남북정상회담 회의록이 없는 것이 사초 폐기, 기록 무단 폐기인가? 당시 미디어와 정치권에서 사초 폐기라고 했는데 과연 그러한지 좀 더 깊이 따져보자. 노무현 전 대통령은 국가정보원이 회의록을 보관·관리하도록 했다. 대통령기록관에서만 관리하고 지정기록으로 보호하면 15년 동안 접근하지 못하는 상황이 생기니, 다음 대통령이 향후 대북 관계에 참고할 수 있도록 국가정보원에 보관하도록 안배했다.

통일(또는 평화번영) 정책 지향을 담은 정상 간 대화는 남북관계에서 가장 중요한 참고자료이므로 15년 동안 봉인하는 것은 큰 손실이다. 따라서 국가정보원에 정상회담 회의록을 보관하도록 한 것은 국정 운영 책임자로서 당연한 안배라고 할 수 있다. 만약 기록을 은닉하거나 폐기할 목적이라면 독대 보고를 받지도 않는 국가정보원에 회의록을 보관·관리하도록 하지 않았을 것이다. 기록 무단 폐기는 물리적으로 보존할 수 없도록 한 상태를 말한다. 따라서 대통령이 국가정보원에 보관하고 활용하도록 한 것이 기록 무단 폐기 즉, 사초 폐기라는 주장은 성립하지 않는다.

남북정상회담 회의록은 무단 공개 논란이 일었던 국가정보원본이 하나, 반환한 '봉하 e지원'에서 삭제된 것을 검찰이 복구한 것 하나, 마지막으로 '봉하 e지원'에서 발견된 것 하나 등 세 가지 버전이 있다. 검찰이 복구한 것은 초안이고 나머지 두 가지는 완성본이다. '봉하 e지원'에 완성본 대화록이 있다는 것은 폐기하지 않고 존재했다는 증명이기도 하다. 초본이 대통령기록 생산 주체인 노무현 대통령 지시로 수정·보완을 거쳐 최종본 형태로 완성됐다는 사실을 확인했기 때문이다.

그렇다면 남북정상회담 회의록 초안을 왜, 굳이 삭제했을까? 회의록은 보통 최종본인 완성본을 관리하기 때문에 초안이나 수정본은 폐기한다. 하급심 재판부에서도 "회의록 파일처럼 녹음자료를 기초로 해서 대화 내용을 녹취한 자료의 경우 최종 완성본 이전 단계의 초본은 독립해 사용할 여지가 없을 뿐 아니라 완성된 파일과 혼동할 우려도 있어 속성상 폐기하는 것이 타당하다"라며 회의록은 그 특성상 오히려 삭제하는 것이 합리적이라고 하였다(2013고합1232 판결문). 그래서 최종본을 남기고 초안을 삭제하는 것이 정상적인 조치라고 생각할 수도 있다.

문제는 회의록 최종본이 공식 대통령기록으로 등록·이관되지 않았다는 점이다. 노무현 정부 대통령비서실에서 일한 사람들은 대통령기록관에서 정상회담 회의록을 보존하지 않은 사실에 놀라워했다. 직무와 e지원시스템 활용 체계상 회의록이 등록되지도 않고, 대통령기록으로 관리되지도 않았다는 사실을 이해하지 못했다. 그래서 회의록 사건 초반기에 이구동성으로 정상회담 회의록은 반드시 대통령기록관에서 관리하고 있을 것이라고 주장했다.

왜 남북정상회담 회의록 완성본은 대통령기록으로 등록하지도, 이관하지도 않았을까? 먼저 생각할 수 있는 이유는 노무현 대통령 지시이다. 하급심 판결문에 따르면 노무현 대통령은 "정상회담 회의록을 대통령기록으로 관리하지 말고, e지원시스템에 남아있는 회의록 파일도 없애도록 하라. 회의록을 청와대에 남겨두지 말라"고 지시했다고 한다. 조명균 비서관은 2013년 1월 14일 서해북방한계선(NLL) 발언을 둘러싼 고소·고발 사건을 수사하던 서울중앙지방검찰청에 참고인으로 출석하여 "2008년 1월 중순 이후 문서로든 전자파일로든 청와대에 남겨두지 말라는 지시를 받았다"라고 진술했다.

그러나 조명균 비서관은 2013년 7월 28일의 참고인 진술에서 정상회담 회의록 보고 경위 및 결재 여부, 노무현 대통령의 문서관리카드 삭제 지시 여부 등에 대하여 앞선 진술을 번복했다(2015노622 판결문).[52] 조명균 비서관에 따르면 노무현 대통령 지시는 크게 세 가지이다. 먼저 초안 보고 때 "표현이 부정확한 부분을 꼼꼼하게 다듬어 정리하고 정상회담에 배석하지 않은 사람들과도 공유하라"며 '재검토' 지시를 했고, "보안 문제에 유의해 최종본 수정이 다 되면 e지원시스템에 등재하라"고 했다. 그리고 수정을 끝내고 구두보고했을 때 "최종본을 국정원에 보내 다음 대통령이 필요할 때 참고할 수 있도록 하라"는 지시를 했다. 또 시기는 명확하지 않지만 정권교체기에 청와대의 중요 문서가 분실되거나 유출될 수 있기 때문에 보안에 유의하면서 청와대에 불필요한 자료는 남겨두지 말라는 차원의 지시를 했다고 한다. 파일을 삭제하라거나 이관하지 말라는 지시는 없었다는 것이다.

진술 당사자가 번복했기 때문에 노무현 대통령 삭제 지시가 실제 있었는지는 확인할 수 없다. 일부 언론에서 삭제를 지시하는 동영상이 있다고 했으나 그것은 기록 이관, 인계인수, 활용 등 분류에 대한 동영상으로 확인되었다.

노무현 대통령 지시가 아니라면 조명균 비서관의 실수 또는 착각으로 인한

---

52 <조명균 전 청 안보정책비서관 "노 대통령, 회의록 삭제 지시 안 했다">(경향신문, 2013.10.08.)

미등록 가능성도 있다. 일단 임기 말 e지원시스템 운용 상황을 이해할 필요가 있다. e지원시스템 기록의 이관은 청와대에서 운영하는 대통령기록관리시스템(PRMS)으로 옮기고 이를 대통령기록관에서 운영하는 대통령기록보존시스템(PAMS)로 이관한다. 이를 위해서 가장 먼저 해야 할 일이 e지원시스템을 운영을 중지(shut down)하는 일이다. 그것이 2월 14일 오전이었다. 그런데 초안 작성 이후 계속 수정된 정상회담 회의록은 셧다운 직후인 2월 14일 오후 대통령에게 메모보고로 상신된다. 즉, e지원시스템에 등록했지만 셧다운 다음이기 때문에 공식적인 이관 절차에서 누락되었다. 대통령기록보존시스템(PAMS)에서 대화록을 찾을 수 없는 것이 당연했다.

물론 e지원시스템이 셧다운되었다고 보고를 할 수 없는 것은 아니다. 서면보고를 하면 되는데 하지 않은 것은 기안자가 시스템 셧다운을 모르고 있었다는 추론이 가능하다. 그러나 2월 14일 메모보고 내용을 보면 셧다운을 모르지는 않았다는 추론도 가능하다. 조명균 비서관은 "안보실에서는 2007 정상회담 회의록 1차 보고 시 대통령님께서 지시하신 바에 따라 국정원과 협조하여 전체적으로 꼼꼼히 점검, 수정하였습니다. 동 '회의록'의 보안성을 감안, 안보실장과 상의하여 e지원 문서관리카드에서는 삭제하고, <u>대통령님께서만 접근하실 수 있도록</u> 메모보고로 올립니다."(밑줄은 필자)라고 적었다.

'대통령님께서만 접근하실 수 있도록'이라는 표현이 무엇을 의미하는지 해석이 필요하다. 문서관리카드에는 결재 경로, 협조와 열람권자를 표시할 수 있는데 보안상 경로를 배제하고 오직 대통령만 보도록 메모보고를 했다는 의미일 수도 있다. 또는 이미 시스템 셧다운 다음이지만 복제해서 봉하마을로 가져가기 때문에 대통령님만 보실 수 있게 메모로 보고한다고 해석할 수도 있다. 조명균 비서관이 맥락을 밝히지 않는다면 무엇이 진상이라고 말하기 어렵다.

제4장
벼랑 끝의 대통령기록

제1절　기록이 사는 곳

기억의 이름

　기록관(Archives), 도서관, 박물관을 기억기관이라고 한다. 기억기관은 과거 기록과 기억을 현재로 가져오고, 현재 기록과 기억을 미래로 보내는 역할을 한다. 이 세 기관의 영문 스펠링 일부를 합해 라키비움(RACHIVIUM)이라 부르기도 한다. 그러나 라키비움이 기관의 정체성은 아니다. 현대 기억기관은 기능과 역할 차원에서 정체성은 큰 의미가 없을지도 모른다. 국민은 도서관이든 박물관이든 아니면 기록관이든 원하는 정보를 쉽고 편하게 소비하면 된다. 이런 국민 요구에 따라 기억기관 정체성을 합일(合一)하는 것이 현재 경향이다. 따라서 명칭을 구분해서 말하는 것은 사실 큰 의미가 없다.

　그렇다고 해서 각 기관의 원래 정체성까지 의미가 없는 것은 아니다. 도서관, 박물관, 기록관은 전통적으로 부여된 기능과 역할이 있다. 자기 고유 기능을 다른 기억기관보다 중점적으로 수행해야 한다. 예를 들어 도서관이나 박물관에 국가의 설명책임을 구현하는 정체성을 요구할 수는 없다. 그것은 국가(공공) 기록관이 할 일이다.

　우리에게 대통령기념관은 가깝고 대통령기록관은 멀다. 그리고 대통령기념관에 가깝게 대통령도서관이 자리한다. 대통령박물관을 건립하자는 의견은 많지 않다. 이런 상황은 대통령 관련 시설에 대한 언론과 지식인들의 인식에서 비롯했다. 기록관, 도서관, 기념관을 구분하지 않고 대통령 관련 시설을 얘기하는데, 이건 크게 잘못한 일이다.

대통령기념관(Presidential Memorial)은 무엇을 하는 기관인가? 기념관은 자료나 유물 보관을 위해 세운 건물[76]이라는 엉뚱한 말을 하는 경우도 있지만 기록 보존·관리가 목적이 아니며, 전직 대통령 '선양(宣揚)을 위한 기념'이 주된 기능이라는 점에서 기록관과 근본적으로 다르다. 기념관에서 설령 대통령 재임 전후 자료를 수집하고 보존하더라도 대통령기록은 아니다. 기념관이란 한 개인이 아니라 그가 산 시대를 기념하고 재평가한다는 사회적 의미를 갖는다. 따라서 국가가 기념관을 만들려면 국민적 공감에 기반해야 한다.

우리 언론과 학계 일각에서 사례라고 가져오는 미국도 대통령기록관(Presidential Archives)과 기념관은 시설은 물론이고 관리 주체를 엄격하게 구분한다. 대통령기념관(Presidential Memorial)은 제퍼슨, 링컨, F. 루스벨트 등 극소수 대통령을 기념하는 건축물로서 국립공원관리소가 건축하고 관리한다. 200여 년간 42명의 대통령을 배출한 역사가 있으면서도 국가가 건립한 기념관이 3개밖에 없는 것은 긴 시간에 걸쳐 역사적 평가를 완전히 내린 대통령으로 대상을 제한했기 때문이다. 루스벨트 대통령기념관을 세운 때도 사후 52년이 지난 1997년이었다. 기록관과 기념관을 동시에 지은 대통령은 F. 루스벨트 대통령뿐이다.

그렇다면 대통령기록관은 무슨 기관인가? 대통령이 재임 중에 생산한 각종 기록을 수집·보관·관리하는 곳이다. 도서관·기념관과는 다른 개념이다. 치적을 기념하는 곳도 아니고, 개인이나 민간기관 소유물도 아니다. 퇴임 이후 치적을 홍보하거나 대통령 재임을 기념하기 위해서 만드는 기념관이 아니라, 재임 중 기록을 빠짐없이 관리하고 잘 설명해서 공개해 국민에게 돌려주는 기관이다.

---

76 <대통령기념관>(국민일보, 2000. 08. 03.)

미국도 대통령기록을 관리하는 주체는 민간이 아닌 국가기록관리처(NARA)이다.

미국 국가기록관리처(NARA) 산하 대통령기록관리국 업무 지침에서 제시한 대통령기록관 기능은 △대통령, 대통령 보좌관, 및 대통령행정부 기록·시청각물·박물 보호 △학생, 교수, 타지역 학자에게 기록 및 시청각물 조사·연구 시설 제공 △대통령 박물 공간 제공(대통령과 소통) △지속적인 지역 주민 관심 제고를 위해 전시회·갤러리 공간 제공 △기록직 직원과 큐레이터에게 업무 공간 제공 △기념식 축하연 장소 제공 등이다.

우리는 미국 대통령기록관을 대통령도서관이라고 번역하여 부른다. 'Presidential Library'를 직역한 때문이다. 그러나 일반적으로 우리가 아는 도서관은 아니다. 어떤 사람은 '대통령기념관'으로 번역하기도 하는데 그것은 더더욱 아니다. 대통령기록관으로 번역해야 한다. 대통령기록을 관리하는 기관이기 때문이다. 그런데 왜 도서관(Library)이라고 했을까? 도서관이라고 부른 때는 최초 대통령기록관을 추진한 루스벨트 시기로 올라간다.

루스벨트 기록관을 'Presidential Library'라고 한 이유는 기증자 이름을 붙여서 도서관이라는 명칭을 사용하는 기념관이 있다는 전례에 착안한 전문가 제안 때문이었다고 한다. 1914년 오하이오주 프레몬트에 문을 연 헤이스 대통령기념관(Rutherford B. Hayes Memorial Library)과 후버 대통령이 스탠포드대학에 기록을 기증하여 1919년 개관한 후버 전쟁·혁명·평화 도서관(Hoover Library of War, Revolution and Peace)이 그 전례이다. 루스벨트는 '하이드파크 도서관'이라는 명칭을 선호했으나 그 당시 이미 하이드파크에 공공 도서관이 여섯 군데나 있었기 때문에 그들과 구분하기 위해서 '루스벨트대통령도서관'이라는 명칭을 사용했다. 아카이브는 생소하거나 전문적이라는 느낌이 강한 반면, 도서관은 친

숙하다는 점도 고려했다. 도서관(Library)이라 명명했지만 루스벨트는 대통령기록보존소라고 생각했고, 1955년 제정한 「대통령도서관법」에서도 전직 대통령 대통령기록을 보존하는 아카이브를 'Presidential archival depository(대통령 기록보존소)'라고 칭했다.

국내에서 '대통령도서관'으로 해석한 것은 '김대중도서관' 건립 이후부터이다. 그것이 박정희대통령기념관이 박정희 기념·도서관이 되면서 완전히 굳어졌다. 김대중도서관은 스스로 정체성을 미국식 전문 대통령도서관이라고 밝혔다. 그러나 미국처럼 재임 중 기록을 관리하고 국민에게 서비스하는 기관은 아니다. 현재 김대중도서관은 아예 기록 정보 서비스 기능이 없다. 미국 대통령기록관 제도에서 '대통령도서관'이라는 명칭만 가져오고 본질은 기념관으로 운영하는 상황이다.

시민들의 생각은 다르다. 도서관이라 하면 자료를 열람하고 책을 대여하는 곳으로 알고 있는데, 그렇지 않다고 강한 항의를 하기도 한다. 박정희도서관은 공공도서관으로 추진했고 국가 예산을 투입했는데, 왜 접근조차 할 수 없는지 이해하지 못한다.

이런 상황이 더 깊어진 것은 미디어가 대통령기록관과 기념관, 그리고 도서관을 구분하지 않고 막 사용했기 때문이다. 한 언론에서는 인제대에서 노무현 대통령기념관을 추진한다고 했을 때 그것을 국가기록원의 '노 대통령 기록분소'라고 했다.[77] 또 당시 야당에서는 기념관을 송덕비에 비유하였다.[78] 미디어에서는 미국 대통령기록관을 'Presidential Memorial'이라고 하기도 한다. 심지어는 「대통령기록물법」을 인용하면서도 대통령기록관을 대통령기념관이라고 바꿔서 말한다. 개별 대통령기록관을 설치다고 하면 국고로 재임 중에 기념관

---

77 <노무현 기념관과 역대 대통령기념관>(연합뉴스, 2007.04.16.)
78 <'노무현 기념관' 재임 중 추진 논란>(조선일보, 2007.04.17.)

을 추진한다며 지적하고 공격하기 바쁘다. 알면서 그러는지 몰라서 그러는지 헷갈릴 정도이다.

우리 국민은 기념관 추진에 반대가 많은 편이다. 그 이유는 역사적 평가 문제와 건립비, 운영비 때문이다. 박정희기념관을 추진한다고 할 때 개인 기념관 건립에 국고를 지원한다는 이유로 반대하는 의견이 많았다. 거제에 김영삼 전 대통령 기념전시관을 추진한다고 할 때도 거제시민 반대가 만만치 않았다. 재임 중에 추진하면 특히 반대가 심하다. 2019년 문재인 대통령이 개별 대통령기록관을 추진할 때 재임 중에 기념관을 추진한다며 비판이 거셌다. 인제대에서 노무현 전 대통령 기념관을 짓겠다고 할 때도 국민 70% 이상이 반대 여론이었다.[79]

그러나 대통령기록관은 대통령과 정부의 역사적 반성과 올바른 평가를 위한 기초 토대로서 대통령기록을 보존하고 보호하는 가장 효과적인 제도이다.[80] 대통령기록관을 설립하여 대통령기록을 철저하게 보존함으로써 국정 최고 수반의 정책과 활동에 대한 설명책임과 역사적 투명성과 정당한 평가가 보장된다.

우리나라와 같이 대통령에 대한 정치·문화적 '합의'가 없는 나라는 이념적 의미가 강한 '대통령기념관(presidential memorial)' 건립이 좋은 것만은 아니다. 기념관을 추진할 때마다 구설에 오르지 않은 대통령이 없으며 재임 중에 기념관 얘기를 꺼내면 절대 못할 말이라며 공방을 쏟아낸다. 기념관이라며 마냥 시비하고 공격할 일이 아니다. 민주주의 제도와 역사를 국민에게 전달하는 가장 유력한 도구라는 관점으로 대통령기록관을 생각해야 한다.

79　<국민 10명 중 7명 노무현 기념관 설립 반대>(노컷뉴스, 2007.04.18.)

80　한국국가기록연구원, 『대통령기록의 효율적 관리 연구』(대통령비서실 학술연구용역보고서, 2005.) 164쪽.

대통령기록관 건립을 즈음해 루스벨트가 한 연설을 회고해보자.

"과거 기록을 하나로 모으고 이를 한 곳에 보관하여 미래 사람들이 이용할 수 있게 하기 위해서 국가는 다음 3가지 믿음을 가져야 한다. 첫째 과거를 믿어야 하며, 둘째 미래를 믿어야 하며, 셋째 무엇보다 국민의 능력을 믿음으로써 국민이 과거로부터 배워 미래를 창조하는 판단력을 가질 수 있게 해야 한다."

박정희와 대통령기념관

우리나라에는 크고 작은 역대 대통령 기념시설이 있다. 주로 대통령 생가(生家)나 특별한 계기로 기념물이 된 가옥이다. 서울에 소재한 것으로는 이승만 전 대통령의 이화장, 박정희 전 대통령이 취임 전에 살던 신당동 가옥, 윤보선 전 대통령 안국동 가옥, 최규하 전 대통령의 서교동 가옥, 장면 전 총리 명륜동 가옥 등이 있다.

이승만 전 대통령은 강원도 고성에 '화진포역사안보전시관'이 있는데, 대통령별장을 전시관으로 활용했다. 또 사저인 '이화장'이 있다. 2009년 4월 28일 사적으로 지정했고, 일부 공간을 전시로 활용하는 등 기념관 역할을 하고 있다. 윤보선 전 대통령은 서울시 안국동 고택이 기념시설 역할을 한다. 충남 아산시에서는 적극적으로 윤보선 기념사업을 하고 기념관도 추진한다. 아산시 둔포면 윤보선 생가 일부를 2009년 12월부터 기념전시관으로 활용하고, 공개 구매 등으로 대통령기록을 적극 수집하고 있다. 서울 안국동 사저에 보관하던 유품 1만 3천여 건을 2012년 9월부터 대통령기록관이 위탁관리하고 있었는데, 아산 생가에 건립 중인 기념관에 소장한다며 회수해가기도 했다.

박정희 전 대통령은 가장 많은 기념시설이 있다. 대표적으로 서울시 마포구 상암동에 '박정희대통령기념관'이 있다. 서울시 중구청은 신당동 가옥을 중심으로 '동화동 역사문화공원'을 건립해서 운영 중이다. 경북 문경 '청운각'도 있다. 박정희 전 대통령이 1937년부터 3년간 문경보통학교 교사를 할 때 지낸 거처를 사당과 기념시설로 운영 중이다. 강원도 양구는 사단장 시절 사용한 공관을 안보교육장으로 활용하고, 강원도 철원 군탄공원을 박정희 장군 전역 공원으로 명칭 변경해 마치 기념공원처럼 조성했다. 경북 울릉군은 박정희 전 대통령이 울릉로를 방문할 때 숙박한 관사를 기념관으로 운영한다. 영남대는 '박정희리더십연구원'과, '박정희정책새마을대학원'을 운영하고 있다.

경북 구미시는 박정희 전 대통령 기념사업에 가장 적극적이다. 구미에는 박정희 생가가 있고, '새마을운동테마공원'과 '박정희체육관'이 있다. 경북 포항시도 만만치 않다. '새마을운동발상지기념관'이 있고, 경북 청도군과 새마을운동 발상지 소송을 하기도 했다. 청도군은 새마을운동발상지 성역화 사업을 하고 있다. 충북 옥천군은 육영수 여사 생가를 복원하고, '퍼스트레이디 역사문화교육센터'를 운영한다.

최규하 전 대통령은 서울시 마포구 서교동 가옥을 서울시가 구입하여 기념시설로 운영 중이다. 원주시에서 기념사업에 적극적이지만 큰 성과는 없는 형편이다.

전두환 전 대통령은 합천군에서 생가를 관리하는 것 말고는 특별한 것이 없다. 2007년 경남 합천군에서 '새천년 생명의 숲 공원'을 전 전 대통령 아호를 딴 '일해공원'으로 개명하면서 논란이 있었다. 합천군수가 기념관을 추진하기도 하였다. 대구공업고등학교가 전두환·노태우 두 대통령을 기념하겠다며 자료실을 만들었다가 비판이 일자 바로 철거한 일도 있다.

김영삼 전 대통령은 2010년 6월 거제에 개관한 '김영삼대통령기록전시관'이 있다. 생가 옆에 2층 규모로 운영 중이다. 또 서울시 관악구 상도동에 '김영삼도서관'이 있다. 김영삼 전 대통령 사후 공공도서관 성격 기념관으로 개관했다. 동작구청이 2018년 8월 김영삼민주센터에게 기부채납을 받아 2년에 걸쳐 리모델링을 해 복합문화시설로 단장했다. 김영삼도서관은 당초 2013년 개관 예정이었지만 국고지원금 횡령 사건이 발생하면서 미뤄졌다가 동작구가 48억 4천3백만 원 예산을 투입해 구립도서관으로 재조성했다. 사실상 공공도서관이어서 전직 대통령기념시설로의 정체성은 약하다.

김영삼도서관은 서울시 동작구에서 관리하는 구립도서관이다. 이름은 김영삼 기념시설이지만 공공도서관이다. 2015년 9월 김영삼민주센터로 준공했으나 개관하지는 못했다. 동작구가 기부채납 형식으로 나머지 공사를 진행했고, 2020년 10월 구립도서관으로 개관했다. 8층에 김영삼민주센터가 있고 지하에 김영삼대통령전시관이 있다.

김대중 전 대통령도 많은 기념시설이 있다. 대표 기념시설은 서울시 마포구 동교동 '김대중도서관'이다. 퇴임 직전인 2003년 1월 아태재단이 100억 원이 넘는 동교동 아태재단 건물과 김대중 전 대통령이 소장한 장서 및 각종 사료를 연세대에 기증한 것을 계기로 연세대 측이 도서관 설립을 제안해 김대중도서관이 되었다. 미국식 대통령도서관으로 건립하고 운영 중이라지만 대통령기록 관련 시설은 아니다. 그렇다고 김영삼도서관처럼 공공도서관 역할을 하지도 않는다. 연구시설의 정체성에 더 가깝다. 일반에게 공개한 공간은 기념전시실 정도이다. 노벨평화상과 옥중서신 등 김대중 전 대통령의 각종 유품을 전시한다.

광주시는 국내외 회의와 전시 기능을 맡는 '김대중컨벤션센터'를 2005년 9월 6일 개관했고, 일부 시설을 '김대중홀'이라 이름하고 유품 등을 전시한다. 또 전남 목포에 기념관 성격의 '김대중노벨평화상기념관'이 있고, 신안에는 생가가 조성되어 있다.

김대중이 대통령으로 취임하던 1998년 2월까지 사저로 사용한 공간을 기념관으로 조성했다. 고양시가 매입해 리모델링을 거쳐 2021년 6월 개관했다. 김대중대통령 기념시설은 김대중도서관, 김대중 사저(동교동), 생가(전남 신안군), 광주광역시의 김대중컨벤션센터와 목포시의 김대중노벨평화상기념관 등이 있다.

 노무현 전 대통령은 가장 전형적인 기념시설인 기념관과 센터를 건립하고 운영한다. 기념관은 봉하마을에는 2022년 5월 개관한 '깨어있는 시민문화체험 전시관'이 있다. 노무현 전 대통령 서거 1년 후 조성한 가건물 '추모의 집'을 철거하고 지은 시설로, 김해시가 주체가 되어 전직 대통령 문화시설로 건립했다. 해마다 수십만 명이 봉하마을을 찾는다. 추모와 기념뿐만 아니라 관광자원으로도 큰 역할을 하고 있다.

노무현대통령기념시설은 경상남도 김해 일원의 시설(묘역, 대통령의 집, 생가, 깨어있는 시민문화체험전시관)과 서울 종로구의 노무현시민센터가 있다. 깨어있는 시민문화체험전시관은 노무현시민센터 사업과 명칭이 중복되고 예산 낭비라는 논란이 있었다. 현재는 노무현기념관이라는 현수막이 붙어 있다. (205쪽 위 사진)

대통령의 집이라고 불리는 노무현 전 대통령 사저 안채 모습이다. 노무현 대통령이 퇴임 후 경남 김해 봉하마을로 낙향한 후, 생전 마지막까지 지내던 곳이다. 지금은 대통령의 집이라는 이름의 전시관으로 공개 운영한다. (아래 사진)

'노무현시민센터'는 2019년 9월 착공했고, 2022년에 개관하여 현재 운영 중인 전직 대통령기념시설이다. 또 많은 국민이 참여할 수 있는 복합문화교육시설로서 민주시민교육과 시민활동을 지원하는 공간이다. 노무현시민센터는 미국의 경우처럼 대통령기록관과 별도로 센터를 두어 해당 대통령과 그 시대 정치·경제·사회·문화 등을 연구, 교육하는 역할을 한다. 오바마가 아카이브를 건립하지 않고 디지털아카이브로만 운영하면서도 센터를 건립하고 운영하는 것과 비교해볼 수 있다.

이명박 전 대통령은 포항 덕실마을에 기념관을 건립하고 운영 중이다. 이명박 전 대통령이 여러 혐의로 징역형을 받은 이후 거의 찾는 사람이 없다. 박근혜 전 대통령은 기념시설 추진에 특별한 소식이 없다. 다만 서울시 상암동 박정희대통령기념관을 확장해 박정희·박근혜 기념관이 될 가능성이 있다. 어느 정도 시간이 지나면 본격적인 기념사업을 진행할 것으로 예상한다.

전직 대통령 기념사업은 정부와 기념사업회가 재원을 매칭해서 추진한다. 정부는 「전직대통령법」에서 "전직 대통령을 위한 기념사업을 민간단체 등이 추진하는 경우에는 관계 법령이 정하는 바에 따라 필요한 지원을 할 수 있다"라는 규정(제5조 제2항)에 따라, 또 같은 법 시행령에 명시한 '전직 대통령 기념관 및 기념 도서관 건립 사업' 지원 명목으로 전체 건립비용의 30% 정도를 부담한다. 건립 후 운영과 관련해서는 지원 규모 기준이나 제한이 없고, 국무회의 의결을 거쳐 결정한다.

지방자치단체가 주체가 되어 추진하기도 한다. 박정희 전 대통령 관련 기념 시설과 사업에 많은 지방자치단체가 적극적으로 나섰다. 경북 및 구미시에서 추진한 박정희 전 대통령 기념사업이 대표적이다. 구미시에서는 박정희 대통령 기념공원(생가), 박정희대통령 민족중흥관, 새마을운동 테마공원 등을 건립했다. 다른 대통령의 경우 김대중노벨평화상기념관을 건립한 목포시나 김영삼대통령기록전시관을 운영하는 거제시 등이 있다.

전직 대통령 기념시설 중 추진 과정이나 운영 측면에서 가장 특별하다고 할 수 있는 것이 박정희대통령기념관이다. 박정희대통령기념관은 우여곡절이 많아서 따로 정리할 필요가 있다. 우리 사회가 대통령 기념시설을 어떻게 생각하는지 많은 시사점을 준다. 박정희 전 대통령은 '마케팅 영역'이다. 일찍부터 그 이미지를 활용해 상업적, 정치적 이익을 얻으려는 시도가 많았다. 박정희 캐리커처 연하장을 만들거나, 박정희 전집을 CD롬으로 제작하여 판매하는 것은 아주 오래된 일이다. 심지어 '박통', '朴統', 'PARKTONG' 등을 상표로 사용하기 위해 등록허가를 받은 일도 있었다. 박정희 전 대통령 탄생 100주년 사업으로 '박정희 감나무 곶감 만들기 행사', 박정희 탄생 98돌을 맞아 벌인 '박정희 소나무에 막걸리 98리터 주기', 박정희 전 대통령이 먹었다는 '박정희 테마밥상', 박정희가 초등학교를 다닌 '박정희 등굣길 조성' 등이 있다.

박정희 전 대통령 기념사업의 절정은 박정희대통령기념관 건립 추진 사업이다. 박정희대통령기념관은 1992년 대통령선거에 출마한 정주영 당시 국민당 대표가 주장하면서 정치권에서 논의를 시작했고, 김대중 전 대통령의 '역사적 화해' '국민화합' 차원의 선거 공약이 되면서 더욱 부각되었다. 이어 경북 구미시가 박정희 생가 주변에, 1984년 결성한 민족중흥회가 서울에 건립하겠다고 나서면서 기념관 건립 논의를 시작했다.

박정희대통령기념관 추진 초기에는 위치 선정 문제로 구미시와 서울시로 대립했다. 박정희 생가가 있으며, 새마을운동 발상지이기 때문에 구미가 바람직하다는 의견과 외국인과 관광객이 몰리는 서울이 적당하다는 주장이 있었다. 여러 후보지 중 당시 서울시장 고건이 추천한 서울 상암지구 공원 예정지에 건립하기로 해 건립 장소 문제는 일단락됐다. 장소를 서울로 최종 확정한 것은 기념사업회와 유족 측이 '숭배' 효과를 극대화하기 위한 이유도 있지만, "많은 사람이 찾을 수 있도록 해야 한다"라는 당시 한나라당 박근혜 의원 의사를 반영했다.[81]

그러나 박정희대통령기념관은 시작부터 반대에 부딪혔다. 조동걸 국민대 교수는 "진정한 화해는 기념이 아니라 진실 여부를 판단하는 것이라면서 고발하는 장소가 될 수 없는 기념관 건립은 철회되어야 한다"라고 주장했다.[82]

역사학계, 민교협 등 교수단체, 참여연대 등 시민단체 등에서도 적극적으로 반대했다. 특히 역사학계는 일방적으로 어떤 인물을 찬양하는 방향으로 기념관 건립을 진행해서는 안 된다는 점을 강조했다. 특히 국고 지원에 반대했으며, 대안으로 '역대 대통령 기록관' 건립을 제안했다.[83] 국회에서도 기념관보다는 자료관 건립이 어떠냐는 제안을 하는 등 반대 주체들은 모든 전직 대통령 자료를 모아 전시하는 '대통령 역사자료관'을 건립하자고 주장했다.

박정희대통령기념관을 추진한 사람들은 업적이 가장 많은 대통령이기 때문

---

81 <박정희기념관 상암지구에 건립>(연합뉴스, 2000.07.19.)
82 <조동걸 교수, 박정희기념관 건립 비판>(연합뉴스, 1999.08.24.)
83 주진오, 「역대 대통령기념관 건립 방안」『인문과학연구』(상명대 인문과학연구소, 2004.)

에 기념관을 건립해야 한다는 논리를 폈다. 사실 1999년 당시 박정희는 가장 존경하는 대통령으로 54.9%의 지지를 받았다.[84] 이런 지지가 국민 정서이므로 기념관 건립은 당연하다는 주장이었다.

박정희대통령기념관은 여러 반대를 고려해서인지 '역사기록관' 또는 '자료관(도서관)' 기능을 동시에 갖춘 시민 접근성을 강조했다. 그러나 공공도서관 기능이 없는 단순한 자료실 형태로 설계한다는 것이 알려지자 반대 여론이 더 확산되었다. 서울시도 협약에서는 공공도서관이라는 점과 완공 후 시에 기부채납한다는 조건을 수용하지 않는 것에 대해 난감해했으며, 기념관이 아닌 공공도서관으로 건립해야 부지를 제공한다는 입장이었다. 서울시가 박정희대통령기념사업회와 맺은 협약은 정부지원금에다 기념사업회가 모금한 돈을 합해 공공도서관을 건립한 후 서울시에 기부 헌납하고, 도서관 명칭과 운영 일체는 기념사업회에 일임한다는 내용이었다.

정부는 학계·시민사회단체 등의 반대를 무릅쓰고 2000년과 2001년 각 100억 원씩 국고를 지원했다. 그러다가 집행 조건으로 제시한 전체 건립비(총 214억 원, 운영 사업비 포함하면 총 704억 원 소요)의 절반인 기부금 100억 원을 기념사업회 측이 모금해야 한다는 단서 조항에 따라 보조금 집행을 금지했다. 박정희대통령기념사업회는 당초 500억 원을 모금키로 했으나 모금액이 82억에 그쳐, 사업 만료 기간인 2003년 2월 말까지 집행 조건을 이행하기 어렵다고 판단해 사업기간 연장을 요청했고, 정부는 2004년 10월 말까지 연장을 허용했다. 그리고 100억 원의 국민 성금을 모았다며 약속한 보조금을 지급해 달라고 했는데, 모금 실체를 보니 국민 모금은 7억 원에 불과하고 전경련 50억, 대한무역협회 10억, 대한상공회의소 10억, 엘지 10억이었다. 2004년 상반기 모금액이 380만 원에 그치는 등 국민적 합의를 모으기 힘든 상황이 되자 정부는 국고 지

84 <'박정희기념관' 건립에 대하여>(동아일보, 2000.07.30.)

원 취소를 검토했다. 기념사업회는 전체 사업비 60% 이상을 정부 지원금으로 충당하는 축소 계획안을 제출하고, 2009년까지 사업기간 연장을 요청했다. 국민 모금이 어렵게 되자 사업비와 기념관 건립비를 줄여 모금액(102억 원)과 정부지원금 208억 원만으로 사업을 진행하려는 의도였다. 정부에서는 이미 지급한 보조금 208억 원 중 남아있는 170억 원을 환수한다고 결정했다. 기념사업회는 부당하다며 소송을 제기했다. 이 소송에서 재판부는 원고인 기념사업회 측 승소로 판결했다. 1심에서는 "교부 내용의 변경이나 일부 취소로 제재의 행정 목적을 달성했는데, 교부 취소를 결정한 것은 과잉금지 원칙에 위배된다"라고 판결했다. 2심에서는 "정부가 보조금 집행승인 신청을 수차례 거부한 것의 정당성을 인정할 수 없고, 오히려 부당한 사업 거부가 사업의 부진한 추진을 확대시켰다"라고 판단했다. 대법원에서 국가보조금 환수가 부당하다는 판결 이후 기념관 건립을 다시 추진한 기념사업회는 대기업에게 기부금을 할당, 공문까지 뿌려대며 270억여 원을 모아 2010년 3월 서울 상암동에 첫 삽을 떴다. 이런 우여곡절 끝에 건립 추진 후 12년 만인 2011년 9월에 완공하였다.

그러나 완공 이후에도 우여곡절은 계속됐다. 서울시는 기념사업회가 도서관을 지어 운영을 맡되 완공 후 기부채납으로 소유권을 넘기며, 20년 후에는 운영도 서울시가 맡는다는 조건으로 상암동 시유지를 무상으로 임대했다. 그에 따라 기념사업회는 2012년 2월 서울시에 기념·도서관 기부채납을 신청했다. 그러나 서울시가 이를 받아들이지 않았다. 위탁관리 기간이 최대 10년이어서 2001년에 위탁 협의한 기간이 이미 지났고, 그 이후 기념재단이 내야 할 토지·건물 사용료도 받지 못했기 때문이다. 서울시 입장에서는 계륵이 된 박정희대통령기념·도서관을 매각하려 했다. 그러나 이 또한 시민 반대가 거셌다. 특히 민족문제연구소는 박정희대통령기념·도서관 부지 매각 절차 중단을 요구하는

가처분 신청을 법원에 내기도 했다. 결국 서울시는 '매각'이라는 입장을 유지한 채 반대 측을 설득하는 입장으로 선회했다. 그런 와중에 '박정희 동상 설치 논란'이 발생했다. 서울시 조례에 따르면 서울시 허가 없이 임의로 동상을 설치할 수 없었는데 기념사업회는 이를 강행하려 했다. 이를 추진하던 측에서 동상을 기증한다는 증서만 전달하고 결국 동상 설치는 실패했다.

박정희대통령기념관 이름도 말이 많았다. 2011년 완공할 때 이름은 박정희대통령 기념·도서관이었는데, 가운뎃점(·)이 들어간 이유는 준공 후 20년 뒤부터는 운영을 맡는다는 서울시의 주장 때문이었다. 기념사업회 측은 가운뎃점이 들어가면 기념관과 별개의 도서관으로 인식되는 것 때문에 꺼렸다. 지금은 아예 기념관과 도서관을 따로 분리해서 부른다. 기념사업회는 가운뎃점을 빼면 명실공히 박정희 전 대통령을 기리는 '기념도서관'이 되지만, 가운뎃점이 들어가면 '기념관'과는 별개로 '도서관'이라는 의미가 부여된다고 생각했다.

기념·도서관 성격을 두고도 대립했다. 서울시는 무상임대 조건이 시민들이 이용하는 공공도서관이니 그에 맞게 운영하라고 했고, 기념사업회는 알아서 운영하겠다는 식으로 대응했다. 차일피일 미루던 기념사업회는 서울시가 보조금을 지원해 주지 않으면 공공도서관 운영이 어렵다고 주장했다. 도서관 운영을 두고는 기념사업회를 민간위탁사업자로 볼 것인지, 위탁 기간이 영구적인지 등이 쟁점이 되기도 했다.

박정희도서관은 공공도서관으로 등록하지 않고 사립도서관으로 운영하고 있다. 사립도서관은 관할 지자체에서 운영지원 및 관리할 책임이 없으며 「도서관법」에 따른 요건을 충족하지 않아도 제재할 수 없다. 박정희도서관이 공공도서관으로 운영할 것을 전제로 국고보조금을 지원받아 시유지에 지었음에도 사설도서관이라며 운영 독립성을 '누리고' 있다.

원래 서울시가 부지를 제공하며 공공도서관으로 운영하기로 한 박정희대통령기념관은 부지 제공 이후 현재까지 무상으로 무제한 기념관과 사립 전문도서관으로 운영하고 있다. 한때 서울시가 부지 매각 방침을 세웠지만 시민단체 등의 반대로 무산된 이후 아무런 조치가 없다.

박정희대통령기념·도서관은 2019년 3월 1일 리모델링 공사를 마치고 다시 개관하면서 '박정희대통령기념관'과 '박정희도서관'으로 명칭과 기능을 분리했다. 서울시와 협약을 깬 것은 물론, 시민사회단체와 마포구 주민들의 공공도서관 역할을 해야 한다는 요구를 묵살한 응답이었다. 분리한 도서관은 박정희 전 대통령 관련 도서를 중심으로 전문도서관 역할을 한다는 것이 박정희기념사업회의 입장이다. 지금은 '박정희대통령기념관·박정희도서관'을 공식 명칭으로 운영 중이다.

한편 국가보훈처가 '이승만기념관'을 추진하겠다고 해서 새로운 논란에 불을 붙였다. 박정희대통령기념관 추진처럼 수많은 논란과 혼란이 예상된다. 이승만기념관은 산발적으로 주장되던 것이 이승만을 '국부' '건국대통령'과 같이 부르자거나 1948년 8월 15일을 건국절로 하자는 등 뉴라이트 역사관이 확산되던 이명박 정부 출범 이후부터 본격적으로 거론되었다. 2008년 즈음 광화문에 이승만 동상을 세우자는 주장이 나왔고, 조선일보나 뉴데일리 등 보수언론에서 지속적으로 이승만기념관 건립을 주장하고, 확산시켰다. 이승만기념관 건립 주장은 정부가 나선다는 점에서 특별하다. 국가보훈부장관 박민식은 윤석열 대통령 재임 기간 중 기필코 기념관을 건립하겠다는 의지를 밝혔다. 정부가 나서자 민간의 건립 추진도 활발해지고 있다. 2023년 9월 11일 이승만대통령기념관건립추진위원회(이사장 김황식) 주도로 민간 기부를 받기 시작했는데, 열흘도 되지 않아 35억여 원을 모았다며 한층 고조된 상황이다.[85]

그러나 반대 의견도 만만치 않을 것으로 예상한다. 박정희대통령기념관 반대보다 더 심할 수도 있다. 박정희대통령기념관 건립은 국민적 공감대 형성에 실패했다고 평가할 수 있는데, 이승만 대통령기념관은 더 어려울 수 있다. 기념관 추진이 헌법을 부정하는 '1948년 건국 주장'과, 전근대적인 국부나 건국대통령론에 기반하고 있어 국민들의 공감과 동의를 좀처럼 얻어내기 힘들 것으로 예상되기 때문이다. 국민 여론은 매우 부정적이다. 보수적인 '여론조사공정' 조사에서도 기념관 건립에 부정적인 여론이 56% 정도나 된다.[86] 제주4·3 관련 단체와 제주도민의 반대나 4월혁명 관련 단체의 격렬한 반대도 넘어야 할 산이다.

예산 확보 문제도 쉽지 않을 수 있다. 민간에서 적극적으로 기부를 한다지만 초창기 분위기는 금방 사그라들 수도 있다. 기부금 목표액이 500억이라는데 쉽지 않은 액수이다. 앞에서 언급한 것처럼 박정희대통령기념관 추진도 기부 모금이 지지부진해 사업 자체가 좌초될 위기를 겪었다. 국가보훈부는 2024년 이후 3년 동안 약 460억여 원의 예산 투입을 예상한다고 했지만, 기념관 건

---

85 <이승만 기념관, 1만 5500명 후원 35억 모여>(조선일보, 2023.09.20.)
86 <여전히 갈 길이 멀다…'이승만 기념관 건립' 공감 39.6% vs 비공감 55.8% [여론조사공정]>
    (팬앤마이크, 2023.07.27.)

립 사업을 주관할 행정안전부는 2024년에 관련 예산을 아예 편성하지도 않았다.[87] 결국 기업에게 갹출하는 상황이 벌어질 수도 있는데, 그것은 국민들의 지탄을 받는 일이므로 더 큰 산이 될 수도 있다.

미국의 대통령기록관

대통령기록관리 전통을 세운 사람은 프랭클린 루스벨트(Franklin D. Roosevelt) 전 대통령이다. 그는 대통령기록관 건립을 위한 민간위원회를 수립해 국민 약 2만 8천여 명으로부터 40만 달러 기금을 모금했다. 1940년 7월 4일 완공한 대통령기록관은 국가기록관(당시는 'National Archives' 나중에 국가기록관리처(NARA)가 됨) 관장이 인수했고, 다음 해 대통령박물관을 준공했으며, 1946년부터 국민이 접근, 이용할 수 있게 되었다. 루스벨트는 대통령기록관 건립을 추진할 때 대통령기록 수집·보존 대상을 결정하기 위해 역사가와 학자 30명으로 구성한 전국자문위원회를 조직해서 운영했다. 대통령 측근이 아닌 전문가에 의한 운영이 이후 전통이 되었다.

루스벨트에 의해 출발한 미국 대통령기록관 건립은 다음 대통령인 트루먼(Harry S. Truman)과 아이젠하워(Dwight D. Eisenhower)가 이어받음으로써 전통이 되었다. 트루먼은 루스벨트가 추진한 모델을 따라 재단을 설립해서 대통령기록관을 추진했다. 추진 도중 「대통령도서관법」이 제정되었는데 당시 의회에서는 "체계적인 대통령기록 정리 활동이 결핍되어 국가 존속 166년 동안 중요한 대통령기록이 유실되었다"라고 언급하면서 대통령도서관 건립 필요성을 강조했

---

87 <보훈처, 이승만기념관에 460억원 추정...사업시기·규모 미정>(연합뉴스, 2023.04.07.), <정부 지원금 30%라더니...이승만 대통령기념관, 행안부 내년 예산 '0원'>(경향신문, 2023.09.21.)

다. 이 법에 대통령기록관리제도의 중요한 사항을 정했다. 대통령기록 보호를 위한 접근 제한 제도 도입과 대통령이 자신의 기록을 보존할 장소를 결정한다는 사항 즉, 개별 대통령기록관이 바람직하다는 규정이다.

스탠포드 대학에 '후버 전쟁·혁명·평화 도서관'을 건립해서 운영하던 후버는 「대통령도서관법」 제정 후인 1960년에 자신의 기록을 국가기록관(National Archives)에 기증하고 1962년에 대통령기록관을 건립하였다. 이후 대통령기록관 건립은 전통으로 이어지고 있으며, 현재 오바마와 트럼프의 디지털아카이브를 포함하면 15개의 대통령기록관이 있다. 현재 미국 대통령기록관 현황은 다음 표와 같다.[88]

미국 대통령기록관 현황

대통령	소재지	홈페이지
후버 Hebert C.Hoover	West Branch, Iowa	http://www.hoover.archives.gov/
루스벨트 Franklin D. Roosevelt	Hyde Park, NY	https://www.fdrlibrary.org/
트루먼 Harry S. Truman	Independence, Missouri	https://www.trumanlibrary.gov/
아이젠하워 Dwight D. Eisenhower	Abilene, Kansas	https://www.eisenhowerlibrary.gov/
J.F.케네디 John F. Kennedy	Boston, Massachusetts	http://www.jfklibrary.org/
존슨 Lyndon B. Johnson	Austin, Texas	http://www.lbjlibrary.org/
닉슨 Richard M. Nixon	Yorba Linda, California	https://www.nixonlibrary.gov/

---

88 미국 대통령기록관 관련 https://www.archives.gov/presidential-libraries/visit 참조.

포드[89] Gerald R. Ford Jr.	Ann Arbor, Michigan Grand Rapids, Michigan	http://www.fordlibrarymuseum.gov/
카터 Jimmy Carter	Freedom Parkway, Atlanta	http://www.jimmycarterlibrary.gov/
레이건 Ronald W. Reagan	Simi Valley, California	https://www.reaganlibrary.gov/
조지 부시 George H. W. Bush	College Station, Texas	https://www.bush41.org/?index=1
클린턴 William J. Clinton	Little Rock, Arkansas	http://www.clintonlibrary.gov/
조지 W. 부시 George W. Bush	Dallas, Texas	http://www.georgewbushlibrary.gov/
오바마 Barack H. Obama II	Hoffman Estates, Illinois[90]	https://www.obamalibrary.gov/about-us/
트럼프 Donald J. Trump		https://www.trumplibrary.gov/

초기 대통령기록관은 전직 대통령 지지자들이 기금을 모아 해당 대통령의 고향에 건립하고, 이를 국가에 기부채납하여 국가기록관리처(NARA) 산하 대통령기록관이 되었다. 루스벨트, 트루먼, 후버, 아이젠하워 대통령기록관이 이 경우이다. 이런 건립 방식은 1955년 「대통령도서관법」으로 제도화했다.

이 법에서는 적용 대상을 법 제정 시점에 살아있는 전직 대통령과 현직 및 미래 대통령에게만 해당한다고 규정했고, 대통령기록관의 기록 수집 범위를 대통령이 공인으로 공적 활동 기간 중에 생산한 문서와 그를 수행한 측근의 기록으로 규정했다. 대통령 재임 중 각료나 주변 인물의 기록도 대통령기록으로 수집한다는 것인데, 개별 대통령기록관이기 때문에 가능한 일이다. 우리같이 통합형 대통령기록관을 운영하는 경우에는 '주변'의 범주와 기록 수집 범위 설

---

89 포드는 도서관은 Michigan의 Ann Arbor에, 박물관은 Grand Rapids로 각각 다른 장소에 있다.
90 기록의 정리와 처리를 하는 임시 시설이다. 2025년 임대가 완료된다.

정이 쉽지 않아 대통령기록으로 보지 않는다.

대통령기록관 건립 초창기에는 대통령의 고향에 건립하던 것이 존슨(Lyndon B. Johnson) 대통령 이후 대학이 건립 주체가 되기도 했다. 기금 모금 없이 대학이 대통령기록관을 건축해서 국가와 협약해 운영하는 방식은 텍사스주립대학이 존슨 대통령기록관을 건립한 것이 최초이고, 미시간주립대학에 세운 포드(Gerald R. Ford Jr.) 대통령기록관과 텍사스A&M대학에 세운 부시(George H. W. Bush) 대통령기록관이 뒤를 이었다.

포드는 1974년에 대통령이 되기 전부터 이미 자신의 의회 활동 기록과 부통령 기록을 수집하고 있었으며, 대통령기록관을 건립한 다음에 이 기록을 국가에 기증하였다. 재임 중에 국가에 기록을 기증한 대통령은 포드가 최초이다. 부시 대통령기록관은 네 개 대학이 유치를 희망했고 결국 텍사스A&M대학에 건립하기로 했는데, A&M대학은 부시 대통령기록관을 유치하기 위하여 부시 행정대학원, 대통령학연구센터, 공공지도자리더십연구센터 등 복합 기능을 제시했다.

대학이 대통령기록관 건물을 짓는 경우 대통령기록관 건물은 대학이 소유하고 국가가 이를 영구 임대하는 방식으로 운영한다.[91] 조지 W. 부시(George W. Bush)는 부인 로라 부시의 출신 대학인 SMU(Southern Methodist University) 대학에 세웠는데, 이 대학이 소유권을 전부 갖고 있지만 국가가 운영하는 개별 대통령기록관이다. 오바마는 대통령기록관을 건립하지는 않았지만 오바마센터가 시카고대학과 연계 협약을 맺었다. 케네디, 카터, 레이건, 클린턴은 대통령의 정치적 고향에 건립했다.

닉슨(Richard M. Nixon) 대통령기록관 건립은 다른 특징이 있다. 닉슨은 대통령기록 소유권과 공개 권한 문제를 놓고 법정 투쟁을 한 끝에 국가기록관리처

91 클린턴 대통령기록관을 건립한 아칸소주 리틀락시는 클린턴재단에 99년간 임대했다.

(NARA)가 기록을 몰수해서 직접 보관·관리하다가 2016년 개별 대통령기록관으로 건립하였다. 닉슨은 미국 정부로부터 압수된 기록에 대한 보상금으로 2600만 달러를 받았는데, 이것이 대통령기록관 건립 비용이 되었다.[92] 미국의 대통령기록관 제도에서 닉슨 사례는 매우 중요한 전기이다. 1978년 대통령 관련 기록의 국가 소유를 확정한 「대통령기록법」 제정은 퇴임 후 닉슨의 대통령기록 소유권 주장에서 시작했다고 할 수 있다.

오바마(Barack H. Obama)는 지금까지의 전통에서 벗어나 있다. 개별 대통령기록관도 아니고 전통적인 대통령도서관도 아니다. 시카고는 잭슨 파크에 오바마 센터를 건립하기 위한 공공부지를 제공했다. 이 센터에는 박물관은 포함하지만 대통령기록관은 건립하지 않는다. 대통령기록관은 디지털아카이브로 운영한다.

국가기록관리처(NARA)에서 2017년 5월 3일 대통령기록의 보존 및 접근을 위한 새로운 모델을 발표했다. 박물관이나 전통적인 "대통령도서관"을 건립하지 않고, 대신 오바마의 기록을 최대한 디지털 형식으로 보존하고 접근 가능하게 만드는 데 자원과 인력을 집중하는 모델이다. 이는 오바마재단이 오바마 재임 기간에 생산한 기밀로 분류되지 않는 대통령기록의 디지털화에 자금을 지원하겠다는 제안에서 비롯한 것이다. 이로써 오바마 대통령기록은 개별 대통령기록관을 건립하지 않고 국가기록관리처(NARA) 시설에 보존한다. 국가기록관리처는 이 새로운 모델이 대통령기록의 신속한 이용을 위해 향상된 체계라고 설명한다.[93]

기록이 디지털화되면 국가기록관리처(NARA) 기존 시설에 원본 종이기록과 대통령박물을 저장하고 보존하게 된다. 만약 오바마 박물관과 기타 사립 박물

---

92 <미 정부, 닉슨 압수기록물에 2600만불 보상합의>(조선일보, 1997.04.05.)
93 https://www.archives.gov/press/press-releases/2017/nr17-54

관에서 이를 전시하려면 국가기록관리처의 대출 프로그램을 지원한다.

오바마는 퇴임 당시 1만 6천 입방피트의 종이기록(일반기록, 지정기록, 비밀기록 포함, 약 4천만 쪽)과 3만 2천여 개의 대통령박물을 이관하여 시카고 서부 근교 호프만 이스테이트(Hoffman Estates) 임시 보존서고에 보관하고 있다. 임기 말 3억 개 이상의 전자메일 메시지, 300만 장 이상의 디지털사진, 3천만 개이상의 기타 전자기록을 대통령집무실(Executive Office of the President; EOP) 전자기록보존시스템(Electronic Records Archive; ERA)에 수집했다. 전자기록서비스 현황은 오바마 디지털 아카이브 전자기록가이드에서 확인할 수 있다.[94] 오바마 대통령기록은 2022년 1월 20일 정보자유법에 따른 정보공개청구 대상이 되었다. [95]

오바마는 가장 많은 모금을 하고 높은 지지율로 퇴임했다. 대통령기록관도 전통적인 모델을 포기하고, 연구센터도 아니고, 그의 공식 기록을 보존하지도 않으며, 연방정부의 역할을 하지도 않았다. 트럼프는 재임 중에 모금을 하거나 대통령기록관 부지 선정도 하지 않았다. 이 두 사례를 보면 미국의 대통령기록관이 앞으로 어떤 모습이 될지 알 수 없다. 바이든(Joseph R. Biden Jr.)이 다시 전통적인 대통령기록관 건립 방식으로 돌아갈 수는 있으나, 국가기록관리처(NARA)에서 기록관을 더 이상 기증받고 싶어하지 않는다는 말도 있어 어떤 미래가 다가올지 모른다.[96]

미국 대통령들은 대통령기록관에 관심이 많아 재임 중에 건립을 추진했다. 재임 중에 개별 대통령기록관을 추진하면 이것이 기념관이라며 정치권과 언론에서 극도의 반감을 드러내는 우리와는 매우 다른 현상이다. 미국과 우리의 정

---

94 https://www.obamalibrary.gov/research/electronic-records-guide

95 미국의 정보자유법에 따르면 대통령기록은 재임 중은 물론, 퇴임 후 기록 정리기간인 5년이 경과한 다음에 정보공개청구 대상이 된다.

96 https://www.politico.com/news/magazine/2021/01/22/trump-presidential-library-plans-461383?fbclid=IwAR0B3zA5WxXFdbfW8oFp1131104MuHCmjvNRI1e54wjxb-tnLFqy7dJ3Y6g [sited 2023.03.28.]

치문화가 다르다는 원인이 있겠지만, 아카이브 건립 의의와 필요성을 생각하면 매우 안타까운 일이다.

미국 대통령기록관이 밝은 측면만 있는 것은 아니다. 규모가 커서 비판의 대상이 되기도 하고, 재단 건립 과정에 불편한 문제가 제기되기도 한다. 대통령기록관 건립을 위한 모금과 국가 기부채납이라는 건립 방식이 제도로 정착하면서 대통령기록관이 크고 화려해져서 국가 운영 부담이 커졌다. 1986년 대통령기록관 규모와 운영 비용을 통제하기 위해 「대통령기록관법」을 개정하였다. 이 법에서 전체 시설 면적이 7만 평방피트(약 2000평)를 넘지 못하고, 운영 비용이 매년 20%를 넘을 때는 추가 출연을 하도록 규정했다. 7만 평방피트로 공간이 부족하다고 여겨 재단이 대통령기록관 일부의 소유권을 갖는 경우도 있다.(레이건, 클린턴) 두 번의 임기 동안 기록이 꾸준히 증가하고, 퇴임 후에도 지속적으로 기록을 수집하기 때문에 보존 공간이 부족할 수도 있다. 따라서 규모를 무조건 일정 규모로 한정해놓는 것이 반드시 좋은 점인지는 더 논의해야 할 문제이다.

조지 W. 부시(George W. Bush)는 대통령기록관 부지로 최종 후보지가 된 SMU대(Southern Methodist University) 교직원과 학생의 반발이 컸다. 부시가 재임기간 동안 폭력, 파괴, 죽음에 대한 유산을 대학이 경제적 실리를 챙기는 것으로 생각해서였다. 클린턴도 건립 과정에서도 구설수를 탔다. 퇴임 직전 금융재벌 마크 리치(Marc Rich)를 사면하면서 관련자에게 기록관 건립 기부금을 받았다는 의혹을 샀다. 클린턴은 의혹에도 불구하고 기록관 건립자금 마련을 위해 스스로 요리책을 만들어 팔기도 하는 등 적극적이었다.

미국의 대통령기록관은 각 개별 대통령기록관 건립 후 국가에 기부채납하고, 국가기록관리처(NARA) 대통령기록관리국에서 통할한다. 국가기록관리처

(NARA)는 대통령기록 보존 공간과 시설을 운영하고, 각 대통령재단은 박물관을 운영하며 기록관 내에 자체 사무 공간을 둔다. 대통령재단은 박물관을 통해 높은 수익을 올린다. 가장 대표적인 게 레이건 기록관의 '에어포스 원 파빌리온', 닉슨 기록관의 '백악관 이스트룸', 조지 H. W. 부시 기록관의 '메인 로비 로툰다' 등이다. 빌 클린턴 대통령기록관은 2004년 1억 6500만 달러를 들여 지었는데, 지금까지 80만 명에 가까운 방문객을 유치해 10배에 가까운 10억 달러 이상의 수입을 거두었다. 모든 대통령기록관은 시설 내 메인 로비, 홀, 정원 등을 강연장, 예식장, 이벤트 행사장, 시민 파티 장소로 제공하여 수익을 올린다. 여러 면에서 우리 대통령기록관과는 다르다.

우리 대통령기록관(위)과 링컨기록관(아래)의 어린이 체험관.

우리 대통령기록관은 어린이 체험관을 운영하는 데 큰 고민이 없는 것 같다. 링컨기록관에서 링컨이 살던 시대 장난감을 배치해 어린이들이 링컨 시대를 체험하도록 한 것에 비하면 우리는 좋은 공간을 허비한다는 느낌이다.

링컨기록관은 일리노이 주정부가 운영한다. 국가기록관리처(NARA)가 운영하는 대통령기록관은 아니다.

제2절 대통령기록관

노무현의 혁신

1999년 「공공기록물법」을 제정하면서 대통령기록관 설치가 가능해졌다. 그러나 "설치할 수 있다"라는 임의 조항이어서 사실상 설치하지 않는다에 가까운 의미였다. 그랬던 것이 2007년 「대통령기록물법」을 제정해 설치를 의무화하고, 그해 11월 30일 직제를 만들면서 대통령기록관을 설치하였다. 노무현 정부 국가기록관리혁신의 최대 성과 중 하나인 대통령기록관은 2005년 마련한 〈국가기록관리혁신 로드맵〉에 의해 추진했다.

감사원은 국가기록원 정책 감사(2004년 11월 ~ 2005년 2월)에서 "대통령기록의 체계적 관리를 위하여 대통령기록관의 조속한 설치가 필요하다"라고 지적했다. 노무현 대통령은 2005년 10월 9일 대통령기록관리제도 개선을 지시했다. 이후 청와대, 정부혁신지방분권위원회, 국가기록원 등으로 구성한 대통령기록관리 혁신 추진을 위한 T/F팀을 구성해서 대통령기록관리제도 개선을 추진했다. 이 T/F가 2006년 3월 대통령에게 대통령기록관리 혁신 추진 방안을 보고했는데, 핵심은 「대통령기록물법」 제정과 대통령기록관 설치였다.

대통령기록관 설치가 순탄하지는 않았다. 대통령기록관리제도는 기존 「공공기록물법」의 해당 조항을 보완하면 된다는 입장을 가진 국가기록원은 대통령기록관 설치도 반대했다. 대통령기록이 소량이어서 대통령기록관 설치는 시기

상조라는 의견이었다. 당시 대통령기록은 대부분 대통령 재가 문서(당시 11만 7천여 건 보유)로 국가 중요 정책을 밝혀줄 핵심 기록은 거의 없었다. 그러나 수량이 적어 대통령기록관을 건립하지 않겠다는 것은 지나치게 소극적이다. 대통령기록관리 특수성이나 필요성을 향한 반대 의견이라 하기에는 한참 빗나간 말이었다.

당시 대통령기록관 설치 핵심 문제는 대통령기록관리 주체였다. 「대통령기록물법」을 제정하기 전이어서 「공공기록물법」의 대통령기록 관련 조항을 따라야 했다. 그에 따르면 대통령기록은 대통령 임기가 끝나면 국가기록원에 이관하거나 차기 정부에 인계해야 했다. 그러나 독립성과 전문성에 의구심이 많아 국가기록원에 이관하고 보존하는 것이 적절치 않다는 의견이 있었다. 또 차기 정부에 인계하면 대결적 정치문화로 인해 정권교체 후 대통령기록 보호가 곤란하다는 지적이 있었다. 이런 문제 제기로 새로운 대통령기록관리 체계가 필요하다는 의견이 힘을 얻었다.

쟁점은 행정자치부 소속기관으로 할 것인가, 아니면 독립한 조직으로 할 것인가 하는 위상 문제였다. 「대통령기록물법」 제정을 준비하는 단계에서는 독립 조직으로 설치하는 의견이 우세했다. 국가기록관리 일원화 즉, 국가기록원이 국가기록관리를 총괄하기 때문에 대통령기록관은 그 아래에 있어야 한다는 조직 위계 논리 때문에 독립 조직으로 설치하지 못했다. 물론 기구를 신설한다는 부담도 있었다.

애초에 최소한의 독립성을 반영한 조직이어야 한다는 것이 좌절되어, 그것을 확보하기 위한 제도적 방안 마련이 필요했다. 그나마 운영 독립성과 전문성을 확보하기 위해서 대통령기록관리위원회 구성·운영, 대통령기록관장의 5년 임기 등의 내용을 법률에 포함했다. 또 개별 대통령기록관을 설치할 수 있도록 한 것도 독립성 확보를 위한 장치였다. 비록 여러 이유로 통합 대통령기록관을 설치하지만 독립적 운영 측면에서는 개별 대통령기록관이 유리하다는 사실 때문에 언제라도 추진이 가능하도록 안배해놓는 것도 중요했다. 그러나 운영 독립성 추구는 이루어지지 못했다. 대통령기록관장이 대통령기록관을 통할한다고 규정했지만, 인사·예산·발전 전략·업무 기획 등 모든 면에서 국가기록원의 통제를 받았다.

대통령기록관리와 대통령기록관의 독립성과 전문성을 높이기 위한 조치로 거버넌스 구조를 갖추기도 했다. 국가기록관리위원회 소속으로 대통령기록관리위원회를 두도록 했다. 대통령기록관리위원회는 △대통령기록관리 기본 정책 △대통령기록의 폐기 및 이관 시기 연장 △지정기록 보호조치 해제, 비공개 대통령기록 재분류 △대통령기록관 설치 등 주요 정책을 심의하는 기구로 설정했다. 그러나 이명박 정부가 위원회 정비를 추진하면서 운영해보지도 않았는데 유사 중복 위원회라며 국가기록관리위원회 아래의 전문위원회로 위상을 내렸다. 설치되지도 않은 위원회의 지위를 변동하여 독립성 및 대외적 위상을 축소하는, 아무런 실익이 없는 조치였다. 위상이 격하됨으로써 애초에 대통령기록관리의 독립성과 전문성을 안배한 장치의 기능과 역할을 하기 어렵게 되었다.

대통령기록관을 어디에 건립하느냐도 여러 의견이 나왔다. 최종적으로 국가기록원 나라기록관 인근 부지(경기도 성남시), 국군기무사령부 이전 부지(서울시 종로구), 행정중심복합도시 내 문화시설 건립 부지(세종시) 등 세 개 안이 제출되었다. 이 중 대통령기록관 특성과 균형 발전이라는 참여정부의 정책 비전 등을 고려하여 세종시에 건립을 결정하였다.[97] 2007년 12월 출범한 대통령기록관은 세종시에 완공하기 전까지 성남의 나라기록관 일부 공간을 사용했

---

97 대통령비서실 기록관리비서관실·국가기록원,『참여정부 정책보고서 - 기록관리혁신』,2007.
    96쪽.

다. 애초 계획으로는 2012년 개관하기로 하였으나 2015년 4월에야 준공했다.

대통령기록관은 2021년 3월 국가기록원 소속에서 행정안전부 소속으로 바뀌었다. 국가기록원과 같은 행정안전부 1차 소속기관이 되어 조직 위상이 강화되었다. 대통령기록관이 국가기록원 소속에서 벗어나는 것을 국가기록원은 물론 학계의 여러 사람이 반대했다. 국가기록관리 일원화에서 벗어나는 게 문제라는 이유다. 이는 「대통령기록물법」을 제정하고 대통령기록관을 만들 때 반대 논리와 똑같았다. 그러나 국가기록관리 체계 일원화를 위해서 반드시 대통령기록관이 국가기록원 소속이어야 하는 것은 아니다. 국가기록관리 체계 일원화란 현행 법령상 표준화, 전문화 등이어야지 조직 문제여서는 안 된다.

국가기록원이 중앙기록관리기관이라 대통령기록관이 그 소속이어야 한다는 주장을 할 수도 있다. 그러나 우리 「공공기록물법」은 영구기록관리기관의 특수성을 인정한다. 헌법기관기록물관리기관이나 지방기록물관리기관의 위상을 영구기록관리기관으로 정한 것이 그런 의미이다. 심지어 대통령기록관리는 특별법으로 규정되어 있다. 대통령기록관리 체계 정상화를 위해서 반드시 대통령기록관의 위상을 올려야 했다.

기록관장 수난사

대통령기록관리제도 혁신을 추진하면서 대통령기록관의 위상을 어떻게 할 것인지가 최대 쟁점이었다. 행정자치부에서 독립해서 운영할 것인가? 아니면 국가기록원 소속기관으로 설치할 것인가? 앞에서 말했듯이 조직 신설에 대한 부담 등으로 결국 국가기록원 소속으로 행정자치부의 2차 소속기관이 되었다.

애초에 독립성과 전문성 실현이 가능한 조직 위상을 검토했으나 그것을 이루지 못했다. 그래서 대통령기록관의 독립성을 위한 여러 장치를 제도화했는데 그중 하나가 대통령기록관장 임기를 5년으로 정한 것이다.

왜 임기를 법률에 규정했을까? 임기 말 대통령기록관장을 임명해 그 다음 정권 거의 대부분의 기간을 재임하면서 지정기록을 보호하고, 전직 대통령 열람권에 적극적으로 대응하기 위해서다. 그것이 정치적 변수로부터 대통령기록을 지키는 일이라고 생각했다. 그러나 대통령기록관의 독립성을 위한 장치는 제대로 작동하지 못했다. 그동안 6명의 대통령기록관장이 임명됐는데, 임기 5년을 채운 경우가 없다. 때로는 청와대 행정관을 바로 임명하기도 하고, 공모를 해 민간 전문가를 임명하기도 했지만, 제도 도입 당시 취지와 의도는 실현하지 못하고 있다. 심지어 윤석열 정부는 위법부당한 지시를 내렸다며 대통령기록관장을 해임했다.

대통령기록관장의 수난은 이명박 정부 들어선 직후 첫 번째 관장부터 시작됐다. 국가기록원은 대통령기록 유출 논란 관련으로 대통령기록관장을 고발하고, 검찰이 기소하자 바로 면직했다. 정부는 바로 청와대 행정관을 대통령기록관장으로 임명했다. 이후 대통령기록관장은 애초 취지대로 임명되지 않았다.

이 기간 동안 대통령기록관은 제 기능을 수행하지 못했다. 2008년 대통령기록 유출 논란 때는 대통령기록관이 아무런 대응을 하지 못했다. 10·4 남북정상회담 회의록 삭제 사건 때는 "기록은 시스템에 탑재됨으로써 생산된 것으로 본다(탑재설)"라는 논리로 대응했는데, 검찰의 기소 이유에 입맞춘 행동이었지 전문적인 대응은 아니었다. 또 국정농단 이후 지정기록 지정 권한을 대통령권한대행에게 부여하는 것이 타당한지 검토 과정에서도 전문기관이라 할 수 없는 행태를 보였다. 당시 대통령기록관에서는 법제처의 민원 창구에 권한대행이 지정기록을 지정할 수 있는지 문의하는 것으로 절차를 마치며 정상적인 처리를 하지 않았다.

민간 전문가를 임용하고 나서도 특별하게 달라지지는 않았다. 대통령기록관은 이미 정치적 변수에서 최대한 벗어나기 위해 일을 회피하는 것이 업무의 작풍(作風)인 탄력없는 조직이 되어 있었다. 이런 상황은 법률을 제정하고 대통령기록관을 설치할 때는 생각하지 못한 모습이다.

윤석열 정부는 대통령기록관장이 위법 부당한 지시를 했다며 조사를 하더니 중징계 의결을 하고 바로 직위 해제한 후 해임했다. 위법 부당한 지시를 했는지는 재판에서 판단할 것이기 때문에 이 글에서 가타부타할 일은 아니다. 그러나 지정기록 대량 해제, 열람대리인 지정 등 산적한 현안을 앞에 두고 이루어진 무리한 인사조치라는 생각을 지울 수 없다. 대통령기록 유출 논란으로 고발하고 기소한 후 면직한 첫 번째 대통령기록관장은 부당하다며 직권면직취소소송을 했고, 2013년 1월 대법원에서 원고 승소 판결을 했다. 이런 상황이 다시 오지 않는다고 확신할 수 없다.

국가기록관리에서 독립성과 전문성은 반드시 확보해야 할 사항이다. 미국은 국가기록관리처장(The Archivist) 임명은 대통령이 하지만 대통령에 의해 해임되지 않으며, 보고는 의회에만 하도록 함으로써 독립성을 보장한다. 또 국가기록관리처장은 한 번 임명되면 스스로 관두지 않는 한 계속한다. 통상 15년 전후 기간 동안 재임한다고 한다.

미국은 보호대상 기록에 접근하려면 '업무수행상 필요하고, 달리 다른 방법으로 획득할 수 없는 정보를 포함하는 경우'여야 하는데, 이것을 판단하는 역할을 국가기록관리처장이 한다. 미국은 "대통령기록 접근 제한 기간 동안, 대통령기록 접근권 제한 여부는 국가기록관리처장이 자신의 판단에 따라 전직 대통령과 협의하여 결정한다"고 규정하여 처장의 독립적 역할을 보장한다[미국 대통령기록법(44 U.S.C. Chapter 22), 제2204조 제(b)항의 (1)].

또 대통령이 보호대상 대통령기록을 지정할 수 없을 때(행동이나 판단이 불가능한 상태일 때) 서면 합의가 없다면 그 권한을 국가기록관리처장이 행사한다. 이것은 열람대리인 지정에도 적용한다. 미국은 국가기록관리처장 권한과 역할에 독립성을 보장하도록 법제화, 구조화되어 있다. 그러나 우리는 국가기록원장이나 대통령기록관장에게 그런 역할을 부여할 수 없다. 조직 위상으로나 구조상 독립성이 보장된 조직이 아니기 때문이다.

대통령기록관리의 독립성을 실현하는 장치로 개별 대통령기록관을 생각해볼 수 있다. 개별 대통령기록관이라면 정치적 공격과 변수에 적극 대응할 수도 있고, 해당 대통령의 특성에 따라 기록을 분류하고 서비스할 수 있다. 또 개별 대통령기록관장을 해당 대통령이 추천할 수 있도록 해서 지금의 통합 대통령기록관보다 훨씬 독립적으로 운영할 수 있다.

통합 VS 개별

「대통령기록물법」을 시행한 뒤 가장 먼저 추진한 일이 대통령기록관 설치다. 대통령기록관 설치를 행정자치부 소속으로 할 것인지, 아니면 독립 기관으로 할 것인지를 논의하였다. 또 대통령기록관을 미국식 개별형으로 할지, 역대 대통령기록관 방식의 통합형으로 할지도 검토했다. 결론은 통합형이었다.

대통령기록관 설치 당시에는 통합형이 더 적절하다는 주장이 많았다. 당시

통합형을 선택한 이유는 △역대 대통령기록을 균등하게 수집·보존 △보존 비용
과 이용자 편의성 측면에서 효과적 △대통령기록의 기술(記述)과 정리의 통일성
등 효율적 기록관리 가능 등이었다. 무엇보다 국토가 좁고, 대통령 임기도 5년
단임이며, 보유한 대통령기록이 적다는 측면에서 대통령마다 개별 기록관을
짓는 것은 과도하다는 의견이 많았다. 확실히 개별형 대통령기록관은 국가 유
지·운영 비용이 많이 들고, 미국과는 정치문화가 달라 민간 모금이 어렵다는 점
에서 약점이 많아 보인다.

노무현 전 대통령도 애초에 통합형을 선호한 것으로 보인다. 노무현 대통령
은 취임 직후 박정희 기념관 국고 지원과 관련해서 "모든 대통령에 대해 기념
관을 별도 건립하는 게 맞느냐"고 말했다고 한다. 또 행정수도 이전에 따라 청
와대가 옮겨간다면 청와대 본관 등에 역대 대통령 관련 기록을 모은 종합기념
관을 건립하는 구상을 했다고 한다.[98] 종합기념관이라고 표현했지만 기록을 모
아 관리한다는 것으로 보아 통합기록관을 염두에 둔 발언이라고 봐야 한다.

우여곡절 끝에 세종시에 통합 대통령기록관을 건립하기로 했는데, 당시 야당
을 중심으로 그것이 노무현기록관이 되는 것 아니냐는 반응이 있었다. 역대 대
통령기록이 30여만 건에 불과한데, 노무현 대통령기록은 그보다 훨씬 많을 것
으로 예상되었기 때문이다.

대통령기록관을 설치한 2007년 이후 15년여 동안 통합형 대통령기록관의
성과는 미약하다. 대통령기록 이관과 공개 분류, 그리고 대통령기록관 웹 서비
스 등 성과가 전혀 없다고 할 수는 없으나 몇 번의 중요한 시점에 기록관리 전
문기관의 역할을 하지 못했다. 대통령기록 현안에 독립적, 전문적 대응을 하지
못한 것은 물론, 오히려 정치적 논란을 불러일으키는 행동에 나서 공분을 사기
도 했다.

---

98 <박정희기념관 국고 지원 재검토>(연합뉴스, 2003.03.14.)

2008년 노무현 정부 대통령기록 유출 논란 당시 대통령기록관은 전문기관으로서 대응을 전혀 하지 못했다. 당시 국가기록원은 팀을 구성하여 서울에 상주하면서 청와대와 교감하며 사건을 키워 결국 비서관 등 10명을 고발하는 데 이르렀다. 이 과정에서 대통령기록관은 아무런 역할을 하지 못했다. 10·4 남북정상회담 회의록 사건에서도 마찬가지였다. 전문적 기록관리 대응을 하지 않고 검찰 기소 논리에 따라 대응했다. 권한대행의 지정기록 지정 권한 문제에서도 기록관리 전문기관으로 책임 있는 행동을 하지 않았다.

대통령기록관 설치 당시 통합 대통령기록관의 장점으로 주장한 것이 제대로 실현되었는지 평가가 필요하다. 그 관점에서 보면 통합 대통령기록관은 실패했다. 15년여 동안의 실패를 지렛대 삼아 도약하려면 개별 대통령기록관 추진을 적극 검토해야 한다. 필자는 지금의 대통령기록관리 난맥상을 개별 대통령기록관으로 상당 부분 해소할 수 있다고 본다. 물론 모두 해소할 수는 없고 개별 체계가 갖는 약점도 있지만, 기술적 운영으로 해결할 수 있다고 생각한다.

통합 대통령기록관 체계는 왜 실패했는가? 애초에 강점이라고 생각한 것이 오히려 부정적으로 드러났다. 대통령기록관 설치 당시 노무현기록관 아니냐는 지적을 받을 때 국가기록원 측에서는 논란이 없도록 균형을 맞추겠다고 반응했다. 그러나 통합 대통령기록관은 그 '균형' 지향이 문제다. 정부조직이므로 어느 한 전직 대통령을 과감하게 드러내지 못한다. 예컨대 전시를 할 때 대통령별로 획일적인 규모의 부스를 반영한다. 그러니 전시가 재미없고 형식적이 된다. 균형을 맞추는 것과 정치적 중립은 다른데도 그것으로 환원하여 특별히 하는 일 없이 '유지'하는 기관이 되어버렸다.

또 당시 개별형의 약점이라고 한 것이 지금도 그런가를 살펴볼 필요가 있다. 예를 들어 개별형은 각 대통령마다 시설을 건립하므로 건립과 운영 비용이 많이 든다고 했는데 과연 그럴까? 현대 아카이브 건립과 운영의 변화, 보존 시설과 장비의 적절한 배분, 디지털아카이브 모델 등장 등으로 건립과 운영 비용 문제는 절대적인 기준이 되지 않는다.

또 역대 대통령기록을 한꺼번에 단절 없이 이용할 수 없다는 문제도 디지털아카이브 활성화로 충분히 극복 가능하다. 좁은 국토에서 개별 대통령기록관 건립은 과도하다는 주장도 오히려 중요 국가시설을 지역에 분산하고, 지역에 공공시설을 적극적으로 건립·유치함으로써 지역 활성화에 기여한다는 측면으로 발상 전환을 해야 한다. 현재 대통령기록이 많지 않아 개별형을 추진하기 어렵다는 문제는 기록은 숫자가 중요한 게 아니라는 지적으로 충분하다. 민간 부분 기금 조성이 어렵다는 문제는 꼭 미국처럼 민간 기금을 조성하고 국가에 기부채납하는 방식으로 건립할 필요가 없다는 측면에서 주요한 고민 지점이 아니다. 오히려 최소한의 예산으로 적절한 규모로 최적 장소에 건립한다면 민간 기금 모금은 필요 없다.

지금 부각되는 개별형 대통령기록관의 장점은 무엇인가? 첫째, 지정기록 보호와 전직 대통령 열람권 부여 등으로 빚어진 논란을 근본적으로 해소할 수 있다. 그동안 이 문제로 독립성 문제가 불거졌는데 개별형으로 운영하면 이 시비에서 벗어날 수 있다. 개별 대통령기록관이어도 법원이 영장을 발부받으면 들여다볼 순 있겠지만 검찰이 느끼는 심리적 장애물이 존재하고, 대통령기록관장도 전임 대통령이 추천한 사람이어서 기록이 보호될 가능성이 높다.

개별 대통령기록관의 아키비스트 윤리 실천이 조직적으로 보장된다면 부당한 정치적 압력으로부터 대통령기록을 엄정히 보호할 수 있게 된다. 덧붙여 관리 권한이 확대되면 지정기록 해제가 신속히 이루어지도록 전직 대통령(열람대리인)의 대통령기록 접근 활용이 더 신속하고 용이하게 이루어질 수 있다. 이렇듯 대통령기록관의 근본적인 사명을 효과적으로 수행할 수 있게 된다.

둘째, 국민적 기록서비스를 제대로 할 수 있다. 통합 대통령기록관은 관리하고 있는 대통령기록을 국민적 요구에 맞게 제대로 서비스할 수 없다. 어떤 특정 대통령을 기록으로 드러내려고 하면 다른 대통령은 왜 그리하지 않느냐는 지적을 받기 때문에 역동적인 기록서비스를 하지 못한다. 그러나 개별 대통령기록관은 한 대통령의 기록을 관리하기 때문에 매우 적극적인 기록서비스를 할 수 있다. 전문적 기술(記述)·정리가 활발해 공개가 확대되고 국민에게 품질 좋은 기록서비스 제공할 수 있다. 여타 공공기록관리기관, 대통령기록관 간 경쟁으로 대통령기록 열람서비스, 대통령기록 및 대통령박물 전시회의 품질을 높이고, 기록 공개를 확대해 국민이 받는 혜택이 증가한다. 국가기록으로 보존하고 국민에게 돌려주기 위해서 개별 대통령기록관이 답이다.

셋째, 무엇보다 연구기능이 강화되고, 수집기능도 강화된다. 예컨대 트루먼과 아이젠하워 대통령기록관에 제2차세계대전사를 연구하는 세계 각국의 전문가가 모이는 사례처럼 전직 대통령 재임 중의 현대사와 대통령학에 대한 다양한 학술 이벤트가 열리는 등 특정 분야 연구의 메카가 될 수 있다. 이렇게 되면 당연히 대통령기록관의 수집 기능도 강화된다.

전직 대통령들이 유품을 대통령기록관에 기증했다는 뉴스가 가끔 나온다. 대통령기록관은 그것을 수집하기는 하지만 사실 전부 대통령기록은 아니다. 국가기록원은 2009년 민속박물관에서 관리하던 전 대통령들이 받은 선물을 넘겨받았는데, 이것은 선물이 대통령기록이기 때문이다. 개인이 소장하던 유품이 대통령기록은 아니다. 굳이 유품을 대통령기록관에서 관리할 필요는 없다. 유품은 개인 기념관에서나 필요하지 대통령 직무에서 비롯한 기록은 아니기 때문이다.

그러나 개별 대통령기록관인 경우에는 다르다. 개별 대통령기록관은 재임 중 직무뿐만 아니라 여러 활동이나 개인사와 관련한 기록 수집·관리가 통합 대통령기록관보다 훨씬 자유롭다. 개별 대통령기록관이 기념관 성격을 갖고 있기 때문이다.

넷째, 대통령기록관은 전직 대통령의 다양한 활동 근거지가 될 수 있다. 우리나라는 퇴임한 대통령이 SNS에 글만 올려도 언론에서 정치적으로 해석하는 보도를 낸다. 퇴임한 대통령은 자연인이고 엄연한 현실 정치인임에도 불구하고 정치 활동을 하는 것은 터부시한다. 이것은 국가적으로도, 퇴임 대통령 개인으로도 매우 큰 손실이다. 퇴임한 대통령이 재임 중 모든 정보를 접하고 어떤 정치적 결정을 했는지 밝히는 것 자체가 큰 자산이다. 이 자산을 국민에게 돌려주는 것이 대통령에 재임한 정치인의 의무이다. 회고록으로 정리하면 된다고 말하는 것은 너무 좁고, 작다. 국민에게 국정 경험을 다양한 방법으로 돌려줘야 한다. 따라서 그것을 실현할 실체가 필요하고 국가가 마련해 줄 필요도 있다. 개별 대통령기록관이 그 역할을 할 수 있다.

다섯째, 지역 활성화에 기여한다. 개별 대통령기록관을 지역에 건립하면 당연히 국민들이 관심을 갖게 되고, 그 자체로 문화 공간이 된다.

마지막으로 무엇보다 대통령기록의 온전한 이관과 보존을 위해서 필요하다. 우리 대통령기록관리제도는 대통령기록의 소실 없는 보존을 위해 지정기록이라는 보호 제도와 전직 대통령 열람권 보장이라는 장치를 두고 있다. 그러나 지정기록은 검찰이 무차별로 압수수색 영장을 남발하는 바람에 이미 대통령기록을 보호하는 제도로 역할을 하지 못하는 형편이다. 열람권도 온라인 열람 제한, 열람대리인의 열람 대상과 방법 통제로 의미가 퇴색됐다. 이런 상황에서 대통령기록을 역사기록으로 남기기 위해 잘 생산하고, 누락 없이 이관해달라고 할 수 있겠는가? 이미 기록 권장 제도의 기능을 상실했다. 마지막 남은 기록 보존을 위한 권장 정책은 개별 대통령기록관 설치가 유일하다.

물론 개별 대통령기록관이 모든 것을 해결해 주지는 않는다. 미국 사례 역시 장밋빛만은 아니다. 미국은 기부로 대통령기록관을 설립하고 국가에 기부채납 하는 사적 전통의 결과로, 대통령기록관에 기념관 성격이 과도하게 부각되는 문제가 생기기도 한다. 대통령기록관 박물관을 민간 대통령재단이 운영함으로써 박물관 전시가 "유산(heritage)"의 성격으로 전직 대통령이 잘한 부분만 부각하고 나머지 사실을 무시한다는 문제가 있다. 예를 들어 레이건기록관의 전시는 '이란-콘트라' 사건을 배제했고, 케네디기록관의 전시는 대통령 건강문제와 혼외정사 문제를 배제했으며, 닉슨기록관은 포드 전 대통령으로부터 워터게이트 사건에 대해 사면을 받았다는 사실을 보여주지 않는다. 대통령재단 역할과 운영 방식이 문제가 되기도 한다. 대통령재단은 애초에 대통령기록관 건립과 운영을 위해 만들었지만, 1990년대 이후 막대한 기부금을 모으고 퇴임 대통령 역할을 강화한다는 명분으로 재단 규모를 키우면서 정치경제적 혜택을 '주고 받는(Quid Pro Quo)' 기부에 대한 우려가 커졌다. 이런 점들은 미국 대통령기록관의 역기능이다.[99]

우리도 개별 대통령기록관을 설치하고 운영한다면 반드시 이런 역기능이 발생할 것이다. 그렇다고 해서 개별 대통령기록관 추진을 멈출 수는 없다. 개별 대통령기록관 건립 과정에서 역기능 발생 요인을 최소화하는 것이 매우 중요하다. 단 하나의 기록이라도 더 획득하여 역사기록으로 삼아 미래로 보내야 하기 때문이다.

우리가 개별 대통령기록관을 설치하려면 남은 문제가 많다. 통합 대통령기록관은 무슨 역할을 할 것이며, 개별 대통령기록관과의 관계는 어떻게 할지, 개

---

99 조민지, 「미국 대통령기록관의 역기능에 관한 연구」 『기록학연구』 제20호(한국기록학회, 2009.)

별 대통령기록관이 각각의 보존시설을 두는 것이 과연 합리적이고 체계적인지, 전자기록 관리 체계는 어떻게 할 것인지, 국가가 설치한다면 전임 대통령기념관과의 관계는 어떻게 설정할지 등 산적한 문제를 해결하고 개별 대통령기록관 체계로 가는 것이 '현실적으로' 대통령기록관리를 정상화하는 길이다.

문재인의 시도

2019년 9월 중순 조선일보는 <나랏돈 172억 들여 '문 대통령 단독 기록관' 짓는다>는 제목의 기사를 내보냈다. 이 보도 후 야당에서는 "현직 대통령이 재임 중에 국민 세금으로 자신의 대통령기록관을 만드는 것은 다른 나라에선 찾기 힘든 일"이라며 문재인 대통령 타운을 만들겠다는 것이라며 비난했다. 또 노무현 전 대통령이 대통령기록을 담은 하드디스크 사본을 가져가 불법 반출 논란이 벌어진 일을 염두에 둔 것이라고 덧붙였다. 합법적으로 기록을 가져가려 한다는 비난이었다.

거의 모든 언론이 개별 대통령기록관 추진을 비난했다. "문비어천가가 울려 퍼질 셀프 기념관, 단 1원도 용납할 수 없다"라거나 "기록 보존 목적 자체가 투명하고 공정한 관리임을 감안하면 자신에 대한 평가마저 권력이 살아있을 때 정해놓겠다는 오만한 발상" "우상화 시설을 만들겠다는 것" "개별 기록관을 건립하면 봉하마을 건처럼 전임 대통령의 대통령기록 반출이 합법화된다"라는 등이 대표적이다.[100]

모두 터무니없는 보도다. 「대통령기록물법」에 "중앙기록물관리기관의 장은 특정 대통령의 기록물을 관리하기 위하여 필요한 경우에는 개별 대통령기록관

---

100 <'文 개별 기념관' 건립에 172억 투입...한국당 "문비어천가">(뉴시스, 2019.09.10.)

을 설치할 수 있다(제25조 제1항)"라고 규정하기 때문에 국가시설로 추진했는데 다짜고짜 비난했다.

왜 이런 일이 벌어졌을까? 먼저 언급할 것이 기록관과 기념관을 구분하지 않는다는 점이다. 국가시설로서의 기록관과 개인 시설로서의 기념관을 구분하지 않는 것은 사실을 몰라서일 수도 있다. 그러나 사실 곡해는 큰 문제이다. 대표적으로 "개별 기록관을 건립하면 봉하마을 건처럼 전임 대통령의 대통령기록 반출이 합법화된다"라는 대목이다.[101] 이런 생각을 하다니 놀랍다. 개별형이든 통합형이든 대통령기록관은 국가기관이다. 국가기관에서 활용하고 공개하기 위해 보존하는 것을 반출이라고 주장하다니. 아직도 대통령기록과 관련한 여러 주장과 비난이 2008년 대통령기록 유출 논란에서 빚어진 것이어서 매우 안타깝다. 또 "국가가 운영하는 대통령기록관을 민간과 국가 예산이 동시에 들어가는 대통령기념관과 통합 운영하기 위한 '편법'" "최소 면적 기준 삭제를 문 대통령의 지지층이 모금해 기록관과 기념관을 추진할 수 있도록 법적 토대를 만들었다"라는 비난에다 아예 "5,000㎡ 부지에 연면적 3,000㎡의 별도 기록관을 만들려 한다"라며 언급하지도 않은 규모까지 확정해서 공격했다.[102]

이런 비난은 문재인 대통령이 "나는 개별 기록관을 원하지 않는다"라고 당혹스럽다면서 불같이 화를 낸 이후, 국가기록원이 "대통령의 뜻을 존중해 개별 대통령기록관 설치를 전면 재검토하겠다"라며 백지화함으로써 종결되었다.

당시 개별 대통령기록관 추진은 언론과 야당의 비난과 공격으로 실패했지만 꼭 그 원인만은 아니다. 개별 기록관 추진 논리와 방법도 적절하지 않았다. 대통령기록관은 개별 대통령기록관 추진 이유로 박물·선물 서고 사용률이 87.3%에 이르러 보존시설 확충 필요성 및 전직 대통령의 열람권 보장, 대통령

---

101 <이해 안 되는 대통령의 해명>(조선일보, 2019.09.18.)
102 <이 판에 172억 '文 기록관' 짓는 몰염치, 기가 막힌다>(조선일보, 2019.09.11.)

별 특성에 맞는 다양한 기록서비스 제공과 대통령에 대한 연구 촉진 등을 내세
웠다. 기존의 통합관리를 통합–개별 관리체계로 전환하겠다면서 "보존 설비 및
복원 전문가를 갖춘 통합 대통령기록관이 보존·복원처리 허브 기능으로 개별
대통령기록관을 지원하고, 개별 대통령기록관은 대규모 예산이 소요되는 보존
처리 기능을 최소화해 건립함으로써 국가 재정 부담을 줄이고자 한다"라고 말
했다.[103] 그러자 바로 서고 사용률에 대한 지적이 나왔다. 대통령기록관의 서고
사용률은 42%인데 83.7%라고 왜곡했다는 것이다. 물론 전체 서고 사용률이
아니고 박물과 선물을 보존하는 서고가 거의 만고 상태에 이른 것은 맞지만 설
득 논리로는 한참 부족했다.

또 개별 대통령기록관 추진이 국가기록 통합관리 원칙에 어긋난다거나, 개별
대통령기록관을 짓는 게 재정부담이 적다는 말은 터무니없다는 지적에 적극적
으로 대응하지도 못했다. "후임 대통령마다 개별 기록관을 지으면 건축비는 물
론이고 인건비와 유지·관리 비용이 지속적으로 들어갈 텐데 어떻게 통합관리
보다 낫다는 말인가? 공론 과정을 거치지 않고 사업을 확정해 덜컥 예산에 반
영한 것은 성급했다"라는 지적도 충분히 경청할 만했다.[104]

또 다른 실패 원인은 대통령기록관리에 대한 국민들의 의구심과 정치권과
언론에서 지적할 가능성이 큼에도 불구하고 무작정 시설부터 짓겠다고 나선
점이다. 개별 대통령기록관은 어느 날 느닷없이 나오지 않았다. 대통령기록관
은 2018년 11월 <디지털 기반의 대통령기록관리 혁신 및 관리체계 구축>이라
는 연구 용역으로 개별 대통령기록관 추진을 검토했고, 구체적 추진 방법을 숙
고했다. 이후 개별 대통령기록관 설치 방안을 세 가지로 마련했다.

이 방안은 통합–개별 이원화 체계로서 첫 번째 안은 통합 대통령기록관이

103 「개별 대통령기록관 건립 기본 계획안」 (대통령기록관, 2019.08.) 4쪽
104 <'씨줄날줄' 대통령기록관>(서울신문, 2019.09.10.)

대통령기록관리제도 운영, 기본 정책 수립 등을 담당하고, 개별 대통령기록관이 해당 대통령기록의 물리적 관리 및 지적 통제권을 관할한다는 것이다. 두 번째 안은 통합 대통령기록관은 기본 정책 수립, 정보화시스템 및 보존 관리를 하고, 개별 대통령기록관은 행정망을 통해 제공된 기록을 바탕으로 기록관리 및 활용·서비스 등을 수행한다는 것이다. 세 번째 안은 통합 대통령기록관에서 모든 기록을 물리적으로 관리하고, 개별 대통령기록관은 전직 대통령 열람 및 연구지원센터의 기능을 수행하는 것이었다. 이 세 가지 안 중에서 대통령기록관이 선택해 추진한 것은 개별 대통령기록관이 해당 대통령의 기록을 물리적으로 보존하고 열람과 서비스도 담당하는 안이었다.

이 방안은 적절한 선택이 아니었다. 현대 아카이브가 디지털아카이브를 기본으로 확장된 기록정보서비스를 지향하는 차원에서 그것을 먼저 고려했어야 한다. 또 그동안 개별 대통령기록관 설치에 대한 문제 제기가 대부분 건축물에 대한 것이므로, 그것을 우회해야 설치 가능성이 더 크다는 점에서 대통령기록관의 추진 방법은 매우 어설펐다.

기록의 미래

개별 대통령기록관이 현 단계에서 가장 필요한 대통령기록관리 체제이다. 어떻게 설치할 것인가? 네 가지 방법을 생각해 볼 수 있다. ①민간에서 건립하고 국가에 기부채납하여 국가가 운영하는 방식 ②민간 기념관을 기록관으로 전환하는 방식 ③민간이 건립하여 민간이 운영하는 방식 ④국가가 설립하는 방식 등이다.

먼저 민간에서 건립하여 국가에 기증하는 방식을 따져보자. 미국처럼 추진하자는 생각인데 그게 쉽지 않다. 미국은 민간에서 재정, 부지, 건축물을 제공하고 국가가 운영하는 방식이며 대부분의 대통령기록관을 이 방법으로 건립하였다. 우리가 이 방법으로 건립하기는 매우 어려울 것으로 예상한다. 정치기부금 모금이 쉽지 않고, 그 과정에서 부패 스캔들이 빚어질 가능성도 배제할 수 없다. 박정희기념관 건립 모금 때 대기업에서 '갹출'하여 논란이 있었고, 김영삼기념도서관 건립 과정에서는 40억이 넘는 횡령 사건이 발생하기도 했다. 이런 경우는 미국도 마찬가지여서 클린턴 대통령기록관 건축 모금 때 부정한 기금을 받아 말썽이 나기도 했다. 이런 스캔들은 대통령기록관 건립 정당성을 훼손하는 것으로 오히려 정치 공방만 더 커질 우려가 있다. 또 대통령별로 기금 모금에 격차가 생기거나 아예 의미 있는 수준의 기금이 모이지 않을 수도 있다. 지지그룹(이른바 팬덤)이 확실한 전직 대통령과 그렇지 않은 대통령 간에 차이가 생길 수밖에 없다. 박정희 전 대통령같이 지지가 광범하고 뿌리 깊어도 기념관 건립 기금 모금이 지지부진한 것을 생각하면 우리 정치 문화에서 기부금 모금을 통한 개별 대통령기록관 설립은 불가능할지도 모른다.

다음으로 민간 기념관을 기록관으로 전환하는 방식도 쉽지 않다. 현재 민간에서 기념관을 운영하는 것은 박정희, 김영삼, 김대중, 노무현 전 대통령 등이다. 이들 시설을 국가가 운영하는 개별 대통령기록관으로 하기 위해서는 몇 가지 풀어야 할 문제가 있다. 가장 먼저 해결할 문제는 시설 소유다. 민간이 건립하여 소유하고 있기 때문에 그들이 선뜻 국가에 기부채납할 가능성은 거의 없다. 연세대학교가 소유하고 있는 김대중도서관을 국가에 기부한다는 것이 상상이 안 되는 게 사실이다. 설령 기부채납하여 국가가 소유한다고 해도 기존 조직과 운영 승계 문제가 불거질 수도 있다. 국가가 운영한다는 것은 조직과 인력을 공무원으로 운용한다는 것이기 때문에 그대로 승계할 수는 없다. 또 각종 운영 프로그램이 국가의 경직성에 함몰될 가능성이 크다는 문제도 있다. 국가에 기부채납할 유인 요건이 없는 한 불가능한 방안이다.

셋째, 호주의 존 커틴(John Curtin) 수상 기록관이나 영국의 처칠 수상 기록관처럼 민간이 설립하고 민간이 운영하는 방법을 보자. 이 방법은 김대중도서관이 지향하고 운영하고 있다. 그런데 이를 아카이브라고 생각하는 사람이 있나 모르겠다. 비록 김대중도서관 측에서는 미국식 대통령도서관이라고 말하고 있지만 겉과 속 모두 기념관이다. 재임 중 공공기록 보유 권리 권한(custody)이 없는 아카이브는 대통령기록관으로서 목적 실현이 안된 '임의 기록관', 즉 개인 시설일 뿐이다. 김대중도서관이 대통령기록관으로 역할을 하려면 재임 중 기록에 대한 분류와 서비스가 가능해야 한다. 처칠 기록관처럼 공공기록 사본을 제공함으로써 실현할 수는 있지만 현재의 조직과 인력, 인프라로는 불가능하다. 따라서 우리 현실에서 민간이 설립하고 민간이 운영하는 방법은 기념관으로서는 모르겠으나 아카이브로는 어렵다.

위에서 나열한 방법이 불가능하다면 남은 유일한 방법은 국가가 설립하는 것이다. 그러나 재임 중에 대통령기록관을 추진하려던 문재인 정부의 실패 사례가 있다. 물론 기념관과 기록관을 구분하지 못하고 비난하고 공격한 것이 실패의 원인이지만, 재임 중 기록관 추진에 반감을 가진 국민이 많다는 점도 고려해야 한다. 퇴임 후 국가가 설립하는 방법도 쉽지는 않다. 우리 정치문화는 퇴임 후 아무것도 하지 않는 것이 정상으로 굳어져 있다. 따라서 퇴임 후 개별 대통령기록관을 국가가 설치한다면 국민적 공감을 확보하는 공론 과정이 반드시 필요하다.

개별 대통령기록관을 '시설의 건립'이라는 시각으로 시작하면 반드시 실패

한다. 문재인 정부의 개별 대통령기록관 추진 실패가 증명한다. 개별 대통령기록관으로서 기능과 역할을 수행할 최적의 방안을 만들어내는 것이 중요하다. 이런 관점에서 물리적 근거(즉 건축물)는 전시와 교육, 그리고 문화적 복합 기능으로 한정하고 기록 분류와 서비스는 디지털로 하는 방법을 고려해야 한다.

디지털아카이브라고 해서 사이버 기록관으로 생각하면 안 된다. 디지털아카이브는 아날로그 기록을 디지털화한 디지털 변환 기록(digitized records/digital surrogates)과 생산부터 디지털로 한 기록(born-digital records)을 디지털 방식으로 수집, 보존하고 제공하는 아카이브를 말한다. 전 세계의 대통령기록관이나 국가기록관 중에 순수한 디지털아카이브는 없고, 종이기록 등 아날로그 기록을 같이 수집, 보존하고 이용하도록 제공하는 혼합형(hybrid) 아카이브가 존재한다. 디지털아카이브는 모든 소장기록이 디지털기록이라는 전제가 있으며, 온라인으로 디지털기록에 접근을 제공할 수도 있고, 아카이브에서 오프라인으로 (온사이트)접근을 제공할 수도 있다. 디지털아카이브라고 해서 모든 기록을 온라인으로 제공하는 것은 아니라는 말이다. 예를 들어 기존 미국 대통령기록관은 디지털기록을 매체에 담아 인편으로 전달하기도 하며, 디지털 비밀기록을 종이기록으로 출력해서 제공하기도 한다.[105]

디지털아카이브의 이런 모습과 현실이 꼭 우리에게 적용되어야 한다는 것은 아니다. 오프라인과 온라인의 융합의 정도가 다를 수 있다. 디지털아카이브라고 해서 건물이 없는 사이버 아카이브나 사무실만 운영하는 것으로는 대통령기록관 설립 의의가 축소된다. 대통령기록관은 전시, 교육 등의 일을 하는 박물관 기능을 반드시 포함해야 한다. 대통령기록관을 지역에 건립한다면 그 지역을 대표하는 장소가 되고, 당대 정치문화의 대표성을 갖게 된다. 그러나 전시관

---

105 전주대학교 산학협력단,『디지털 기반의 대통령기록관리 혁신 및 관리체계 구축』
　　(대통령기록관 학술연구용역보고서, 2018.) 6쪽.

이나 박물관 기능을 제외한다면 기록을 열람하는 연구자만 방문하는 기관이 된다. 그렇게 되면 설립 의의 자체가 사라진다.

대통령기록관을 디지털아카이브로도 설치하기 위해서는 현행 「공공기록물법」과 「대통령기록물법」을 개정해야 한다. 「공공기록물법시행령」에는 영구기록관리기관의 시설·장비 및 환경 기준을 정해놓았다. 종이, 전자, 시청각 기록, 행정박물 등의 기록 매체 유형에 대해 보존서고, 작업실, 정비, 환경 기준 등을 정해놓았기 때문에 대통령기록관을 건립하려면 기록 매체 유형에 따라 서고 등의 시설이나 항온·항습 시설 등을 갖추어야 한다. 디지털아카이브를 설치하기 위해서는 이런 시설 기준을 완화할 필요가 있다.

개별 대통령기록관 설치와 건립은 제도 변경으로는 이루어질 수 없다. 여러 방법이 제시되어 있지만 무엇 하나 만만한 것이 없다. 문재인 정부 시절 개별 대통령기록관 설치의 실패를 다시 반복하지 않으려면 더 많은 연구와, 국민 공감을 확보하기 위한 많은 노력이 필요하다.

참고문헌

【단행본】

강태영·민기영, 『e지원, 대통령의 일하는 방식』 (행복한책읽기, 2017.)
곽건홍, 『한국국가기록관리의 이론과 실제』 (역사비평사, 2003.)
대통령비서실, 『청와대 업무관리시스템, e지원 개발 백서』, 2006.
라윤도, 『대통령문화와 민주주의』 (좋은땅, 2021.)
이승일, 『기록의 역사 – 한국의 국가기록관리와 아카이브』 (혜안, 2011.)
이영학, 『한국근현대 기록관리』 (신서원, 2019.)
이흥환, 『대통령의 욕조』 (삼인, 2015.)
전진한, 『대통령기록전쟁: 노무현, 대통령기록을 남긴 죄』 (한티재, 2016.)
탁현민, 『미스터 프레지던트–국가기념식과 대통령 행사 이야기』 (메디치, 2023.)

【논문 및 연구보고서】

강민정, 「미국 대통령기록관의 수집정책에 관한 연구」 『기록학연구』 제46호
(한국기록학회, 2015.)
곽건홍, 「대통령기록 관리기구의 기능과 역할」 『기록학연구』 제4호
(한국기록학회, 2001.)
곽건홍, 「한국 국가기록 관리체제 '혁신'의 성격」 『기록학연구』 제13호
(한국기록학회, 2006.)
국가기록관리처(미국), 『PL110-404 요건에 따른 대통령도서관의 대안적 모델에 관한
보고서』, 2009.
국가기록관리혁신T/F, 『국가기록관리 혁신 방안』 (국가기록원, 2017.)

국가기록원, 『대통령기록물의 영구보존관리를 위한 기반구축 방안』, 2006.

국가기록원, 『기록관리 성찰백서』, 2018.

김근태, 「미국의 비밀기록관리제도에 관한 연구」 『기록학연구』 제59호
(한국기록학회, 2019.)

김성수·서혜란, 「대통령기록관의 설립 및 정부기록보존소의 위상에 관한 연구」 『한국기록관리학회지』 제2권 제1호 (한국기록관리학회, 2002.)

김유승, 「대통령기록의 보호와 공개를 둘러싼 쟁점과 제도적 과제」 『한국기록관리학회지』 제13권 제1호 (한국기록관리학회, 2013.)

김판석·김관보·권영주, 「대통령기록물 보존관리제도 실태분석과 선진화 방안」 『한국행정학보』 제37권 제4호 (한국행정학회, 2003.)

김익한, 「'남북 정상회담 회의록' 문제와 대통령 기록물 관리」 『역사비평』 제106호
(역사비평사, 2014.)

남태우·오지영·유보현, 「대통령기록물관리법에 관한 연구」 『한국기록관리학회지』
제7권 제2호 (한국기록관리학회, 2007.)

대통령기록관, 『대통령기록관리 업무 매뉴얼』, 2009.

대통령기록관, 『외국의 국가수반기록관리제도 자료집』, 2009.

대통령비서실, 「청와대 업무관리시스템-e지원 매뉴얼」, 2017.

대통령비서실·국가기록원, 『참여정부 정책보고서 – 기록관리혁신』, 2007.

라윤도, 「미국 대통령도서관 제도의 역사적 고찰」 『세계 역사와 문화 연구』 Vol.0 No.41
(한국세계문화사학회, 2016.)

문홍주, 「대통령의 서류·기록 등 자료처분권」 『공법연구』 제7권 (한국공법학회, 1979.)

박찬승, 「역대 대통령기록관 설립을 제안함」 『역사와 현실』 제34권
(한국역사연구회, 1999.)

박한용, 「박정희기념관, 무엇이 문제인가」 『내일을 여는 역사』 제3호
(역사와 책임(재), 2000.)

상명대학교 산학협력단, 『노무현대통령기념관 및 노무현센터 건립 운영방안 연구』
(노무현재단, 2012.)

이상민, 「미국에서의 대통령기록관 제도의 성립과 발전 – 대통령기록관 설립방향 설정을 위한 사례 연구」 『미국사연구』 제10호, 1999.

이상민, 「대통령기록관의 설립과 운영 방향 – 미국 대통령기록관의 사례와 교훈」 『한국기록관리학회지』 제1권 제2호 (한국미국사학회, 2001.)

이상민, 「미국 연방기록 관리제도와 그 이용」 『미국사연구』 제16호
(한국미국사학회, 2002.)

이상민, 「위기에 처한 대통령기록물관리, 문제인식과 해결을 위한 접근 방식」『기록학연구』제18호 (한국기록학회, 2008.)

이승휘, 「대통령기록물의 보존과 그 과제」『기록학연구』제6호 (한국기록학회, 2002.)

이승휘, 「공공기록물 관리에 있어 이명박정부의 책임과 '업적'」『기록학연구』제18호 (한국기록학회, 2008.)

이완범, 「한국의 통치사료보존 전통과 그 현대적 계승」『국회도서관보』제45권 제6호 (국회도서관, 2008.)

이영남, 「상징아카이빙 : 대통령기록을 중심으로」『기록학연구』제38호 (한국기록학회, 2013.)

이진수, 「대통령기록물 관리법제의 문제점과 개선방안」『미국헌법연구』제24권 제2호 (미국헌법학회, 2013.)

이철환, 「판례 분석을 통한 기록의 성립 요건 검토-'남북정상회담회의록 삭제' 판례를 중심으로」『한국기록관리학회지』제21권 제1호 (한국기록관리학회, 2021.)

전주대학교 산업협력단, 2018 『디지털 기반의 대통령기록관리 혁신 및 관리체계 구축 연구』(대통령기록관, 2018.)

정부혁신지방분권위원회, 『참여정부 기록관리혁신』, 2005.

정상우, 「'대통령기록물 관리에 관한 법률'에 대한 연구」『헌법학연구』제15권 제1호 (한국헌법학회, 2009.)

조동걸, 「박정희 기념관 건립 철회하라」『역사비평』제48호 (역사비평사, 1999.)

조민지, 「미국 대통령기록관의 역기능에 관한 연구」『기록학연구』제20호 (한국기록학회, 2009.)

조영삼, 「대통령기록관리의 현황과 전망」『기록학연구』제21호 (한국기록학회, 2009.)

조영삼, 「대통령기록관리제도 개선 현황과 향후 추진 방향」『기록학연구』제65호 (한국기록학회, 2020.)

조영삼, 『한국의 대통령기록관리제도 연구』(명지대학교 박사학위 논문, 2011.)

주진오, 「역대 대통령기록관의 건립 방안」『인문과학연구』제15호 (상명대학교 인문과학연구소, 2004.)

최정태, 「대통령기념관, 기록관, 그리고 도서관」『도서관문화』제40권 제5호 (한국도서관협회, 1999.)

최정태·주희경, 「미국의 대통령도서관에 관한 고찰」『한국도서관정보학회지』제30권 제3호 (한국도서관정보학회, 1999.)

한국국가기록연구원, 『대통령기록물의 효율적 관리방안』(대통령비서실, 2006.)

한국법제연구원, 『대통령기록물 관리제도 연구』(대통령기록관, 2015.)